SARTRE, VICHY ET LES INTELLECTUELS

DU MÊME AUTEUR

Aux Éditions L'Harmattan:

Le Théâtre de Jean-Paul Sartre devant ses premiers critiques. T. 1: *Les pièces créées sous l'Occupation allemande, 'Les Mouches' et 'Huis clos'.* Deuxième édition, 2001 (Première édition: Gunter Narr, Tübingen/Jean-Michel Place, Paris, 1986)

Aux Éditions du Seuil:

La Naissance du «phénomène Sartre». Raisons d'un succès (1938-1945). Ouvrage collectif, 2001.

Ingrid Galster

SARTRE, VICHY ET LES INTELLECTUELS

L'Harmattan
5-7, rue de l'École-Polytechnique
75005 Paris
FRANCE

L'Harmattan Inc.
44, rue Saint-Jacques
Montréal (Qc)
CANADA H2Y 1K9

L'Harmattan Hongrie
Hargita u. 3
1026 Budapest
HONGRIE

L'Harmattan Italia
Via Bava, 37
10214 Torino
ITALIE

Une partie des études réunies dans ce recueil a été préparée dans le cadre d'un projet de recherches financé par la Deutsche Forschungsgemeinschaft (DFG).
Textes saisis par Caroline Filmon et Gerhard Piezinger, Eichstätt.
Mise en pages: LinguaSatz Thomas Spehr, Berlin.
Couverture: Caroline Filmon.

© L'Harmattan, 2001
ISBN : 2-7475-0479-4

Avant-propos

Les textes de ce recueil ont été publiés, entre 1986 et 2000, à divers endroits. Ce qui m'a poussée à les réunir en un seul volume, c'est avant tout une polémique que *Les Temps modernes* ont lancée, en été 2000, suite à une réflexion que j'avais entamée après avoir appris que Sartre succéda comme titulaire en 1941 à un professeur juif révoqué en application de la législation antisémite de Vichy. Le lecteur trouvera ici deux des trois pièces qui auraient dû être reproduites dans l'annexe des actes d'un colloque[1], si mon contradicteur n'avait pas retiré son accord. Les autres articles consacrés à l'activité de Sartre sous et après l'Occupation ainsi qu'à sa réception aideront, j'espère, à nuancer l'image de l'intellectuel par excellence du XXe siècle. En effet Sartre, même avant sa mort, avait commencé à servir de bouc émissaire aux intellectuels de gauche, si bien que le discours sur lui est aujourd'hui partagé entre les détracteurs et les défenseurs qui opposent souvent à la bête noire de leurs adversaires une image trop lumineuse. Au-delà de ce schématisme, ce livre veut inciter à une approche complexe qui avance dans les zones en demi-teintes faites des contradictions auxquelles Sartre, pas plus que d'autres, n'a su échapper.

Paderborn, en janvier 2001   Ingrid Galster

---

1. Ingrid Galster (dir.), *La Naissance du «phénomène Sartre». Raisons d'un succès (1938-1945)*. Seuil, 2001.

SARTRE ET LES ANNÉES-VICHY

Les Mouches sous l'Occupation
A propos de quelques idées reçues

Les Mouches dans les années-Vichy, c'est, paraît-il, une affaire classée. «Il est de bon ton de dire, écrit Jean-Jacques Brochier en 1985, que Sartre s'est finalement bien accommodé de l'Occupation - puisqu'il fit représenter *Les Mouches*, sans autre scrupule[1].» Exalté pour avoir pratiqué la clandestinité en pleine lumière et mené vis-à-vis des autorités collaborationnistes un jeu d'une dangereuse subtilité[2], le dramaturge incontestable de la Résistance que Sartre fut à la Libération se vit, à partir des années 70, transformé en arriviste ayant voulu coûte que coûte faire carrière au théâtre et lancer ses amies comme actrices. Le prix qu'il aurait accepté pour y parvenir? Soumettre la pièce à la Censure allemande et se faire acclamer par la critique collaborationniste et les représentants des autorités occupantes dans un théâtre dont le nom juif avait été supprimé par un régime qui pratiquait l'holocauste. Et le comble: une fois les Allemands sortis de France, il aurait usé de son activisme supposé pour s'affirmer définitivement sur le marché littéraire et théâtral en inventant une théorie de l'engagement qui n'était, en réalité, qu'une compensation rétrospective des actes de résistance auxquels il avait prétendu sans s'y être jamais livré.

Voilà en gros traits l'image de Sartre sous l'Occupation qu'il est aujourd'hui opportun d'évoquer si l'on veut être écouté dans les médias français[3]. Elle n'est pas moins schématique que celle préconisée à la Libération et renseigne l'observateur attentif autant sur la société dans laquelle elle détient la légitimité que sur Sartre. Que l'on ne se méprenne pas: je n'entends pas faire de l'hagiographie ici et restituer

---

1. *Magazine littéraire*, décembre 1985, p. 8.
2. Louis Parrot, *L'Intelligence en guerre*, La Jeune Parque, 1945, pp. 257 sq.
3. Pour une analyse plus approfondie cf. mon article «Images actuelles de Sartre», *Romanistische Zeitschrift für Literaturgeschichte/Cahiers d'Histoire des Littératures Romanes* n°s 1-2 (1987), pp. 215-244, en particulier pp. 230-236.

à Sartre sa dignité perdue. J'invite tout simplement le lecteur à prendre connaissance d'un certain nombre de faits susceptibles de dissiper le schématisme, et ceci surtout à partir des réactions que *Les Mouches* ont suscitées dans la presse de l'époque.

Je n'insisterai donc pas longuement sur les faits connus et les problèmes controversés dont il n'y a plus de traces écrites de l'époque. C'est en captivité, on le sait, que Sartre prit goût au théâtre. Après son retour en mars 1941, son amie Olga Kosakiewicz en mal de rôle lui demanda d'écrire une pièce pour elle. Il s'y mit en été 1941: le mythe d'Oreste correspondait largement à un choix spontané parce qu'il y trouvait «l'homme en situation» qu'il cherchait[4] - rappelons-nous qu'il rédigeait en même temps *L'Etre et le néant* qui devait paraître deux ans plus tard. En octobre de la même année, il supprima le groupe clandestin *Socialisme et Liberté* qu'il avait pris l'initiative de fonder après sa rentrée: le risque couru lui parut en disproportion avec l'efficacité. Selon Simone de Beauvoir, il s'attela alors opiniâtrement à sa pièce: elle «représentait l'unique forme de résistance qui lui fût accessible[5]». Si, sur le plan de la condition humaine, il entendait transformer la «tragédie de la fatalité» antique en «tragédie de la liberté» moderne[6], il dut alors se mettre à charger le côté visant l'actualité politique - si l'on en croit les déclarations qu'il fit après la Libération. Dans celles-ci, il affirme, comme on sait, avoir voulu «extirper quelque peu cette maladie du repentir[7]» que le maréchal Pétain infligeait aux Français: la propagande de Vichy répandait l'idée que la défaite était une conséquence logique des péchés commis par eux sous la IIIe République. L'autre repentir contre lequel il prétendit lutter était celui du «terroriste qui, en descendant des Allemands dans la rue, déclenchait l'exécution de 50 otages»[8]. En écri-

---

4. C'est ce qu'il déclara en 1965 à Thure Stenström, cf. le livre de ce dernier intitulé *Existentialismen* paru en 1966 à Stockholm et rédigé en suédois (p. 199).
5. *La Force de l'âge*, «Folio», p. 573.
6. Voir l'interview d'avant-première parue dans *Comœdia*, 24 avril 1943 et le prière d'insérer (reproduits dans Michel Contat et Michel Rybalka, *Les Ecrits de Sartre*. Gallimard, 1970, et Jean-Paul Sartre, *Un Théâtre de situations*. Gallimard, 1973).
7. *Verger*, 1 (1948), n° 5, p. 111.
8. *Carrefour*, 9 septembre 1944, p. 4.

vant sa pièce, Sartre a donc voulu, selon ses propos, «redresser le peuple français[9]» et apporter un soutien moral aux auteurs d'attentats. Je ne m'étendrai pas ici sur la question fondamentale de savoir si, quelle que fût la décision du Comité national des Ecrivains (l'organisation clandestine des écrivains qui s'opposaient au régime) sur l'opportunité de la représentation des *Mouches*[10], toute manifestation littéraire ou théâtrale légale qui eut lieu à Paris après juin 1940 n'allait pas à l'encontre des intérêts français puisqu'elle aidait à maintenir l'apparence d'une vie culturelle normale[11]. Je ne m'attaquerai pas plus au problème crucial resurgi en 1985 à propos de l'interview de Vladimir Jankélévitch consistant à juger si, au lieu de faire du théâtre, Sartre n'aurait pas mieux fait de protester contre la révocation de ses collègues juifs de leurs postes de professeurs. Cependant, il a refusé en avril 1941 de signer la déclaration qu'il n'était ni juif ni franc-maçon, affirmation sous la foi du serment que l'Etat français de Vichy exigeait des enseignants[12].

L'antisémitisme avait aussi visiblement marqué le théâtre où la pièce fut créée. Jean-Louis Barrault, qui avait d'abord accepté de la

---

9. Verger, *loc. cit.*
10. Sartre a toujours fait valoir que le C.N.E. l'avait autorisé à faire jouer la pièce, cf. par exemple l'interview parue dans *Libération*, 21 septembre 1959. Voir aussi le témoignage de Jacques Debû-Bridel rapporté par Simone de Beauvoir dans *La Cérémonie des adieux* (éd. originale N.R.F.), p. 78. L'argument a été dévalorisé par les propos suivants de Vercors rapportés par Pierre Assouline: «Au C.N.E., on s'autorisait beaucoup de choses verbalement, entre membres du comité, comme ça...» (*Gaston Gallimard*, Balland, 1984, p. 353).
11. Henri Michel souhaitait en ce sens que «tout ce qui comptait en France comme talents ait décidé de se taire» (*Paris allemand*. Albin Michel, 1981, p. 346). Voir aussi mon article «'Les Mouches', pièce résistante?» *Lendemains*, n° 42 (1986), pp. 43-53, Cologne.
12. Il dit en octobre 1971 à John Gerassi: «Castor and I argued about it. She said that my dogmatism was stupid, didn't serve anything, that I should sign so I could have a job and money to do what I wanted to do, which was to set up a Resistance group - I had told her as soon as I had returned from camp. Anyway, she was right of course, but I refused to sign. I was too full of the camp, of my decision not to compromise. But that wasn't a political decision, it was moral. Fortunately, the inspector-general of education was a secret Resistant, and he gave me my job back at the Lycée Pasteur anyway» (John Gerassi, *Jean-Paul Sartre. Hated Conscience of His Century*, t. 1: *Protestant or Protester?* University of Chicago Press, 1989, p. 175).

monter, s'étant désisté, Sartre s'adressa à Charles Dullin. Celui-ci, l'un des grands metteurs en scène de l'entre-deux-guerres, que Sartre connaissait par l'intermédiaire de son amie de jeunesse Simone Jollivet, avait obtenu en 1941 la direction du Théâtre Sarah-Bernhardt (aujourd'hui Théâtre de la Ville) et il avait toléré qu'on lui retirât son nom juif et le remplaçât par Théâtre de la Cité. Dullin n'était cependant pas un collaborateur qui aurait partagé l'idéologie des nazis[13]. Mais afin de continuer à faire du théâtre, il se mit apparemment en bons termes avec les occupants, si bien qu'il est jugé «deutschfreundlich» (favorable aux Allemands) dans les dossiers de la *Propaganda-Abteilung* conservés aux Archives nationales[14]. Dans les Mémoires de Simone de Beauvoir, on peut lire du reste que c'est seulement sous l'influence de Simone Jollivet que Dullin prit la direction du théâtre, autrement dit elle l'en excuse[15]. Pour Beauvoir, assumer cette direction constitue, par conséquent, une compromission. Elle ne juge cependant pas compromettant que Sartre fît créer *Les Mouches* - dirigées contre le «méaculpisme» vichyssois et destinées à appuyer moralement les auteurs d'attentats - dans cet établissement «aryanisé» dont le directeur était *persona grata* auprès de ceux que la pièce, selon son auteur, justifiait d'abattre. Dullin allait même jusqu'à faire de la publicité pour *Les Mouches* dans un bimensuel qui servit aux Allemands de «pariscope»[16], tout cela évidemment pour des raisons économiques. On comprend donc Michel Contat quand il conclut: «L'homme qui voulait devenir dramaturge et faire jouer des amis a eu moins le souci des Juifs que de sa car-

---

13. J'ai étudié la question à la lumière de documents d'époque dans mon livre *Le Théâtre de Jean-Paul Sartre devant ses premiers critiques*, t. 1: *Les pièces créées sous l'Occupation allemande. «Les Mouches» et «Huis clos»*. Jean-Michel Place, 1986, pp. 60 sqq. 2e éd. à paraître en 2001 à L'Harmattan.
    14. Articles AJ40 1003 et 1004.
    15. *La Force de l'âge*, «Folio», p. 582. Dans les lettres qu'elle écrivit à Sartre au camp de prisonniers, elle déplore à plusieurs reprises l'attitude politique de Simone Jollivet (alias «Toulouse» - «Camille» dans les Mémoires) qui acceptait le régime des occupants par opportunisme (*Lettres à Sartre*, Gallimard, 1990, t. 2, pp. 185, 197).
    16. *Der deutsche Wegleiter*, n° 71 du 22 mai 1943 et n° 73 du 19 juin 1943 (B.N. 8° Jo4976).

rière et de ses proches[17]» - bien que le manque de sensibilité envers les juifs persécutés fût assez généralement répandu à l'époque[18]. Les spectateurs ont-ils perçu les intentions démystificatrices et subversives de Sartre? C'est une question clé sur laquelle les témoins se contredisent[19]. La seule source impartiale à laquelle on peut se fier aujourd'hui restent les comptes rendus de l'époque, même si, étant donné la censure, les journalistes ne pouvaient pas écrire tout ce qu'ils voulaient. Quelle idée peut-on se faire à travers leur lecture[20]?

17. *Le Monde*, 26 juillet 1985.
18. Jusqu'aux premières rafles de juifs en été 1942, même la Résistance n'était pas exempte de réflexes antisémites. Plus tard, on refoula le problème du génocide, car il gênait le combat militaire. La Résistance - communiste et gaulliste - ne s'est jamais fixé pour objectif d'empêcher les départs des convois de déportés raciaux. Cf. Henry Rousso, «La Résistance entre la légende et l'oubli», *L'Histoire*, janvier 1982, pp. 110 sq.
19. Selon Simone de Beauvoir, Dullin et un certain nombre de critiques de la reprise de 1951, qui avaient souvent assisté à la création de 1943, les intentions de Sartre avaient été évidentes; mais autant de temoins (dont, entre autres, Pierre Dux, Georges Lerminier et Robert Kanters) affirment le contraire (cf. mon livre cité dans la n. 13, p. 107 et mon article cité dans la n. 11, p. 45).
20. J'ai analysé les 33 comptes rendus suivants ayant paru en juin et juillet 1943 dans la presse quotidienne et hebdomadaire autorisée de Paris: *Le Petit Parisien*, 5-6-43; *L'Œuvre*, 7-6-43; *Paris-Midi*, 7-6-43; *Pariser Zeitung* (Dr Albert Buesche), 9-6-43; *L'Appel*, 10-6-43; *Au Pilori*, 10-6-43; *Je suis partout*, 11-6-43; *L'Atelier*, 12-6-43; *Aujourd'hui*, 12-6-43; *Comœdia*, 12-6-43; *France-Europe*, 12-6-43; *La France socialiste*, 12-6-43; *L'Illustration*, 12-6-43; *L'Information universitaire* (page des étudiants), 12-6-43; *Révolution Nationale*, 12-6-43; *Les Nouveaux Temps*, 13-6-43; *Paris-Soir*, 15-6-43; *Le Matin*, 16-6-43; *La Gerbe*, 17-6-43; *Panorama*, 17-6-43; *Pariser Zeitung* (Frédérique Straub), 18-6-43; *Der deutsche Wegleiter*, 19-6-43; *L'Information universitaire*, 19-6-43; *Les Ondes*, 20-6-43; *Le Cri du Peuple*, 21-6-43; *Vedettes*, 26-6-43; *Mon Pays*, 27-6-43; *La Semaine à Paris*, 1-7-43; *Images de France*, juillet 1943; *Revivre* («*Le Cahier jaune*»), 5-7-43; *Les Beaux-Arts*, 10-7-43; *Jeune Force de France*, 15-7-43; *Voix françaises*, 30-7-43.
En outre, j'ai analysé les 14 comptes rendus suivants publiés dans des recueils et revues des zones Nord et Sud, de la France Libre de Londres, de Suisse et de Belgique: Gabriel Marcel dans *Chercher Dieu*, Ed. du Cerf, 1943; A. Astruc dans *Domaine Français*, Genève-Paris, 1943; *Présent* (Lyon), 14-6-43; *L'Echo des Etudiants* (Montpellier), 19-26 juin 1943; *Demain* (Lyon), 27-6-43; *Idées* (Vichy), juillet 1943; *La Revue universelle* (Vichy), 25-7-43; *Confluences* (Lyon), septembre-octobre 1943; *Poésie 43* (Villeneuve-lès-Avignon), juillet-

La critique dramatique parisienne (c'est-à-dire les chroniqueurs attitrés des quotidiens et hebdomadaires) n'a pas saisi le sens politique des *Mouches* visant l'actualité de l'époque, y compris Alain Laubreaux qui tenait sous l'Occupation une position dominante dans la critique théâtrale. On a pris Sartre pour un mauvais imitateur de Giraudoux dont l'*Electre* avait été reprise quelques semaines avant la création de sa pièce. La critique se demanda pour quelles raisons Charles Dullin s'était mis en frais pour créer la pièce d'un professeur de lycée qui non seulement manquait de toutes les qualités d'un dramaturge, mais débordait de rhétorique et se plaisait dans la bassesse. A propos de cette bassesse - les images répugnantes de la mauvaise foi - quelques-uns pour qui le nom de Sartre n'est pas tout à fait inconnu font allusion au titre de son premier roman. «La Nausée vous vient au cœur!» écrit André Castelot dans *La Gerbe*, hebdomadaire politico-littéraire entièrement dévoué à la cause du nazisme. Cette «esthétique du refus», dont le texte de la pièce est en partie imprégné, a été épousée par la mise en scène. Dullin avait confié les décors, les costumes et les masques à Henri-Georges Adam qui les avait exécutés dans un style d'avant-garde que l'idéologie dominante sous l'Occupation, en accord avec l'idéologie nazie, jugeait «judéo-bolchevique» ou simplement «dégénéré». Si la pièce a fait du bruit au moment de la création, c'est surtout à cause de ce que Laubreaux appelle un «bric-à-brac cubiste et dadaïste[21]». On attribuait à Sartre et à Dullin l'intention d'épater le bourgeois; Laubreaux intitula par conséquent son compte rendu de *Je suis partout* «L'épate de Mouches», jeu de mots qui exprimait en même temps la condamnation esthétique de la pièce. L'opinion de ses confrères, en général moins agressifs, va dans la même direction. Personne ne mentionne le sens politique.

Sartre et Simone de Beauvoir ont prétendu après la guerre que le dénigrement esthétique n'était qu'un prétexte pour la désapprobation

---

août-septembre 1943; *Cahiers du Sud* (Marseille), octobre 1943; *Poésie 43*, octobre-novembre 1943; *La France Libre* (Londres), 15-3-44; *Suisse contemporaine* (Lausanne), juillet 1943; *Cassandre* (Bruxelles), 4-7-43.

Enfin, j'ai examiné le compte rendu anonyme de Michel Leiris ayant paru dans *Les Lettres françaises* clandestines, n° 12, décembre 1943 (repris dans Jacques Lecarme (éd.), *Les Critiques de notre temps et Sartre*, Garnier, 1973).

21. *Le Petit Parisien*, 5 juin 1943.

politique, que les critiques, en réalité, ne s'étaient donc point trompés sur les intentions de Sartre et qu'ils avaient seulement *feint* de n'avoir saisi aucune allusion[22]. J'ai analysé attentivement les comptes rendus pour vérifier cette opinion, mais les textes la rendent tout à fait invraisemblable. Non seulement les résumés de l'intrigue que les critiques présentent à leurs lecteurs ne quittent pas, par une seule allusion, le niveau du sens purement littéral, mais il est évident qu'ils ne s'intéressent même pas à la signification puisqu'elle passe pour bien connue. Encore faut-il infirmer deux objections qu'on pourrait avancer. Première objection: la critique ne pouvait pas mentionner le sens politique étant donné la Censure. Il est évident qu'une attaque contre l'occupant n'aurait pas été publiée, cependant les critiques auraient très bien pu relever le «méaculpisme», car bien qu'interdites par la loi, les attaques contre Vichy étaient tolérées dans la presse parisienne[23]. Deuxième objection: il n'appartenait pas au critique dramatique d'expliquer une pièce, il ne donnait en général que l'argument. Mais alors on ne comprend pas pourquoi les mêmes critiques ont discuté pendant plusieurs mois l'idéologie implicite d'*Antigone* d'Anouilh[24]. Non: si les intentions de Sartre ne sont pas évoquées dans les comptes rendus, c'est qu'elles n'ont pas passé la rampe. Les éléments visuels de la mise en scène attireraient l'attention des spectateurs au point que le texte en fut effacé: c'est d'ailleurs ce que les critiques signalent eux-mêmes.

La réception des *Mouches* serait une histoire claire et simple si elle s'arrêtait là. Mais ce n'est pas le cas. En effet, le dénigrement de Laubreaux, qui remplit pendant trois vendredis les colonnes interminables de *Je suis partout*[25] et qui visait davantage Dullin que Sartre, fit qu'un certain nombre de critiques prirent la défense de la pièce. Maurice Rostand, qui pressentait visiblement les attaques, l'avait déjà louée dans l'un des premiers comptes rendus qui paru-

---

22. Sartre, «Ce que fut la création des 'Mouches'», *La Croix*, 20 janvier 1951; *Idem*, Préface à *Five Plays*, The Franklin Library, P.A. 1978; Simone de Beauvoir, *La Force de l'âge*. «Folio», p. 617.
23. Cf. Pascal Ory, *Les Collaborateurs*, 1940-1945, Le Seuil, 1976, p. 51.
24. Cf. Manfred Flügge, *Verweigerung oder Neue Ordnung. Jean Anouilhs «Antigone» im politischen und ideologischen Kontext der Besatzungszeit 1940-1944*, Rheinfelden, 1982, t. 1, pp. 271-299.
25. *Je suis partout*, 11 et 18 juin, 9 juillet 1943.

rent alors[26]. *Comœdia* désavoua le jugement sévère de son critique Roland Purnal[27], sur quoi le chroniqueur de *Révolution nationale* s'inquiéta pour la liberté professionnelle du critique[28]. Un débat annoncé par *Comœdia* n'a apparemment pas eu lieu. En revanche, d'autres critiques défendirent la pièce. Le catholique Henri Ghéon souligna le courage qu'il fallait à Sartre pour reprendre le mythe d'Oreste après Giraudoux[29]. Yves Bonnat revendiqua pour Sartre la liberté artistique de louer une tendance bien que celle-ci ne fût pas bien vue par les partisans de l'idéologie dominante: l'individualisme, qui selon Vichy était responsable de la défaite[30]. Bonnat estime donc que ceux qui rejetèrent la pièce le firent pour des raisons idéologiques. Même si plus d'un mois après la création, des rumeurs qui couraient sans doute sur les intentions de Sartre sont parvenues jusqu'aux critiques, on peut être certain que ces intentions ne se sont pas imposées par le spectacle et ne motivent donc pas les jugements défavorables. Cette conclusion, que les comptes rendus révèlent avec évidence, est confirmée par les chroniques de Thierry Maulnier et de Maurice Merleau-Ponty publiées dans des revues de la zone Sud. Quant à Maulnier venant de l'Action Française, ceux qui connaissent les articles qu'il a écrits sur Sartre après la Libération croiront difficilement que lui aussi prit la défense des *Mouches!* Cette défense est d'autant plus curieuse qu'elle parut dans *La Revue universelle* de Vichy, organe officieux de l'Etat français. Maulnier écrit que la critique dramatique parisienne «s'est montrée radicalement incapable de comprendre le sens littéral, pourtant évident et provocant, d'une œuvre qui visait évidemment plus haut qu'elle[31]»; un peu plus loin il est encore plus net: «Les critiques [...] se sont montrés incapables de s'apercevoir que cette violente apologie de la révolte contre l'ordre divin et humain dirigeait son tranchant contre beaucoup de choses qu'ils prétendent défendre[32].» Si les critiques se sont indignés, c'est que, selon lui, la volonté d'enseignement «n'a été que très obscuré-

---

26. *Paris-Midi*, 7 juin 1943.
27. *Comœdia*, 19 juin 1943.
28. *Révolution nationale*, 26 juin 1943.
29. *Voix françaises*, 30 juillet 1943.
30. *Les Beaux-Arts*, 10 juillet 1943.
31. *La Revue universelle*, N.S., n° 62, 25 juillet 1943, p. 155.
32. *Ibid.*

ment pressentie par ceux qui ont écrit sur *Les Mouches*, et l'enseignement lui-même interprété à contresens[33]». Maurice Merleau-Ponty défend, lui aussi, la pièce et signale les erreurs d'un certain nombre de critiques qui n'ont «ni regardé ni écouté»[34]. La solidarité de Merleau-Ponty est peu étonnante, car c'est avec lui que Sartre avait fondé le groupe *Socialisme et Liberté*, mais comment expliquer celle des autres qui forment une panoplie bien curieuse: l'esthète Rostand, le catholique Ghéon, le royaliste Maulnier et l'homme de gauche Bonnat? Sans exagérer, on peut dire que c'est la seule fois où des représentants de ces courants se retrouvaient tous du côté de Sartre; par la suite, ils ne devaient plus se solidariser que pour l'attaquer. Ce qui les réunissait ici, c'était la résistance contre «l'assaut des médiocres» selon une formule de Maulnier[35], l'usurpation de la presse parisienne par des hommes qui profitaient du vide créé par le départ de leurs confrères. La défense des *Mouches* est donc tout autant, sinon plus, un règlement de comptes entre critiques.

Les comptes rendus de Maulnier et de Merleau-Ponty confirment donc que les intentions politiques de Sartre n'ont effectivement pas passé la rampe, en tout cas elles n'ont pas été perçues sur le plan rationnel. Les critiques ont tout au plus saisi de façon intuitive le refus émanant de la pièce, sans cependant voir quel était l'objet de ce refus. Mais ces articles prouvent en même temps qu'il y avait aussi des récepteurs lucides, à savoir Maulnier et Merleau-Ponty eux-mêmes. Et ils ne sont pas les seuls. En dehors de la presse parisienne, d'autres comptes rendus prouvent que leurs auteurs ont compris, eux aussi, l'actualité des *Mouches*. Dans un recueil des Editions du Cerf dont l'*imprimatur* date de juillet 1943, Gabriel Marcel relève les allusions qui, selon lui, «peuvent viser certaines propensions récentes au *mea culpa*[36]»; Lionel de Roulet écrit dans la revue *La France libre* paraissant à Londres que le régime d'Argos «fondé sur l'auto-accusation, justifié par les péchés de la collectivité » lui semble familier et il ajoute: «Il est temps que l'homme se consacre aux affaires d'homme, à faire régner la justice, à se délivrer de

---
33. *Ibid.*
34. *Confluences*, septembre-octobre 1943, n° 25, p. 515.
35. *Le Figaro*, 22 mars 1941.
36. T.-G. Chifflot, L.-B. Geiger et al., *Chercher Dieu*, Paris, 1943, p. 170.

l'oppression, même au prix de la violence[37].» Le jeune René-Marrill Albérès perce, lui aussi, à jour les intentions subversives de l'auteur des *Mouches*; il écrit un article compromettant dans *L'Echo des Etudiants* paraissant en zone Sud et très «Révolution nationale». L'article s'intitule «Oreste champion de l'anarchisme»: pour saisir les connotations que ce titre a pu avoir pour les lecteurs sous l'Occupation, il faut savoir que dans la presse de l'époque, l'anarchisme était souvent associé au «terrorisme». On peut supposer que les lecteurs d'Albérès transposaient sur l'actualité l'interprétation des *Mouches* qu'il proposait quand il écrivit que «M. Sartre est de ceux qui veulent saper le pouvoir des rois et des dieux», que «selon Sartre, on dupe les hommes en leur parlant de remords, de péchés et de fautes» et quand il ajouta que «pour M. Sartre, les peuples n'ont jamais du remords à avoir... voilà une 'morale' consolante, de nos jours[38]». Le compte rendu d'Albérès fournit aussi des informations sur le public qui assistait en juin 1943 aux représentations de la pièce. Selon lui, «la foule», c'est-à-dire le public traditionnel des théâtres, spectateurs d'un certain âge, ne voyait que les ailes de gaze des mouches et Dullin; cette foule ne comprit pas ce qu'on lui présentait. Mais il y aurait eu aussi des jeunes gens et des étudiants que Sartre aurait séduits par son esprit subtil «pour prêcher pour son saint, qui est celui de la révolte[39]». Quand on se fie aux craintes d'Albérès et celles de son confrère écrivant dans la revue vichyssoise *Idées*[40], on doit supposer que les étudiants s'identifièrent à l'attitude de refus incarnée par Oreste et Electre aussi spontanément qu'en furent dégoûtés les spectateurs bien-pensants sans cependant être en mesure de percevoir l'appel de Sartre sur le plan rationnel. La dimension philosophique et politique des *Mouches* n'était apparemment accessible que pour certains intellectuels qui connaissaient la philosophie de Sartre et qui, en plus, disposaient du texte paru chez Gallimard avant la création. Ces conditions de réception se retrouvent dans le cas de

---

37. *La France libre*, 15 mars 1944, pp. 397 sq. et 396.
38. *L'Echo des Etudiants*, 19-26 juin 1943.
39. *Ibid.* Pour *Le Malentendu* de Camus créé en juillet 1944, on trouve la même composition du public: bourgeoisie conformiste et jeunesse intellectuelle (*Panorama*, 6 juillet 1944).
40. François Sentein, *Idées*, n° 21, pp. 63-66.

Michel Leiris qui rédigea le compte rendu paru dans *Les Lettres françaises* clandestines, l'organe du C.N.E. dont Sartre faisait partie et qui avait approuvé la représentation. Contrairement à ce qu'on aurait pu attendre précisément dans ce périodique, la lecture que Leiris fait des *Mouches* ne quitte pas le niveau général de la condition humaine. Elle n'est d'aucune manière compromettante, comme Sartre l'a fait entendre[41]. J'ai demandé à Michel Leiris la raison de sa réticence. Il m'a répondu ceci:

> Aucune réticence de ma part dans le compte rendu que j'avais fait des *Mouches*. Cette pièce de Sartre était [...] une pièce parfaitement 'actuelle' dans les circonstances où elle a été représentée, mais elle n'était nullement une pièce 'd'actualité'. La leçon morale - agir selon la liberté - était parfaitement claire, et d'une valeur générale, de sorte qu'il ne me serait pas même venu à l'esprit de réduire cette pièce à n'être qu'une allégorie du conflit Résistance-Vichy. Sans avoir besoin de points sur les i, ceux qui refusaient Vichy savaient à quoi s'en tenir; aussi eût-ce été simplement diminuer la portée de l'œuvre que de la tenir seulement pour une transcription métaphorique du drame de l'époque. C'est pourquoi l'allusion faite aux mouches 'policières' dans la première phrase de mon texte m'avait paru amplement suffire à indiquer l'implication politique[42].

Cette explication me paraît convaincante; Gabriel Marcel, dans le texte cité, signala lui aussi les allusions visant le méaculpisme, mais il refusa d'y insister: «En s'y attachant, écrivit-il, on réduirait arbitrairement la portée de l'ouvrage[43].» Leiris et Marcel partent d'une notion de littérature qui était assez répandue, ce qui ressortit sous l'Occupation et à la Libération dans les querelles autour de la «littérature de circonstances[44]». Quant à Sartre, il ne plaida pas lui non

---

41. Dans le film *Sartre par lui-même* (cf. la transcription de la bande sonore, Gallimard, 1977, p. 70).
42. Lettre du 1er juillet 1981.
43. *Chercher Dieu, op. cit.* (voir note 36), pp. 170 sq.
44. La controverse fut menée surtout à propos de la poésie. Cf. Wolfgang Babilas, «Interpretationen literarischer Texte des Widerstands», in Karl Kohut (éd.), *Literatur der Résistance und Kollaboration in Frankreich. Texte und Interpretationen.* Tübingen, 1984, pp. 52 sq., ainsi que Christel et Henning Krauss, «Die Theorien des Engagements», in Karl Kohut (éd.), *Literatur der Résistance*

plus pour une littérature unidimensionnelle: la littérature engagée devait, rappelons-le, réconcilier «l'absolu métaphysique et la relativité du fait historique[45]».
Voilà pour les récepteurs français. Comment les occupants ont-ils vu la pièce? D'abord les fonctionnaires de la Censure qui ont donné le visa avant la création. A ce propos, il existe un on-dit selon lequel un lieutenant complaisant lié avec une comédienne française aurait accordé ce visa et aurait été muté par la suite sur le front de l'Est. Mais selon le lieutenant Heller, dont les Mémoires parus en 1981 ont eu un grand retentissement, c'est lui qui a facilité l'acceptation de la pièce par les autorités occupantes[46]. Heller ne dit rien du visa - les dossiers en question ont disparu[47] - mais il signale[48] que la Propagande, au moment des répétitions, aurait été avertie par des Français qui considéraient la pièce comme «signe de résistance». Heller aurait pu persuader les autorités du «caractère inoffensif» des *Mouches*. On peut se demander pourquoi, car il dit en même temps que les intentions politiques de Sartre ne lui avaient pas échappé. A l'en croire, il était francophile et essayait de servir la littérature qu'il aimait et les auteurs devant lesquels il s'effaçait. C'est un cas controversé que je ne discuterai pas ici[49]. Quoi qu'il en soit: du point de vue de l'«ordre», les autorités occupantes avaient plutôt intérêt à faire

und Kollaboration in Frankreich. Geschichte und Wirkung II (1940-1950) Wiesbaden/Tübingen, 1982, pp. 232 sqq.
45. «Qu'est-ce que la littérature?», *Situations, II*, Gallimard, 1948, p. 251.
46. Gerhard Heller, *Un Allemand à Paris*, Le Seuil, 1981, pp. 159 sq.
47. Cf. mon article «Organisation et tâches de la Censure théâtrale allemande à Paris, sous l'Occupation». In: *La Littérature française sous l'Occupation*. Actes du Colloque de Reims (30 septembre-1er et 2 octobre 1981). Presses Universitaires de Reims, 1989, p. 258. Pour l'ensemble des conditions de la vie théâtrale sous l'Occupation, cf. la thèse brillante et extrêmement fouillée de l'historien Serge Added, *Le Théâtre en France dans les années-Vichy 1940-1944* soutenue en 1990 à Reims. - Une version raccourcie a paru en 1992 aux Ed. Ramsay (note pour la reprise en volume).
48. Dans une lettre adressée à Annette Betteridge et datée du 12 mars 1961. Le texte peut être consulté dans Annette Fuchs-Betteridge, *Le Théâtre dramatique en France pendant l'Occupation allemande. 1940-1944*. Thèse pour le doctorat de l'Université, Paris, 1969, annexe, p. 398.
49. Je l'ai discuté dans mon livre cité dans la note 13. Voir aussi la contribution de Manfred Flügge au colloque de Reims (note 47).

passer une pièce comme *Les Mouches* au lieu de l'interdire et de susciter, ce faisant, un scandale qui aurait attiré l'attention de tout le monde sur ses implications politiques. Cette «politique de souplesse»[50] était en tout cas la stratégie de l'ambassadeur Otto Abetz, le supérieur du lieutenant Heller[51].

Du côté de la presse allemande paraissant à Paris, j'ai trouvé deux comptes rendus rédigés par des journalistes allemands. L'article le plus important parut dans la *Pariser Zeitung*; ce n'est pas le compte rendu de Frédérique Straub qu'on connaissait déjà depuis quelque temps[52]. L'article auquel je me réfère a été rédigé par un certain Dr Albert Buesche et se trouve tout à fait dans la ligne du lieutenant Heller. Il est intitulé «Un libérateur bizarre»[53] - bizarre parce qu'Oreste libère Argos sans instaurer une forme de gouvernement plus juste: en signalant la fin ouverte, Buesche désigne l'élément qui, plus tard, poussa la critique sartrienne à constater que *Les Mouches* ne dépassent pas le stade de la morale individuelle. Ce qui apparaît au Dr Buesche comme une incohérence l'amène finalement à soupçonner:

> Le spectateur est-il dupé au nom d'une notion complètement différente de liberté, ou s'agit-il du reflet d'une époque embrouillée jusqu'à la moelle - c'est ce qu'on se demande. La pièce a quelque chose des deux, sans être clairement l'un ou l'autre[54].

Dans la même tonalité allusive que Sartre dans sa pièce, le critique allemand signale qu'il a sinon compris du moins pressenti la signification visant l'actualité politique. Cette impression est corroborée par un article que le même critique publia quelques mois plus tard dans l'hebdomadaire *Das Reich* paraissant à Berlin et passant pour l'organe officieux de Goebbels. Il s'agit d'un bilan de la saison

---

50. Selon une formule d'Arno Breker (*Paris, Hitler et moi*, Presses de la Cité, 1970, p. 171).
51. Pour le libéralisme tactique d'Otto Abetz cf. Manfred Flügge, *Verweigerung oder Neue Ordnung*, op. cit. (voir note 24), t. 1, pp. 109-126.
52. Frédérique Straub, *Pariser Zeitung*, 18 juin 1943.
53. «Ein sonderbarer Befreier», *Pariser Zeitung*, 9 juin 1943.
54. Texte original: «Wird der Zuschauer um eines ganz anderen Begriffes Freiheit willen an der Nase herumgeführt, oder handelt es sich um das Spiegelbild einer im innersten verworrenen Zeit - das fragt man sich. Das Stück hat von beiden etwas und ist doch keins eindeutig.»

théâtrale 1942-1943⁵⁵. Dans ce texte, Buesche souligne la grande popularité dont jouit le théâtre à Paris. Il servirait tantôt d'évasion, tantôt de tribunal où l'on discuterait les idées qui, dans la réalité, seraient interdites aux Français. Selon lui, le théâtre est la seule soupape par où s'échappent les sentiments politiques refoulés; les applaudissements aux bons endroits prendraient souvent le caractère d'une manifestation, surtout aux représentations destinées à la jeunesse universitaire. Sur cet arrière-plan, Buesche mentionne entre autres *Les Mouches* qui, selon lui, sont «un seul défi, un appel ininterrompu⁵⁶» - mais Oreste prêcherait la liberté pour abandonner le peuple troublé dans le chaos.

Voilà les détails que j'ai voulu apporter pour nuancer l'image de Sartre «arriviste sous la botte» actuellement en vigueur. Non, Sartre n'a pas eu l'héroïsme d'un Cavaillès ou d'un Canguilhem; oui, il a admis, sans un acte de protestation, la révocation de ses collègues juifs; oui, il a soumis sa pièce à la Censure allemande et il l'a fait créer au Sarah-Bernhardt qui n'avait plus le droit de porter ce nom. Il a voulu continuer sa carrière et aider ses proches. Mais sa pièce n'était pas un divertissement quelconque: c'était un signe de refus. Tout le monde l'a senti, certains de ses compatriotes ont compris quel était l'objet de ce refus, quelques-uns parmi les Occupants aussi, et ceux qui savaient lire entre les lignes ont pu l'apprendre dans certains périodiques, même à Berlin. J'aimerais que les détracteurs actuels de Sartre ne l'oublient pas et rendent ainsi mieux compte d'une réalité complexe⁵⁷.

---

55. Albert Buesche, «Der Pariser und sein Theater. Diskussion zu romantischen Stücken», *Das Reich*, 12 septembre 1943.
56. «Eine einzige Herausforderung, ein ununterbrochener Anruf.»
57. Je remercie Serge Added pour la lecture critique - pertinente et utile - de ce texte, même si je n'ai pas tenu compte de toutes ses suggestions.

L'actualité de *Huis clos* en 1944 ou La Revanche de l'anti-France[1]

Décidément, la fiction assure de plus en plus le rôle de l'historiographie. Au théâtre de l'Œuvre, a été créée le 23 janvier 1996 une pièce dont le début et la fin sont calqués sur *Huis clos*. Le personnage introduit dans le salon Second Empire n'est cependant pas Garcin, mais Albert Camus surnommé «L'Etranger». C'est le 4 janvier 1960: Camus sort tout droit de son accident de voiture pour se retrouver en Enfer. En proie au remords, il revit certaines scènes de l'Occupation allemande et fait défiler Sartre, Beauvoir et quelques-unes de leurs relations ainsi que Jean Genet. Dans des flash-back reliés par des fondus, les spectateurs assistent aux événements précédant la création de *Huis clos*, pièce qui s'appelait tout d'abord *Les Autres*, ce qui explique le titre. Le sujet - peu étonnant dans la conjoncture actuelle - est l'arrivisme caché de Sartre et de Beauvoir. Jean-François Prévand, l'auteur de la pièce, a condensé en une heure et demie tous les reproches - justifiés ou non - qu'on a pu faire aux prétendus résistants: la création des *Mouches* dans un théâtre aryanisé avec la bénédiction préalable de la Censure allemande et les applaudissements de militaires occupants, le travail de Beauvoir à la radio, le papier signé attestant qu'elle n'était ni juive ni franc-maçonne, le succès de son premier roman, etc. Il y a même une date modifiée[2] pour faire coïncider avec le massacre d'Oradour un cocktail qui aurait été offert à la presse collaborationniste au moment de la création de *Huis clos*. Fiestas et divertissements se succèdent pendant qu'une part de l'humanité est déportée et gazée. Pour ne pas gâcher la soirée de son public avec ces tristes vérités, l'auteur a représenté ses

---

1. A propos de *Camus, Sartre... et «Les Autres»* créé au théâtre de l'Œuvre.
2. Ou erronée car l'erreur se trouve aussi dans les Mémoires de Simone de Beauvoir où Prévand a puisé. Mais il y a longtemps qu'elle a été corrigée.

personnages de façon caricaturale. Sartre et Beauvoir sont ridiculisés à souhait; l'ensemble donne l'impression d'une bande dessinée[3]. Prévand ne se contente cependant pas de rabâcher des clichés, il présente du neuf. En effet, dans les Mémoires de Beauvoir, on a pu lire que Sartre avait écrit *Huis clos* pour deux débutantes: Wanda Kosakiewics, sa maîtresse, et une amie de celle-ci, Olga Kecheliévitch (toutes deux élèves du cours Dullin), mais que suite à l'arrestation d'Olga, la pièce fut interprétée par des actrices professionnelles. Les sartriens et sartrologues n'ont pas prêté suffisamment d'attention à cette arrestation[4]: ce manque de sensibilité a, paraît-il, longtemps été un des symptômes de ce qu'Henry Rousso a nommé «le syndrome de Vichy»[5]. C'est seulement pendant les années 80 que les déportés et les juifs, sujet auparavant moins central ou refoulé, sont passés au premier plan. Tel est le contexte qui, associé au dénigrement systématique de Sartre et de Beauvoir dans les médias français, a permis à Prévand de mettre l'accent sur la disparition d'Olga. Son arrestation et les réactions de Camus et de Sartre constituent le pivot de la pièce.

Comment Camus fut-il mêlé à cette affaire? C'était à lui que Sartre avait d'abord confié la mise en scène et le rôle de Garcin. Selon Simone de Beauvoir, il se retira après l'arrestation d'Olga parce qu'il ne se sentait pas qualifié pour diriger des acteurs professionnels[6]. Dans un texte publié en 1988 par Marc Barbezat, le mari d'Olga Kecheliévitch, on lit une autre version des faits. A en croire Barbezat, Camus se retira estimant «qu'il fallait attendre le retour d'Olga[7]». C'est à partir de cette phrase que Prévand a construit sa

---

3. Nous nous basons sur le texte paru aux éditions Lansman, le programme et une trentaine de comptes rendus dont nous remercions le théâtre de l'Œuvre.
4. Cf. par exemple notre propre étude *Le théâtre de Jean-Paul Sartre devant ses premiers critiques. T. 1: Les pièces créées sous l'Occupation allemande, 'Les Mouches', et 'Huis clos'*. Jean-Michel Place, 1986, p. 200.
5. Henry Rousso, *Le syndrome de Vichy de 1944 à nos jours*, Seuil, 2ᵉ éd. 1990 (coll. «Points, Histoire»).
6. *La Force de l'âge*, Gallimard, 1960 (coll. «Folio»), p. 668. Robert Kanters relate l'histoire avec de légères variantes, cf. *A perte de vue*, Seuil, 1981, p. 171.
7. Marc Barbezat, «Comment je suis devenu l'éditeur de Jean Genet», dans Jean Genet, *Lettres à Olga et Marc Barbezat*, L'Arbalète, 1988, p. 244. Voir aussi l'article de Michel Cournot «C'est Albert Camus qui devait jouer 'Huis

pièce. De même que dans le débat actuel en France, Sartre et Camus incarnent, de façon exemplaire, deux attitudes opposées[8]. Sartre est la bête noire - Prévand l'a surnommé «le Mouton noir»; Camus est le personnage éthique. Non seulement il exige qu'on arrête les répétitions pour forcer les autorités allemandes à libérer Olga, mais il évolue de l'indifférence à l'engagement en s'associant au mouvement clandestin *Combat*. Sartre, par contre, avide de reconnaissance pour compenser sa laideur, veut se faire représenter coûte que coûte. «Il y a un désir de revanche chez Sartre, explique Prévand dans une interview. A l'échec des 'Mouches', il souhaite la réussite de 'Huis clos'[9].» L'intérêt exclusif de Sartre aurait donc été de faire avancer sa carrière.

Il y a sans doute une part de vérité dans cette supposition car Sartre avait longtemps piétiné, pendant l'entre-deux-guerres, et attendu la notoriété qui s'amorça par la publication de *La Nausée* en 1938 et s'affirma par *L'Etre et le Néant* et les deux pièces créées sous l'Occupation. Pourtant, s'il n'était pas prêt à laisser tomber *Huis clos*, il avait encore d'autres motifs que le pur carriérisme. Pour les percevoir, il faut replacer la pièce dans les circonstances de sa genèse et de sa création.

Huis clos fut écrit d'une seule traite en automne 1943[10]. Lors de la première représentation, fin mai 1944, la presse collaborationniste cria au scandale[11]. Pourquoi? Sartre avait choisi comme protagonistes une lesbienne, une infanticide et un don juan alors que les milieux collaborationnistes de Paris définissaient la femme comme procréatrice et que la Révolution Nationale de Vichy revalorisait la famille dans la triade «travail-famille-patrie» destinée à remplacer celle de la République tombée en disgrâce. Il y avait, de fait, une «volonté

---

clos'!» (*Le Monde*, 3 mai 1990) paru à l'occasion de la reprise de la pièce à la Comédie-Française.
8. Cf. notre étude «Images actuelles de Sartre», *Romanistische Zeitschrift für Literaturgeschichte/Cahiers d'Histoire des Littératures romanes*, n°s 1/2 (1987), p. 224.
9. «Jouer ou résister sous l'Occupation», *Le Figaro*, 23 janvier 1996.
10. Cf. *La Force de l'âge*, éd. cit., p. 635, et «Chronologie» dans Jean-Paul Sartre, *Œuvres romanesques*, Gallimard, 1981 (Bibliothèque de la Pléiade), p. LIX.
11. Cf. notre livre (cité dans la note 4) pp. 216 *ss*.

de choquer» de la part de Sartre, comme le voit bien Prévand, mais elle n'était pas seulement dictée par la «soif de reconnaissance[12]». Etant donné que, dans le paradigme de lecture longtemps dominant pour l'œuvre sartrienne, *Huis clos* a été considéré comme illustration de la théorie du regard, on a négligé l'actualité de la pièce au moment de sa création. Cette dimension se révèle clairement quand on considère le texte comme réplique à la suspension de Beauvoir de ses fonctions à l'Education nationale, suspension intervenue en juin 1943 et effective à la rentrée suivante[13].

Dans ses Mémoires, Beauvoir est assez laconique sur cette affaire. Elle écrit, dans *La Force de l'âge*, que la mère de «Lise» (Nathalie Sorokine) l'accusa de détournement de mineure parce qu'elle avait refusé de faire pression sur son ancienne élève dans le sens souhaité par Mme Sorokine: accepter un mariage avantageux. A la fin de l'année scolaire, la directrice de l'établissement où elle enseignait lui signifia qu'elle était exclue de l'université. Beauvoir remarque: «Avant la guerre, l'affaire n'eût pas eu de suite; avec la clique d'Abel Bonnard, il en alla autrement[14].»

Après la publication, en 1990, de son journal de guerre et des lettres qu'elle écrivit à Sartre, nous savons que Beauvoir eut effectivement des relations physiques avec Nathalie Sorokine et d'autres femmes[15]. Un livre publié un an plus tard, qui prétend nous «dire tout» sur la vie de Sartre et de Beauvoir sous l'Occupation, reproduit des documents relatifs à cette affaire, documents qui desservent, en partie, gravement les propos de l'auteur car ils montrent comment les deux enseignants furent jugés dans l'optique de l'idéologie vichyste[16]. S'appuyant sur les rapports fournis par les directrices et le proviseur des lycées respectifs ainsi que sur l'enquête judiciaire (qui aboutit à un non-lieu), le recteur de l'Université de Paris s'adressa le 3 avril 1942 au secrétaire d'Etat à l'Education nationale pour de-

---

12. Interview parue dans *La Terrasse*, mars 1996.
13. Dans notre livre (note 4), nous avons envisagé l'éventualité d'une telle lecture (cf. p. 222 note 192), mais ne l'avons pas entreprise pour nous limiter au cadre plus général d'une attaque du vertuisme vichyste.
14. *La Force de l'âge*, éd. cit., p. 618.
15. *Journal de guerre*, et *Lettres à Sartre* (2 tomes), Gallimard, 1990.
16. Gilbert Joseph, *Une si douce Occupation... Simone de Beauvoir et Jean-Paul Sartre 1940-1944*, Albin Michel, 1991.

mander l'exclusion de Beauvoir et de Sartre. Selon G. Joseph, l'expéditeur de la lettre, Gilbert Gidel, était un «juriste acquis au régime de Vichy [et] nommé à la tête de l'académie de Paris avec l'assentiment des autorités allemandes[17]». Pour justifier sa demande d'exclusion, le recteur invoque à la fois la vie et l'enseignement des deux professeurs de philosophie. Dans le cas de Beauvoir, il relève, à mots couverts, la plainte de Mme Sorokine, malgré le non-lieu, et l'aveu qu'elle a eu un amant - Sartre - sans être mariée. Son enseignement a soulevé, poursuit-il, les protestations de quelques familles, car elle recommandait à ses élèves les lectures de Proust et de Gide «sans les mettre en garde contre les dangers qu'elles présentent pour elles[18]». En outre, elle les initie à la psychanalyse et leur fait visiter l'hôpital psychiatrique Sainte-Anne: autant traiter de l'instinct sexuel comme de la faim ou de la soif! Le recteur trouve peu étonnant que Beauvoir n'ait pas eu de peine à enthousiasmer «les jeunes esprits sans défense», si bien que les Présidents des œuvres catholiques de la Paroisse et du XVIe arrondissement ont fait une démarche auprès de la directrice de l'établissement où elle enseigna jusqu'en 1939, le lycée Molière. Bref: Beauvoir «affiche dans sa propre conduite comme dans son enseignement un mépris supérieur de toute discipline morale et familiale. Il ne lui appartient pas de former de futures éducatrices[19]».

Dans le cas de Sartre, l'incrimination vise surtout les nouvelles publiées en 1939 sous le titre *Le Mur* et qualifiées dans la presse, selon Gidel, de pathologiques et érotiques. «M. Sartre qui a fait de son talent littéraire un usage si édifiant - remarque le recteur avec ironie - emploie aussi dans son enseignement un talent qui lui donne sur ses élèves une 'forte action'. Mais quelle peut être la nature morale de cette action[20]?» Quant à la «vie privée» du professeur de philosophie, G. Gidel relève qu'il a été l'amant de Beauvoir et - fait ap-

---

17. *Ibid.*, p. 218. Cf. aussi Rita Thalmann, *La mise au pas. Idéologie et stratégie sécuritaire dans la France occupée*, Fayard, 1991, p. 114.
18. G. Joseph, *op. cit.*, p. 219.
19. *Ibid.*, p. 220. Au lycée Camille-Sée, Beauvoir préparait les élèves au concours d'entrée de l'Ecole normale supérieure de Sèvres.
20. *Ibid.*, p. 221. Cf. aussi l'extrait d'un rapport d'inspection du 17 mars 1942 cité par Annie Cohen-Solal (*Sartre*, Gallimard, 1985 p. 266) qui va dans le même sens.

paremment pire - que c'est à elle et non pas à sa mère qu'il a fait virer son traitement pendant la guerre. Est-ce signaler qu'il «entretient» une maîtresse ?

Voici la conclusion que tire le recteur de l'Université de Paris de ses observations:

> Le maintien de Mlle de Beauvoir et de M. Sartre dans des chaires de philosophie de l'Enseignement secondaire me paraît inadmissible *à l'heure où la France aspire à la restauration de ses valeurs morales et familiales*. Notre jeunesse ne saurait être livrée à des maîtres si manifestement incapables de se conduire eux-mêmes[21].

Le passage dit, *expressis verbis*, que la condamnation des deux enseignants se fait en fonction des valeurs préconisées par le gouvernement de Pétain. Celui-ci fustigeait la République dont «l'esprit de jouissance» fut rendu responsable de la défaite. Sartre et Beauvoir font partie des «mauvais maîtres» dont Gide et Proust, «invertis» que Beauvoir fait lire à ses élèves, sont les patrons[22]. Les deux professeurs prolongent l'œuvre néfaste de ceux qui ont mené la France à la catastrophe.

Après sa suspension, Beauvoir accepta, à la rentrée de 1943, un travail à Radio-Vichy - qu'il ne faut pas confondre avec Radio-Paris[23]. Quant à Sartre, l'Education nationale ne se conforma pas à la proposition de Gilbert Gidel. Mais on comprend que, dans le climat dont témoignent la lettre citée et les enquêtes qui la précédèrent, lui aussi eut envie de «dire merde à l'Alma Mater[24]». Sartre eut-il connaissance de la demande d'exclusion le concernant? Il n'est pas impossible que l'inspecteur général Davy lui ait fait part de la démarche du recteur. Quoi qu'il en fût, Sartre se présenta devant le juge d'instruction quand Abel Bonnard, ministre de l'Education na-

---

21. *Ibid.*, p. 221. C'est nous qui soulignons.
22. A propos des «mauvais maîtres», cf. l'étude instructive de Wolfgang Babilas dans *La Littérature française sous l'Occupation*. Presses Universitaires de Reims, 1989, pp. 197-226.
23. Cf. notre étude «Simone de Beauvoir et Radio-Vichy. A propos de quelques scénarios retrouvés». *Romanische Forschungen*, n°s 1-2 (1996).
24. Cf. la lettre qu'il écrivit dans l'été 1943 à Simone de Beauvoir, *Lettres au Castor et à quelques autres*, t. 2, Gallimard, 1983, p. 312.

tionale sous Vichy et condamné à mort à la Libération pour intelligences avec l'ennemi, revint d'Espagne purger sa contumace[25].

Avec ces événements en arrière-fond, *Huis clos*, texte lisible «à plusieurs hauteurs[26]», révèle un «étage» qui reste insoupçonné quand on se contente de *L'Etre et le Néant* comme seule référence. C'est une réponse immédiate à la suspension de Beauvoir que d'exposer sur scène une lesbienne qui convoite - encore que sans succès - une autre femme. Garcin, don juan et goujat, n'est pas sans rapport avec les reproches faits à la «vie privée» de Sartre[27]. En créant Estelle, l'infanticide, celui-ci fait allusion au débat sur l'avortement, assez actuel à l'époque, car Vichy - nous le savons par *Une affaire de femmes* de Chabrol - fit, fin juillet 1943, trancher la tête à une avorteuse[28]. Cependant - comble de l'ironie! - les autorités de l'Etat français, réputées pour leur pudibonderie, n'auraient pas été en mesure d'interdire la pièce pour outrage aux bonnes mœurs[29] car les protagonistes «décadents» (de plus, assassins) ont été punis comme il se doit: ils sont en enfer...

---

25. Nous devons cette information à un article paru à la mort de Sartre dans le journal d'extrême droite *Rivarol* (M.G., «Sartre et Abel Bonnard», 24 avril 1980, p. 10).
26. La formule est de Pierre Jean Jouve et date de fin 1942, cf. Wolfgang Babilas, «Interpretationen literarischer Texte des Widerstands», dans Karl Kohut (éd.), *Literatur der Résistance und Kollaboration in Frankreich*, Tübingen, Narr, 1984, p. 113, note 59.
27. Abel Bonnard, membre de l'Académie française, avait réclamé, dans une conférence donnée en Sorbonne en juillet 1940, un mois à peine après l'occupation de Paris, la fin de «ces romans morbides et donjuanesques qui proliféraient avant guerre». (Alice Yaeger-Kaplan, «Littérature et collaboration», dans *De la littérature française*, sous la dir. de Denis Hollier, Bordas, 1993, p. 909). Aux yeux de la Propagande allemande, les textes de Bonnard étaient, parmi ceux qui cherchaient les causes profondes de la défaite dans le comportement des Français d'avant-guerre, les plus nobles et les plus purs (cf. Gérard Loiseaux, *La littérature de la défaite et de la Collaboration*, Fayard, 1995, p. 170).
28. Cf. Francis Szpiner, *Une affaire de femmes*, Paris 1943. *Exécution d'une avorteuse*, Paris, 1986. Beauvoir mentionne l'exécution en évoquant le «vertuisme» de Vichy dans ses Mémoires, cf. *La Force de l'âge*, éd. cit., p. 638.
29. Les autorités occupantes jugeaient que les outrages aux bonnes mœurs étaient du ressort des Français eux-mêmes, cf. notre étude «Organisation et tâches de la Censure théâtrale allemande à Paris, sous l'Occupation». Dans *La littérature française sous l'Occupation* (voir note 22), p. 256.

Tout le monde n'entend pas cette ironie. Pierre Drieu la Rochelle, qui a vu la pièce en juillet 1944, juge contradictoire que Sartre, considéré comme «communiste» (sic!), retombe dans la mythologie chrétienne[30]. Volker Roloff qui, au contraire, souligne, de manière générale, l'ironie dans les pièces mythiques de Sartre, reste cependant trop abstrait en se cantonnant dans le domaine des structures et du discours[31]. Pour comprendre comment Sartre, dans *Huis clos*, utilise le mythe chrétien de l'Enfer, il faut réinsérer la pièce dans son contexte initial, comme nous avons essayé de le faire ici. On voit en même temps la dégradation que le dramaturge fait subir à ce mythe dans la France traditionaliste et cléricale de Vichy, avec laquelle il règle ses comptes. Ses destinataires ont sinon compris, du moins senti, de quoi il s'agissait: la réception de la pièce montre que Sartre n'a pas raté son but. André Castelot, critique dramatique militant dans les colonnes de l'hebdomadaire politico-littéraire *La Gerbe*, dirigé par le collaborationniste notoire Alphonse de Chateaubriant, répéta en public les insinuations sur les capacités morales de Sartre professeur[32]. Qui sait si cette dénonciation renouvelée n'aurait pas eu d'effet si, au moment où elle fut prononcée - deux jours après le débarquement en Normandie -, la fin de la guerre n'avait pas été prévisible et si chacun, dans l'administration de Vichy, ne commençait pas à préparer son dossier ?

Dans les discussions interminables menées en France sur l'attitude de Beauvoir et de Sartre sous l'Occupation, il n'est, aujourd'hui, pas de bon ton d'insister sur ces faits. Ainsi, l'historien Jean-François Sirinelli signale, dans une étude comparative des parcours intellectuels de Sartre et d'Aron parue en 1995, que Sartre fut promu, en 1941, professeur de khâgne (donc bien vu par les autorités de Vichy) alors qu'on rétrogradait nombre de ses collègues. Aucun mot sur la

---

30. Pierre Drieu la Rochelle, *Journal. 1939-1945*. Ed. établie, prés. et annot. par Julien Hervier, Gallimard, 1992, pp. 399 *ss*.
31. «Zur Ambiguität des Mythos in Theaterstücken der Okkupationszeit». Dans *Paris sous l'occupation. Paris unter deutscher Besatzung*. Publ. par Wolfgang Drost, Géraldi Leroy et alii, Heidelberg, Winter, 1995, pp. 94-106.
32. «M. Jean-Paul Sartre est professeur de philosophie au lycée Condorcet. En dépit de sa prédilection pour l'abject inculque-t-il à ses élèves l'amour du Beau, le respect de ce qui est Noble et Grand?» (*La Gerbe*, 8 juin 1944) Castelot demanda l'interdiction de la pièce.

lettre de Gidel (pourtant publiée dès 1991)[33]. Serge Added, auteur d'une histoire du théâtre dans les «années-Vichy» parue en 1992, fait tomber, quant à lui, la notion de «théâtre résistant», faute d'objet[34]. Mis à part l'anathème dont souffrent Sartre et Beauvoir, boucs émissaires de l'ex-gauche, anathème qui explique pour une bonne part les vues actuelles, le concept de résistance utilisé dans ces études comme dans d'autres paraît trop limité. Mériteraient l'appellation «résistance» le seul combat armé et les appels explicites à y prendre part. Comme s'il n'y avait pas eu d'autres manières de montrer son refus face à l'ordre de soumission et à l'endoctrinement de valeurs officielles! Tout ce qui, pendant les années de Vichy, rappelait la République fut considéré hostile au *statu quo* et suspecté d'appartenir à l'Anti-France, ne serait-ce qu'une certaine façon de vivre. Sartre et Beauvoir ont rebuté les bien-pensants et attiré les non-conformistes (surtout les jeunes) parce qu'ils ont incarné cette Anti-France, sous l'Occupation, de manière flagrante: la lettre du recteur de l'Université de Paris le prouve à souhait. Si la discussion sur la vie et l'œuvre des deux auteurs pendant les années noires doit continuer, il serait temps de la situer dans le cadre plus vaste de l'histoire des mentalités, la guerre entre les deux France - celle de l'Ancien Régime et celle de la Révolution. La pièce représentée à l'Œuvre[35] n'est d'aucun secours pour élucider le comportement des protagonistes dans cette guerre idéologique franco-française: elle se contente de dénoncer. On peut d'ailleurs se demander quel défi est plus osé: écrire *Les Mouches* et *Huis clos* sous l'Occupation, ou caresser le public parisien de 1996 dans le sens du poil.

---

33. Jean-François Sirinelli, *Deux intellectuels dans le siècle, Sartre et Aron*, Fayard, 1995, pp. 182 *ss*.
34. Serge Added, *Le théâtre dans les années-Vichy 1940-1944*, Ramsay, 1992, p. 273. Cf. notre compte rendu dans *Lendemains*, n° 85 (1997).
35. Elle est restée à l'affiche jusqu'au 30 avril 1996. Sa production (et la publication du texte) a été possible grâce au soutien de la Fondation Beaumarchais, une association créée par la Société des Auteurs et Compositeurs dramatiques (SACD) pour la promotion des auteurs de ses répertoires.

Huis clos et *Le Soulier de satin*
A propos d'une lettre inédite (1942)
de Jean-Paul Sartre à Jean-Louis Barrault

Dans deux études récentes, Jean-François Louette a montré de façon convaincante qu'il faut considérer *Huis clos* comme «une très vive réplique au théâtre catholique».[1] Certes, l'athéisme militant de Sartre n'était plus à prouver, mais la critique n'avait pas vu qu'il était allé jusqu'à reprendre et à réécrire en les détournant certains éléments, voire des personnages connus, de ce théâtre destiné à propager une foi qui, pour le philosophe de la contingence, ne pouvait être que mauvaise. Pour percevoir ces rapports, il était utile de connaître la façon dont les journalistes rendant compte de la pièce au début juin 1944 l'insérèrent dans le champ théâtral. Certains la rapprochèrent - bien sûr, par contraste - des pièces d'Henri Ghéon présentes sur les scènes parisiennes[2], ce qui n'était pas dû au hasard, car le théâtre, dans les «années-Vichy», pouvait contribuer au «redressement» de la France, à l'extirpation de l'esprit républicain et à la restauration des valeurs pré-révolutionnaires souhaitée par le gouvernement de Pétain.[3] En effet, quand on lit *Huis clos* comme «anti-mystère», la brusque ouverture de la porte vers la fin de l'acte unique - événement souvent commenté par la critique universitaire -

---

1. «L'enfer, c'est les Autres», dans *magazine littéraire*, juillet-août 1997 (dossier consacré à l'enfer) pp. 85-9. La citation se trouve à la p. 86. Voir aussi le chapitre 2 dans *Sartre contra Nietzsche*. Presses Universitaires de Grenoble, 1996.
2. *Les Aventures de Gilles* et *Le Damné pour manque de confiance* (Tirso de Molina) adapté par Ghéon. Cf. I. Galster, *Le Théâtre de Jean-Paul Sartre devant ses premiers critiques. T. 1: Les pièces créées sous l'Occupation allemande*. Place, 1986, p. 260.
3. Cf. *ib*. 55s. Dans sa thèse de doctorat *Le théâtre dans les années-Vichy 1940-44* (Ramsay, 1992), Serge Added a tendance à minimiser, voire à nier complètement la dimension politique de l'art dramatique de cette période. Cf. mon compte rendu du livre dans *Lendemains* 85 (1997).

peut être considérée, au niveau des structures, comme reprise du «miracle», miracle qui cependant - parodie oblige - ici ne résout rien.[4] Je me limiterai à cet exemple.

La pièce à laquelle *Huis clos* se réfère le plus immédiatement est, selon Louette, *Le Soulier de satin* de Paul Claudel. Dans le personnage d'Estelle, il découvre une «anti-Prouhèze». L'héroïne de Claudel, «étoile» spirituelle par la sublimation du désir, se transforme, dans *Huis clos*, en étoile sombre qui, tout en gardant le nom astral (Estelle), cède aux appétits du corps. Rien ne lui est plus étranger que l'idée du sacrifice, sur laquelle repose tout le personnage de Prouhèze.[5] Une fois de plus, Sartre dénonce l'idéalisme d'une vision du monde qui, selon lui, ne saurait être que mensongère.[6] En 1943/44, cette dénonciation n'était pas anodine, car la propagande de l'Etat français prêchait «l'esprit de sacrifice» contre «l'esprit de jouissance» qui, selon les idéologues de Vichy, avait pourri la République et conduit tout droit à la catastrophe.[7] Claudel et Sartre pouvaient représenter à l'époque de façon paradigmatique les deux France qui perdirent et gagnèrent l'une et l'autre en très peu de temps leur légitimité.

Je ne m'étendrai pas ici sur l'interprétation des deux pièces dans leurs cadres idéologiques respectifs. Mon propos est plus modeste. En m'appuyant sur une lettre jusqu'à présent inédite que Sartre écrivit en juillet 1942 à Jean-Louis Barrault, je montrerai que certaines circonstances suggèrent effectivement que Sartre, dans *Huis clos*, indépendamment de son aversion connue et indéniable contre le catholicisme, eut des motifs particuliers pour choisir comme cible *Le Soulier de satin*. La lettre se trouvait dans la succession Madeleine Renaud/Jean-Louis Barrault (tous deux décédés en 1994). Elle a été

---

4. Louette, *art. cit.*, p. 87.
5. *Ib.*
6. Cf. un passage dans l'autobiographie de Simone de Beauvoir où elle caractérise le clan des «petits camarades» dont Sartre faisait partie: «[Ils] dégonflaient impitoyablement tous les idéalismes [...] ils manifestaient que les hommes n'étaient pas des esprits mais des corps en proie au besoin [...].» *(Mémoires d'une jeune fille rangée*, folio, 1958, p. 470) Voir aussi l'analyse critique que Beauvoir elle-même a consacrée au mythe de la femme dans l'œuvre de Claudel dans *Le Deuxième Sexe*, Gallimard, 1949, T. 1, pp. 343-55.
7. Cf. Galster, *op. cit.*, p. 56.

acquise en 1995 par la Bibliothèque Nationale.[8] Je remercie Madame Arlette Elkaïm-Sartre de m'avoir donné l'autorisation de la reproduire en annexe.

On sait que Jean-Louis Barrault devait d'abord monter *Les Mouches* au Théâtre de l'Athénée. Sartre s'était adressé à lui car c'était plus ou moins à l'instigation de Barrault qu'il avait écrit la pièce. Deux actrices débutantes - dont Olga Kosakiewics, amie de Sartre - avaient figuré en juillet 1941 dans *Les Suppliantes* d'Eschyle, spectacle monté par Barrault au stade Roland-Garros. Elles lui avaient demandé comment s'y prendre pour obtenir un vrai rôle et il leur avait conseillé de se faire écrire une pièce par un auteur. Sartre, qui avait pris goût au théâtre en captivité, composa *Les Mouches*.

Ces événements, connus jusqu'ici par l'autobiographie de Simone de Beauvoir,[9] sont pleinement confirmés par la lettre de Sartre. Celle-ci rompt l'engagement entre auteur et metteur en scène, ce dernier n'ayant rien entrepris pour sa réalisation. Pourquoi Barrault fut-il réticent ? Recula-t-il devant la pièce d'un débutant qui, de plus, exigeait que le rôle principal féminin soit tenu également par une débutante? Cette distribution est-elle visée quand Barrault écrit lui-même, trente ans plus tard, qu'il n'était pas d'accord sur leurs «méthodes de travail»?[10] Faut-il considérer d'éventuels scrupules politiques de la part du metteur en scène tels que les soulève Stenström?[11] Il existe, en effet, une allusion difficilement décryptable dans cette lettre: Sartre évoque des «circonstances particulières» dans lesquelles il aurait conçu sa pièce et qui l'auraient obligé à être «sage», le destinataire en connaissant les raisons. Vise-t-il la Censure qui l'empêche d'être plus explicite dans la contestation de l'ordre dominant? Sans doute est-il vrai aussi que les conceptions esthétiques de Sartre et de Barrault étaient diamétralement opposées, comme l'écrit l'épistolier lui-même. Alors que Sartre subordonnait l'art de la scène entièrement à la parole, Barrault poursuivait depuis

---

8. Cf. *Bulletin d'information du Groupe d'Etudes sartriennes*, n° 10, juin 1996, p. 68. La lettre est consultable au Département des Arts du Spectacle (Arsenal), Coll° RB Sartre.
9. *La Force de l'Age*, folio, 1960, pp. 556 et 589 s.
10. J.-L. Barrault, *Souvenirs pour demain*. Paris 1972, p. 155.
11. Thure Stenström, *Existentialismen*. Stockholm 1966, p. 192 (ouvrage rédigé en suédois).

longtemps la recherche d'un langage non-verbal fondé sur les gestes et les attitudes.[12]

A en juger d'après la lettre de Sartre, on expliquera la réticence de Barrault surtout par le fait que l'alternative s'offrant à lui en 1942/43 opposait aux *Mouches* une œuvre non seulement plus adaptée à ses idées esthétiques, mais aussi plus prestigieuse. A la pièce d'un professeur de lycée connu exclusivement dans un milieu littéraire restreint comme auteur qui promettait[13], il préféra précisément *Le Soulier de satin*! Barrault, âgé à l'époque de 32 ans et pensionnaire, puis sociétaire de la Comédie Française, avait, selon Alfred Simon, «contraint» la vieille maison à monter une version abrégée du drame célèbre composé par l'auteur du renouveau catholique après la première guerre mondiale et publié en 1929.[14] Si Sartre a raison dans sa lettre, il le fit non sans accepter des compromis. Le résultat fut l'événement théâtral par excellence de toute la période de l'Occupation. La somptueuse première du 27 novembre 1943 fut précédée par le montage de la pièce au micro en quatre émissions d'une heure et demie du 30 avril au 3 mai 1943 - selon Hélène Eck

---

12. Sartre était bien conscient de l'écart qui le séparait du metteur en scène lorsqu'il s'adressa à lui. En 1937, il avait rendu compte, dans une lettre à Beauvoir, de la dernière représentation de *Numance* au Théâtre Antoine. Il jugea la mise en scène ratée: «En un mot ce Barrault veut donner au théâtre un langage propre, un langage par gestes et attitudes et il cherche à faire prédominer la plastique et la pantomime sur la récitation du texte.» (J.-P. Sartre, *Lettres au Castor et à quelques autres*. T. 1, Gallimard, 1983, p. 134) Beauvoir, à son tour, renseigna Sartre prisonnier de guerre en janvier 1941 sur *La Danse des morts*, oratorio de Honegger représenté avec le concours de Barrault: «Tout le monde était fort intrigué, les mauvaises langues prétendant qu'il allait danser - mais il s'est borné à faire le récitant.» (Simone de Beauvoir, *Lettres à Sartre*. T. 2, Gallimard, 1990, p. 223)
13. Cf. Galster, *op. cit.*, p. 115.
14. A. Simon, *Dictionnaire du théâtre français contemporain*. Larousse, 1970, p. 114. Pour plus de détails, on lira la correspondance entre Claudel et Barrault ainsi que l'introduction de Michel Lioure. Barrault obtint l'accord écrit de Claudel pour monter la pièce le 16 juin 1942 (*Correspondance Paul Claudel/Jean-Louis Barrault*. Préface de Jean-Louis Barrault. Introduction et notes de Michel Lioure. Gallimard, 1974 (Cahiers Paul Claudel 10), cf. en particulier pp. 23 et 88).

«la grande fierté» de la radio de Vichy.[15] En mars 1944, la mise en scène de la Comédie Française passa elle aussi sur les ondes.[16] Or Sartre composa *Huis clos* en automne 1943; la création eut lieu fin mai 1944. Toute la période de la conception et de la mise en scène était donc imprégnée du bruit suscité par *Le Soulier de satin*. Claudel, qui fut le grand auteur dramatique de l'Occupation,[17] est non seulement un antagoniste idéologique dont la vision du monde se trouve en parfait accord avec celle de Vichy (au moment même où on demande de relever Sartre de ses fonctions de professeur[18]), il est aussi un rival immédiat qu'on lui préfère, ce qui risque de compromettre la création de la première pièce de Sartre à Paris. Cette situation et la rancune dont la lettre fait preuve ont pu renforcer le potentiel d'agressivité se traduisant dans *Huis clos*, pièce qui scandalisa et fascina en même temps un destinataire comme Robert Brasillach.[19]

Sartre et Barrault continuaient à se rencontrer dans des réunions des gens de théâtre et lors d'événements où se rendait le «Tout-Paris»,[20] mais il n'y eut plus jamais de nouvelle tentative pour collaborer sur scène. Toutefois, les *Cahiers Renaud-Barrault* publièrent

---

15. H. Eck, «A la recherche d'un art radiophonique». Dans Jean-Pierre Rioux (dir), *La vie culturelle sous Vichy*. Ed. Complexe, 1990, p. 286.
16. Cf. le programme dans *Radio National*, 12-18 mars 1944, p. 5. On voit Barrault sur une photo dans le rôle de don Rodrigue.
17. Selon Added, *op. cit.*, p. 335.
18. La lettre que le recteur de l'Université de Paris adressa le 3 avril 1942 à l'Education Nationale est reproduite dans Gilbert Joseph, *Une si douce Occupation... Simone de Beauvoir et Jean-Paul Sartre 1940-1944*. Albin Michel, 1991, pp. 218-21. La suspension est demandée parce qu'on juge que Sartre ne saurait contribuer «à la restauration [des] valeurs morales et familiales» de la France que le gouvernement de Vichy se proposait.
19. *La Chronique de Paris*, juin 1944; cf. Galster, *op. cit.*, p. 228.
20. Par exemple le 10 juin 1944 lors d'un cycle de conférences-débats sur le théâtre, cf. J.-P. Sartre, *Un théâtre de situations*. Gallimard, folio essais, 2e éd. 1992, pp. 22 ss., ou lors de la fameuse lecture du *Désir attrapé par la queue*, pièce de Picasso, par des amateurs (dont Sartre) dans le salon des Leiris (cf. *La Force de l'Age*, *éd. cit.*, pp. 651 s.). Pendant la «semaine glorieuse» (la libération de Paris), Sartre en tant que membre du Comité National du Théâtre (organisation résistante des gens du métier) occupa le Théâtre Français et refusa l'entrée à Barrault (cf. Simone de Beauvoir, *La Cérémonie des adieux* suivi de *Entretiens avec Jean-Paul Sartre [août-septembre 1974]*. Gallimard, 1981, pp. 496 s.).

en 1955 un numéro sur Sartre[21]; le fascicule précédent était consacré à ... Claudel. Sartre dut en tout cas à Barrault l'idée initiale du *Diable et le bon Dieu* créé en 1951 et annoncé dans la presse comme réplique athée au *Soulier de satin*.[22] Si Claudel fut l'auteur dramatique qui domina l'Occupation, Sartre prit la relève à la Libération, et l'on sait que sa présence ne se limitait pas au champ théâtral. Cette fois, ce fut à Claudel de bouder. Dans une lettre de 1946, l'auteur catholique reprocha à son éditeur Gaston Gallimard de publier des «inepties à la douzaine». Car «on ne lira plus Gide, ou Sartre, ou Camus, mais on lira toujours Paul Claudel». Et il ajouta: «Le voisinage de ces scélérats et de ces malfaiteurs dont vous vous êtes fait le propagateur officiel ne m'est nullement agréable.»[23]

Les lignes qui précèdent ne prétendent évidemment pas épuiser les rapports entre Sartre et Claudel, ni ceux entre Sartre et Barrault. Les premiers mériteraient particulièrement d'être analysés un jour de manière systématique. En attendant, lisons la lettre de Sartre comme témoignage sur la création des *Mouches* et la genèse de *Huis clos*, comme document de la petite histoire - petite, mais pas pour autant négligeable.

---

21. *Cahiers Renaud-Barrault*, oct. 1955 («Connaissance de Sartre»).
22. Cf. par exemple l'article d'avant-première paru le 3 janvier 1951 dans *Opéra*. L'idée lui fut inspirée par le sujet d'une pièce de Cervantès, *El Rufián dichoso*, que lui avait racontée Barrault en 1943 quand ils professaient tous deux à l'école des comédiens de Charles Dullin, cf. Michel Contat et Michel Rybalka, *Les Ecrits de Sartre*. Gallimard, 1970, p. 231.
23. *Correspondance 1911-1954 de Paul Claudel et Gaston Gallimard*. Ed. établie, prés. et annotée par Bernard Delvaille. Gallimard, 1995, lettre en date du 17 janvier 1946, citée d'après Jean-François Sirinelli, *Deux intellectuels dans le siècle, Sartre et Aron*. Fayard, 1995, p. 217.

Annexe

Lettre inédite de Jean-Paul Sartre à Jean-Louis Barrault datée du Jeudi 9 juillet [1942], conservée à la Bibliothèque Nationale, Département des Arts du Spectacle (Arsenal), Collection Renaud-Barrault. 9 feuillets, papier rectiligne, format lettre plié. Transcrit le 6 juin 1997 par Ingrid Galster en l'état, sans corrections ni modifications.

Jeudi 9 Juillet

Mon cher Barrault

A la suite de notre dernière conversation j'ai beaucoup réfléchi et je suis persuadé, à présent, qu'il vaut mieux pour vous, pour moi et pour nos relations futures, que nous renoncions à notre projet de monter ensemble «Les Mouches». Ce n'est pas sans un très grand regret que j'ai pris cette décision; mais je ne pense pas que nous puissions faire autrement et je vais vous dire pourquoi.

Depuis le début, je luttais contre une impression pénible: je sentais que vous vous étiez engagé un peu à la légère, par une sorte de générosité, et que vous ne cessiez de regretter votre engagement. Je sais: vous auriez sûrement monté «Les Mouches»; vous les monteriez encore si je vous le demandais, par fidélité à votre parole et aussi, comme vous me l'avez répété souvent - peut-être un peu trop souvent - par amitié pour moi. Mais vous savez comme moi que notre amitié n'a rien à faire ici: il vaudrait mieux que vous n'ayez aucune sympathie pour moi et que vous sentiez simplement, en tant qu'artiste, la nécessité de mettre ma pièce en scène. Or c'est ce qui ne peut pas être: «les Mouches» sont l'ouvrage d'un débutant, encore très imparfait; et, ma pièce eût elle été dix fois meilleure, elle ne correspond pas à cet art dramatique neuf que vous voulez créer: elle a été écrite dans des circonstances particulières, elle est très «sage» - vous savez pourquoi - elle ne saurait servir de manifeste à Jean-Louis Barrault.

J'ai eu le tort de ne pas tirer tout de suite les conclusions qui s'imposaient: nous aurions gagné du temps, l'un et l'autre. Le résultat de mes hésitations c'est qu'un autre projet, bien plus grand et bien plus hardi, vous a tout entier accaparé. Comment pourrai-je vous en vouloir ? Il est évident que c'est en montant le «Soulier de Satin» que vous pourrez donner votre mesure. Seulement il en est résulté que vous n'avez rien pu faire pour ma pièce. Le temps pressait et pourtant, où en sommes nous? Vous n'avez pas convoqué les acteurs, je me suis chargé du travail et ceux que j'ai convoqués, avertis trop tard, n'étaient plus libres. Nous avions engagé des négociations avec Renoir, sur une certaine base; mais vous avez changé d'avis entre tant [sic] et vous n'avez pu le prévenir qu'au dernier moment, c'est à dire dix jours après la première entrevue. Sur quoi il a refusé, ou à peu près, de nous donner son théâtre. Nous avons fait une dernière tentative et nous l'avons prié de lire mon manuscrit. Là encore, il aurait fallu obtenir une réponse au plus vite: il devait téléphoner le Jeudi; comme il ne donnait pas signe de vie, vous vous êtes chargé de le relancer mais vous ne l'avez pas fait avant le Jeudi suivant. Ainsi avons nous perdu vingt jours; sur quoi vous partez camper, me laissant seul, sans autorité ni compétence, pour discuter avec des directeurs de théâtre qui m'ignorent et qui, précisément avaient été saisis d'autre [sic] propositions vers le même moment. Voici donc le bilan: vous avez accepté vers le 15 mai de monter ma pièce en octobre, ce qui supposait que les répétitions commenceraient en Septembre. Nous voici au 15 Juillet; après deux mois, nous sommes à la veille des vacances, sans acteurs ni théâtre. Au mois de Septembre il faudrait repartir à zéro, dans des conditions bien moins favorables. Si je veux que ma pièce ait une chance de sortir en 43, il faut évidemment que je me tourne d'un autre coté [sic]. D'autant plus que, de votre part aussi, les conditions seront moins favorables, la saison prochaine: en Septembre vous étiez libre; mais dès la fin de l'automne, vous serez absorbé - vous me l'avez dit vous-même - par un film et la mise en scène de Phèdre et du Soulier de Satin. Et, pourtant, j'étais en droit de croire que votre entreprise aurait un meilleur succès: en a-t-on jamais vu débuter sous des auspices plus favorables ? Pour vous comme pour moi, la question d'argent ne se posait même pas; on vous proposait même un théâtre pour trois ans et un concours financier sans réserves. Pour que nous en soyons aujourd'hui où nous en sommes, il faut que vous n'ayez jamais eu <u>vraiment envie</u> de monter cette pièce.

C'est notre entretien de Jeudi qui a mis un terme à mes hésitations. Vous m'avez dit brusquement: «On pourrait peut-être monter la pièce en spectacle de jeune [sic]. Je mettrai en scène sans donner mon nom ou alors je superviserai, simplement.» Je comprend [sic] parfaitement vos raisons: je n'ai pas le droit de vous demander de signer la mise en scène d'une œuvre que je ne signe pas moi-même; par ailleurs, je n'ai aucune objection contre un «spectacle de jeunes» puisque ma première idée était justement d'en faire un. Ce qui est inacceptable, c'est que nous en soyons revenus là, après deux mois de palabres. Lorsque je vous ai proposé de monter ma pièce, vous avez tout aussitôt déclaré que vous ne pouviez accepter si l'on n'en faisait un spectacle de <u>professionnels</u>. Vous donniez deux raisons: d'abord votre article de Comœdia vous ôtait toute possibilité de présenter des spectacles d'amateurs; ensuite Olga serait mieux servie dans ses débuts par des acteurs éprouvés qui la soutiendraient et l'encadreraient. Raisons excellentes et qui m'ont convaincu: par quel miracle ont-elles cessé d'être valables? De même, vous aviez décidé, vers le 14 Juin, de consacrer huit jours à faire travailler Olga et à auditionner des acteurs du 22 Juin au 14 Juillet; de ce beau projet, il n'est rien resté: vous avez entendu Olga, de bonne grace [sic], pendant deux heures, un après-midi, et, de mauvaise grace [sic] pendant 1 heure et demie, un matin. Tous ces changements ne sont-ils pas la preuve du désintérêt profond où vous êtes tombé, touchant «les Mouches»? En tout cas, ils me dictent ma conduite: puisque vous ne voulez pas reprendre votre parole, c'est à moi de vous la rendre.

Il y a autre chose: vous avez dit et répété, devant moi, par allusions, et devant d'autres gens clairement, qu'Olga était ma maîtresse et que je voulais la «pousser». Si vous l'avez cru vraiment, vous avez dû avoir, pendant toute cette affaire, l'impression très désagréable qu'un auteur, en complicité avec des commanditaires, abusait de votre amitié pour vous imposer une interprète. J'explique ainsi vos mouvements d'humeur vis-à-vis d'elle. Tout cela est de ma faute: je n'aime guère, en général, parler de ma vie privée et mon silence a favorisé ce malentendu. Je tiens à vous dire, aujourd'hui, qu'Olga n'a jamais été ni ne sera jamais ma maîtresse; c'est <u>son talent seul</u> que je voulais servir. Ce qui m'a toujours déplu au théâtre c'est la férocité des gens en place et les difficultés qu'ils font - même lorsqu'ils ont rencontré ces mêmes difficultés à leurs débuts. Pour permettre aux talents non consacrés de se manifester, c'est contre cet état des choses que j'ai voulu lutter. Ce qui est le plus drôle, c'est que c'est vous qui, sans me connaître, m'en avez donné l'idée. Un jour, pendant les répétitions des Suppliantes, les deux Olga sont venues vous demander comment elles pouvaient s'y prendre pour jouer autrement que dans la figuration. Vous avez répondu: «Trouvez un auteur; faites lui écrire une pièce pour vous et tout ira bien.» Je vous comprends très bien à présent et je sais par expérience personnelle qu'il y a une foule de circonstances où l'on dit n'importe quoi pour se débarrasser des importuns: j'en aurais peut-être fait autant à votre place. Le malheur a voulu que les deux filles vous aient cru et que je vous aie pris au mot. Je l'ai compris trop tard, le jour où nous avons reparlé de cette conversation et où je me suis aperçu que vous n'en aviez gardé aucun souvenir. Or, moi je m'étais adressé à vous, pensant: «Puisqu'il leur a donné lui-même ce conseil, il trouvera tout naturel qu'on l'ait suivi.» Quelle erreur! J'en suis tout à fait responsable et, là encore, je vous comprends parfaitement. Ce que je comprends moins - vous l'avouerai-je? - c'est que vous soyez si gêné dans votre conscience lorsqu'un de vos amis vous <u>prie</u> d'entendre une actrice et de juger si vous voulez bien monter une pièce où elle tiendra le premier rôle, alors que vous semblez si à l'aise quand l'administration du Français vous <u>impose</u> Marie Belle [sic] dans le rôle de Doña Prouhèze. Je sais: vous avez des scrupules et vous tentez de les apaiser en disant que Marie Bell est encore passable dans les «rôles corsetés». Mais est-ce un rôle corseté que celui de cette fille de vingt ans qui court les chemins, habillée en cavalier, les seins libres sous sa veste d'homme ? Imaginez-vous le fou-rire, quand on verra, dans la première journée, la tête et les épaules de cette matrone émergeant d'une fondrière ? Mais ceci vous concerne seul. Ce qui me regarde et qui m'a confirmé dans ma décision de renoncer à notre projet, c'est qu'il est impossible qu'un metteur en scène fasse faire du bon travail à sa principale interprète, lorsqu'il se défie d'elle à ce point.

Je me suis donc tourné vers Dullin. Il ne voulait pas accepter d'abord, à cause de vous et proposait, avec une générosité qui m'a touché, de vous prêter son théâtre pour que vous y montiez «les Mouches». C'est moi qui ai refusé : j'ai dit que mon siège était fait et qu'en aucun cas, à présent, je ne reviendrai sur ma décision. Lorsqu'il en a été convaincu, il m'a offert de monter «les Mouches» lui- même, à la Cité, et de jouer Jupiter.

J'ai pu me convaincre qu'il aimait la pièce et qu'il s'y intéresserait. En outre, pour lui, Olga n'est pas une inconnue imposée : il l'apprécie, elle a été sa meilleure élève et elle a déjà joué un petit rôle au Théâtre de Paris. Je sais que vous auriez été très ennuyé de me laisser dans l'embarras : mais j'ai l'espoir que, à présent et après tant de vicissitudes, de Legentil à vous et de vous à Dullin, tout va s'arranger fort bien.

Je voudrais que vous preniez cette lettre pour ce qu'elle est : une explication franche et nette. Il me semble que nous devrions, après cet épisode fâcheux [sic], conserver nos liens de camaraderie ; et je désire que vous me croyiez toujours

    votre ami
    J. P. Sartre

Copyright A. Elkaïm-Sartre et Éditions Gallimard

Les années noires vues par les dramaturges français de l'après-guerre: *Morts sans sépulture*

I

Au lendemain de la libération de Paris, les journalistes des quotidiens et hebdomadaires pour la plupart issus de la Résistance font le point sur la situation du théâtre. La première préoccupation est évidemment, comme partout dans le milieu culturel à ce moment précis, l'épuration de ceux qui sont censés s'être compromis avec l'occupant. Mais dans le milieu théâtral de Paris, on donne encore un autre sens au terme «épuration»: ceux pour qui le théâtre doit remplir une fonction autre que celles de divertissement et d'évasion souhaitent une réorganisation économique destinée à supprimer l'orientation exclusivement commerciale de l'industrie des spectacles. C'est cette orientation qui, selon eux, doit être rendue responsable de la production des pièces de pure consommation qui constituaient la plus grande partie des programmes sous l'Occupation; elle entraîne, en outre, l'exclusion des couches populaires qui ne disposent pas des moyens nécessaires pour se payer les places chères. Selon ces journalistes, il faut profiter de la césure historique pour rendre au théâtre le rôle qu'il a à assumer dans la société[1].

La quête d'un nouveau public et le refus d'un théâtre d'évasion devaient forcément susciter d'autres sujets et matières dramatiques. Le renouveau de la tragédie qui - à côté du vaudeville omniprésent - était l'un des courants majeurs du théâtre dans l'entre-deux-guerres et sous l'Occupation eut vite le goût du périmé. Déjà sous l'Occupation, même des critiques bien-pensants s'étaient déclarés atteints d'«antigonnite» et d'«atridephobie»[2]; à la Libération, les gens de théâ-

---

1. Cf. les deux articles de base de L. J. Finot, «Le théâtre français va renaître», *Résistance*, 9-9-44, et d'Yves Bonnat, «L'avenir du théâtre», *Action*, 9-9-44.
2. Par exemple André Castelot dans *La Gerbe*, 10-6-43.

tre progressistes issus de la Résistance et détenteurs de la légitimité culturelle dénoncèrent les légendes mythologiques et historiques «sans commune mesure avec le présent»[3]. Ceux qui refléchissaient sur les rapports existant entre l'art et la vie n'admettaient plus un théâtre visant directement l'universalité abstraite: l'art dramatique doit, selon eux, se nourrir de la réalité contemporaine et contribuer à la renaissance de la France[4]. Ils condamnent cependant propagande et patronage[5]: le refus de la pièce à thèse continue à figurer parmi les normes du théâtre français de l'après-guerre, en tout cas, en théorie[6].

Telles sont donc, à la Libération, les attentes de l'avant-garde intellectuelle vis-à-vis du théâtre. Quel sujet aurait été plus approprié à ses exigences que le passé immédiat, l'Occupation allemande qui avait appris à maints d'entre eux le poids de l'histoire et qui - par l'épuration - fournissait toujours la matière de l'actualité? Le théâtre, en confrontant des Français réunis dans une salle aux événements de l'Occupation et à leur propre attitude, pouvait les aider à voir plus clair, à tirer la leçon de ces «années noires». A quarante ans de distance[7], il nous paraît justifié d'étudier l'image de l'histoire que certains dramaturges proposèrent à leurs spectateurs, de vérifier, dans la mesure des documents disponibles, quelle était la réaction du public face à ces pièces et d'évaluer ainsi la part que le théâtre a pu avoir dans l'analyse et l'intégration du passé dans la mémoire, processus qui, dans le meilleur des cas, provoque un apprentissage qui aide à mieux faire face à l'avenir[8].

3. Serge Bogota dans *Droit et Liberté*, 8-1-47.
4. C'est ce qu'exigent par exemple les critiques de *Huis clos* qui trouvent la pièce trop pessimiste pour remplir cette fonction, cf. notre *Le théâtre de Jean-Paul Sartre devant ses premiers critiques*. T. 1. Tübingen/Paris 1986, p. 289.
5. Cf. par exemple Pol Gaillard dans *La Pensée* (d'obédience communiste) n° 1, oct.-déc. 1944, p. 117.
6. Il fallait attendre la réception de Brecht en France à partir du milieu des années 50 pour que la gauche se voie confirmée par un grand dramaturge dans sa revendication d'un théâtre politique (cf. Agnes Hüfner, *Brecht in Frankreich. 1930-1963*. Stuttgart 1968, p. 227).
7. Rappelons que cette étude a été écrite et publiée pour la première fois au milieu des années 80 (note pour la reprise en volume).
8. Le sujet proposé n'a, à notre connaissance, pas encore fait l'objet d'études mis à part quelques pages dans Konrad Bieber: *L'Allemagne vue par les écri-*

Même avant que des dramaturges sérieux aient pu se mettre au travail, les divertisseurs attitrés s'étaient déjà emparés du sujet. Selon Francis Ambrière, la saison 1944/45 - la première après la Libération - connut «une incroyable quantité de pièces sur la 'drôle de guerre', la Résistance et l'Occupation»[9]. Aujourd'hui, il est difficile de se faire une idée de ces pièces puisqu'elles n'ont pas été publiées[10]. A peine connaît-on quelques titres: *Victoire de Paris*, *Un ami viendra ce soir*... Selon le critique du *Figaro*, le directeur du Théâtre de Paris où fut représentée la dernière pièce citée avait su à l'avance que «des mois durant, des milliers de bonnes gens viendraient applaudir la tirade du petit maquisard ou de la jeune fille juive et siffler celle de l'agent allemand». Et il ajouta: «Ce n'est pas du théâtre, c'est du sens commercial»[11]. A en juger par le bilan que le même critique publia à la fin de la saison, toutes les pièces étaient des mélodrames du même genre[12].

Après cette «Saison en Purgatoire»[13], la saison 1945/46 connut au moins deux œuvres d'une certaine valeur inspirées par la Résistance: *Bal des Pompiers* de Jean Nohain-Jabouns et, plus connu, *Les Incendiaires* de Maurice Clavel, mais les critiques de l'époque sont d'accord pour saluer en *Morts sans sépulture* de Sartre et *Les Nuits de la Colère* de Salacrou, créées en novembre et décembre 1946, les premières pièces importantes consacrées à l'Occupation.

---

vains de la Résistance française. Genève/Lille 1954, et Konrad Schoell: *Das französische Drama seit dem Zweiten Weltkrieg* T. 1. Göttingen 1970. Ces études n'ont pas pu profiter des résultats de la recherche historique sur l'Occupation. L'inspiration pour le sujet nous est venue de l'étude stimulante de Henning Krauss dans Karl Kohut (éd.): *Literatur der Résistance und Kollaboration in Frankreich*. T. 2. Wiesbaden/ Tübingen 1982. Nous remercions Eric Dortu et Jean-Pierre Boulé pour avoir révisé notre texte français.
9. *Age nouveau*, n° 33 (1948), p. 58.
10. *Ib*. Elles partagent ce sort avec presque toutes les pièces montées dans les théâtres parisiens, du moins durant la période en question. Pour connaître les textes, il faudrait consulter les archives des théâtres.
11. *Le Figaro*, 16-6-45. La pièce, dont l'action se passe dans un asile d'aliénés où des maquisards se dissimulent parmi d'authentiques malades, eut apparemment tant de succès qu'on en fit une adaptation cinématographique.
12. Cf. Walter Talmon-Gros: *Das moderne französische Theater*. München 1947, p. 72.
13. Selon le titre du bilan cité, cf. *ib*.

II

Que Sartre fût le premier dramaturge notoire pour traiter la Résistance: rien de moins étonnant. Connu avant la guerre seulement dans un milieu littéraire restreint comme écrivain qui promettait, il avait été révélé au grand public par deux pièces qui avaient fait beaucoup de bruit. D'abord par la création des *Mouches* en juin 1943 dont en particulier la mise en scène d'avant-garde était ressentie comme un défi par le public conservateur et les partisans de la France nouvelle: c'est par cette mise en scène que le côté contestataire de la pièce passa la rampe: l'appel à la résistance qu'elle était censée véhiculer ne fut saisi que par quelques intellectuels[14]. Mais après coup, des rumeurs couraient sur les intentions subversives de Sartre, et quand *Huis clos* fut créé quelques jours avant le débarquement en Normandie, ses partisans attendaient une pièce résistante et furent déçus par le pessimisme qui, selon eux, émanait de cet enfer à trois. On lui demandait de mettre sa littérature en accord avec l'engagement politique dont il avait fait preuve en adhérant aux organismes résistants des écrivains et des gens de théâtre. Dès la fin 1944, un de ses familiers avertit ses lecteurs que l'auteur de *Huis clos*, après avoir montré les autres comme enfer, ferait d'eux dans sa prochaine pièce le lieu du paradis[15].

Morts sans sépulture répond donc visiblement à une attente. D'abord que l'unique dramaturge de la Résistance - car c'est pour tel que Sartre passa à la Libération[16] - traite au grand jour un sujet qu'il avait été forcé de camoufler sous le voile du mythe pour obtenir le visa de la Censure allemande. Que, sous l'Occupation, il ait choisi l'histoire d'Oreste par nécessité ou par convention: interrogé par un journaliste, en tout cas, il renia le «symbolisme» des *Mouches* et de *Huis clos* le jour même où L. J. Finot et Y. Bonnat développèrent les perspectives du théâtre libéré dans la presse résistante[17]. Dé-

---

14. Pour la réception des *Mouches* et de *Huis clos* sous l'Occupation cf. notre livre cité dans la note 4.
15. Alexandre Astruc, *Poésie 44*, nov./déc. 1944, n° 21, p. 102.
16. *Les Mouches*, éreintées par la presse collaborationniste et louées dans *Les Lettres françaises* clandestines lui avaient valu cette réputation.
17. L'interview avec Jacques Baratier parut le 9 sept. 1944 dans *Carrefour*.

sormais, il mise sur un «théâtre daté»[18]; le modèle en est *Toulon* de Jean-Richard Bloch ayant pour sujet le sabordage de la flotte française en novembre 1942[19]. Il entend aussi s'adresser à un public nouveau: celui qui serait allé voir la pièce de Bloch si, sous l'Occupation, on avait pu la montrer à Paris. C'est sur ce public qu'il compte pour «rénover le théâtre, qui devra[it] être un théâtre d'engagement»[20]. Replacées dans le contexte de l'époque, ces revendications paraissent moins singulières que l'ont voulu certains exégètes de la théorie littéraire de Sartre; pour ce qui est du théâtre, la quête d'un nouveau public et le choix de sujets et de matières contemporains correspond en tout cas aux aspirations du Front National du Théâtre pour qui «De la Résistance à la Révolution» n'est pas seulement le sous-titre du quotidien *Combat*. Il est significatif à cet égard que certains textes rédigés à l'époque par Armand Salacrou, lui aussi membre du comité, se confondent intimement avec ceux de Sartre[21].

Morts sans sépulture, envisagé dès la fin de l'Occupation[22] et rédigé dans le courant de l'année 1945[23], met en scène, comme on sait, des résistants capturés par des miliciens et qui attendent et subissent la torture. A un journaliste qui l'interrogea en octobre 1945, Sartre signala que le thème de la pièce était l'héroïsme[24]; pour ren-

18. *Ibid*.
19. *Ibid*. La pièce pouvait montrer les événements sans camouflage car elle fut écrite pendant l'exil à Moscou pour un public soviétique et représentée, en outre, dans l'Afrique du nord libérée. *Toulon* fut repris en décembre 1945 à l'Odéon et joué, en partie, devant un public populaire. La presse d'obédience communiste fut enthousiasmée (cf. *La Pensée*, n° 6, janvier/mars 1946, pp. 112-114); la plus grande partie de la critique parla, par contre, d'un «grossier mélo» (*ib*.) ou de «basse propagande» (Jean Galtier-Boissière, *Mon journal dans la drôle de paix*. La Jeune Parque, 1947, p. 99). Pour une analyse de la pièce cf. Henning Krauss, «Widerstand auf der Bühne», *Jahrbuch der Universität Augsburg* 1984, pp. 187 sq.
20. Interview citée.
21. Cf. par exemple les textes qui accompagnent *Les Nuits de la Colère* dans l'édition Gallimard (*Théâtre*, V. 1947, pp. 347 sqq.).
22. Sartre dit, en septembre 1944, dans l'interview citée: «J'écrirai, cette année, une pièce sur un sujet d'aujourd'hui».
23. La pièce était terminée quand Sartre partit le 12 déc. 1945 pour l'Amérique. Pendant son absence, Simone de Beauvoir la proposa à différents théâtres (cf. *La Force des choses*. T. 1, coll. folio, 1963, p. 160).
24. *Paru*, décembre 1945, p. 10.

dre hommage à la Résistance, pour ériger un monument théâtral au maquisard inconnu, il n'a pas hésité, pour une fois, à employer les bons sentiments pour faire de la littérature[25]. Aucun des résistants ne cède en effet sous la douleur physique qu'on lui inflige; un seul qui risque de parler est pardonnable parce qu'il n'a que quinze ans. Un autre, lui aussi faible devant la torture, a pourtant le courage de se suicider pour ne pas trahir son secret. Deux résistants - Henri et Lucie[26] - subissent torture et viol, mais en dominant mentalement leurs tortionnaires, ils parviennent à conserver leur liberté. La lutte à mort des consciences - qui, dans *Huis clos*, eut lieu à l'intérieur du groupe menacé par un pouvoir non identifié - se situe maintenant entre ennemis idéologiques, à savoir résistants et miliciens. Le Nous impossible dans *Huis clos* devient une réalité entre les résistants qui partagent la même condition et affrontent le même pouvoir[27]. L'action collective qu'ils réalisent pour se constituer groupe est le meurtre de celui qui risque de parler. Voilà donc la réplique demandée après le pessimisme de *Huis clos*, le «paradis» annoncé par Astruc, une préfiguration du «groupe en fusion» dans la *Critique de la raison dialectique* parue quinze ans plus tard[28].

Dans toutes les interviews d'avant-première, Sartre déclare qu'il ne s'agit pas d'une pièce sur la Résistance et que celle-ci ne constitue pas le sujet, mais seulement la matière de la pièce[29]. S'il y insiste, c'est évidemment pour se distancier de la propagande. Mais la

---

25. Tout en connaissant le risque formulé par Gide que c'est avec les bons sentiments qu'on fait de la mauvaise littérature. - Dans l'analyse qui suivra, nous nous écarterons des chemins battus de la critique sartrienne interprétant la fiction de l'auteur exclusivement à la lumière de ses écrits théoriques pour privilégier la perspective qui guide cette étude: comment l'auteur assume le passé et quelle est la fonction de l'œuvre au moment de sa création.
26. Sartre a-t-il voulu rendre hommage à Lucie Aubrac, résistante notoire qui libéra son mari de la Gestapo lyonnaise? (Cf. l'interview parue dans *Die Zeit*, 6-12-85)
27. Cf. la fin de II,3: LUCIE - Nous ne faisons qu'un. - Jean, leur chef, qui ne subit pas la torture parce qu'on ne connaît pas son identité, est exclu du Nous.
28. Cf. *Critique de la raison dialectique*. Gallimard, 1960, pp. 381 sqq.
29. Voir, par exemple, l'interview parue dans *Combat* du 30-10-46 dont un extrait a été reproduit dans *Un théâtre de situations*, éd. p. Michel Contat et Michel Rybalka, 1973, coll. idées, p. 241.

Résistance est effectivement un prétexte. Sartre sortait d'une période marquée par un individualisme moral dont l'aboutissement - *L'Etre et le Néant* - avait paru été 1943 et dont les pièces créées sous l'Occupation portaient encore le signe. A la Libération, il faisait partie de ceux qui avaient éprouvé le poids de l'histoire; il comptait tirer les conséquences de son expérience en luttant - en dehors de tout cadre politique établi - pour l'avènement du socialisme, sans pour autant abandonner son concept de liberté individuelle. Concilier l'individualisme et le socialisme, morale et politique: c'était le problème qui se posait à la Libération pour beaucoup de jeunes intellectuels et que Sartre arrivait apparemment à formuler de la façon la plus claire car tout donne à penser que c'est la raison pour laquelle il eut tant de partisans dans ce milieu[30]. Si Sartre a donc situé sa pièce dans le maquis, c'est - nous espérons avoir pu le montrer - pour répondre à une attente qui était presque une obligation. Mais il ne s'est jamais occupé du passé: le vrai sujet de la pièce est l'antagonisme entre l'individualisme moral et la *praxis* dans l'acception marxiste[31], antagonisme qui se manifeste dans les motifs divergents qui animent la lutte des résistants. Lucie et Henri, s'ils tiennent tête aux miliciens, c'est par orgueil personnel, pour ne pas se laisser dominer. Ce sont des créatures qui appartiennent au paradigme de *L'Etre et le Néant*, surtout Henri, qui s'est toujours senti «de trop» et qui s'est rallié à la Résistance pour donner un sens à sa vie. Face à eux, Sartre a dressé un militant qui ne connaît d'autres catégories que la cause et l'efficacité en vue des fins à réaliser[32]. L'opposition des deux principes traverse la pièce entière: à la fin, le militant semble l'emporter en persuadant les autres d'accepter un échec à leur orgueil pour servir la cause. Cependant Sartre ne résout le problème ni

---

30. Cf. par exemple l'opinion de Gabriel Marcel: «la 'jeunesse' est sans doute attirée par ce qu'elle croit être une synthèse géniale de la position marxiste et d'une conception qui entend sauvegarder la liberté et rejette expressément les idéologies totalitaires». (*Temps présent*, 9 nov. 1945, p. 5)
31. Ce sujet apparaît comme l'un parmi d'autres dans l'énumération que donne Simone de Beauvoir dans *La Force des choses*, éd. cit., p. 160.
32. Le personnage de Canoris correspond au profil du militant que Sartre allait dessiner en 1950 dans l'introduction à *Portrait de l'aventurier* de Roger Stéphane (repris dans *Situations, VI*. Gallimard, 1964).

en faveur de l'un ni en faveur des autres[33]: il brouille les traces en imputant un motif irrationnel à la conversion des représentants de l'individualisme[34] et, pour finir, il les fait tuer: par leur conversion, ils obtiennent le résultat opposé de ce qu'ils avaient escompté. Sur la fin plane une lumière d'absurde comme sur celle du *Mur*[35]. Mais en même temps cette fin a la dimension d'une tragédie antique: ceux qui périssent croissent en stature, ils sont les vrais vainqueurs, comme dans l'histoire de la France, les spectateurs de 1946 le savent[36].

Si la synthèse de l'individualisme et de l'Histoire n'est pas réalisée dans *Morts sans sépulture*, elle est pourtant ébauchée. Les résistants ont été capturés au moment où ils essayaient de prendre un village occupé par l'ennemi. Ils ont donc échoué. Henri prévoit dès à présent les discours officiels qu'on tiendra après leur mort: on dira, comme Canoris, qu'ils ont succombé au cours d'une mission dangereuse parce qu'ils n'ont pas eu de chance[37]. Mais en représailles, 300 habitants du village ont été massacrés. Henri se sent responsable de leur mort, car on aurait pu prévoir que la mission était irréalisable. Contrairement à l'opinion de Canoris, pour qui la cause déploie un dynamisme intrinsèque, Henri insiste sur l'intervention de l'individu dans l'Histoire: «La cause ne donne jamais d'ordre, elle ne dit jamais rien; c'est nous qui décidons de ses besoins»[38]. L'Histoire n'est pas un processus autonome: l'individu intériorise la donnée et, en la réextériorisant par des actes, il la dépasse de manière

---

33. Contrairement aux indications de Simone de Beauvoir selon qui Sartre donne raison au militant (*La Force des choses*, éd. cit., p. 160). Sartre est, en réalité, à la recherche d'une synthèse des deux positions.
34. Dans une première version du texte, Lucie et Henri cédaient, il est vrai, aux arguments de Canoris (cf. Michel Contat et Michel Rybalka: *Les Ecrits de Sartre*. Gallimard 1970, p. 134). Dans la version définitive, Lucie, en choisissant de vivre, obéit à une sorte d'instinct vital.
35. On se souviendra que Pablo Ibbieta, pour ne pas révéler la cachette de Juan Gris, dit au phalangiste qu'il se cache au cimetière où, par hasard, il se trouve effectivement.
36. Cf. Henning Krauss: *Die Praxis der «littérature engagée» im Werk Jean-Paul Sartres. 1938-1948.* Heidelberg, 1970, p.135. Rappelons que la pièce eut d'abord pour titre *Les Vainqueurs*.
37. Cf. I, 1.
38. *Ibid.*

non prévisible. La réaction d'Henri face au militant est celle que Sartre montrait à l'époque vis-à-vis de la philosophie marxiste qui, selon lui, était déterministe[39]. Elle annonce le fondement du marxisme que Sartre allait exposer, de même que le concept du «groupe en fusion», plus tard dans la *Critique de la Raison dialectique*. Bien que la pièce s'approche d'une certaine manière des œuvres «toniques, héroïques et nationales» telles que le Parti communiste les revendiquait à la Libération[40], elle ne traite pas de la Résistance sans contestation. Sans être un «documentaire» au sens strict, elle s'inspire d'événements réels: les opérations du Vercors qui eurent lieu en juin et juillet 1944[41]. C'est à partir de cette forteresse naturelle presque inexpugnable que des maquisards devaient contribuer à préparer l'invasion des Alliés quand ceux-ci auraient debarqué en Provence. Mais suite à des conflits politiques à l'intérieur de la Résistance et à des idées divergentes que, à Londres et à Alger, concevaient ses cadres sur le rôle que les maquis avaient à jouer, toute coordination était absente, les opérations furent déclenchées prématurément et les troupes aéroportées promises n'arrivèrent jamais[42]. La tâche des résistants était donc effectivement irréalisable: 700 maquisards et civils

---

39. Cf. son article «Matérialisme et révolution», *Les Temps modernes*, juin/juillet 1946 (repris dans *Situations, III*. Gallimard, 1949; cf. en particulier p. 158).
40. Cf. le discours que prononça fin juin 1945 Roger Garaudy au Xe Congrès National du P.C.F. à l'intention des intellectuels publié dans Roger Garaudy et Georges Cogniot: *Les intellectuels et la renaissance française*. Paris, s. d. (1945), p. 8.
41. L'action de la pièce se situe dans le Vercors. En I,2, Lucie pense à Jean, le seul des maquisards qui ait pu s'échapper: elle imagine qu'il est «descendu» à Grenoble et que le Vercors, pour lui, n'est plus qu'un songe. Les noms du village, de la route et de la grotte sont imaginaires. L'action a lieu entre le débarquement en Normandie (6 juin 1944) et le débarquement en Provence (15 août 1944). Sartre avait pris connaissance des événements avant la Libération, par des amis (cf. Simone de Beauvoir, *La Force de l'âge*, 1960, coll. folio, p. 675).
42. Cf. le chapitre consacré au Vercors dans Robert Aron, *Histoire de la Libération de la France*. Arthème Fayard, 1959, pp. 282-318. Un ancien maquisard du Vercors a établi l'historique complet des événements et réuni une documentation importante dans le Musée de la Résistance du Vercors à Vassieux, le centre des opérations. - Au moment du cinquantenaire des événements, un grand Mémorial a été inauguré à 4 km de Vassieux (note ajoutée pour la reprise en volume).

moururent en vain. Mais au moment où Sartre écrivit la pièce, le sujet était encore tabou[43]. Les personnages des résistants et des collaborateurs présentent des ressemblances et des divergences par rapport à la réalité. Comme dans la Résistance réelle, les maquisards se recrutent, pour autant qu'on peut le distinguer, dans des classes sociales différentes[44]. Henri, qui avant la guerre faisait sa médecine[45], appartient à la bourgeoisie: comme les jeunes intellectuels bourgeois de l'époque, il tient beaucoup à sa dignité humaine[46]. Sorbier, dont les parents dînent tôt et dont le père arrose les choux[47], vient de la petite bourgeoisie à la limite du prolétariat. Il a eu les premiers congés payés en 1936, obtenus grâce au Front Populaire[48]. En Grèce, où il les a passés, Canoris, le militant, était à la même époque prisonnier sous la dictature[49]. A côté de l'élément contestataire introduit par le sujet du Vercors, il n'était sans doute pas non plus conforme aux attentes patriotiques du moment de présenter un étranger comme le résistant le plus dur du groupe, encore que beaucoup d'étrangers aient participé à la lutte active[50]. Dans le Vercors, on trouvait surtout des Po-

---

43. Selon Aron, la question des responsabilités dans les événements du Vercors ne fut posée publiquement qu'à partir de novembre 1947 au cours d'une polémique éclatée entre communistes et gaullistes (*op. cit.*, p. 285).
44. Pour la composition sociologique des résistants cf. Claude Lévy, «Qui étaient les résistants?» *Le Monde*, 4-1-81, et J.-P. Azéma, «Résister», dans *L'Histoire*, spécial «Résistants et Collaborateurs», n° 80 (1985), en part. pp. 13 sq.
45. Cf. II,3.
46. Cf. Roger Stéphane, «Résonances de l'existentialisme», *La France libre* (Londres) déc. 1946/janv. 1947, p. 243.
47. Cf. I,1.
48. *Ib*.
49. *Ib*.
50. Cf. Claude Lévy, *art. cit.* Le sujet de la participation étrangère dans la Résistance devait être d'autant plus tabou à la Libération que l'occupant, dans sa propagande «antiterroriste», avait répandu l'idée d'une Résistance noyautée par des Juifs étrangers téléguidés par Moscou (cf. Claude Lévy, «L'Affiche rouge», *L'Histoire*, n° 18, 18 déc. 1979). En été 1985, la participation étrangère à la Résistance fut l'enjeu d'une querelle menée autour du film *Les terroristes à la retraite*: d'anciens membres étrangers d'un réseau de Résistance prétendirent que leurs supérieurs français les avaient sciemment exposés au danger de mort pour empêcher que leur participation devînt publique à la Libération (cf. les pages sur l'affaire Manouchian dans *Le Monde* du 2 et 3 juillet 1985).

lonais obligés par l'encadrement français à aménager le terrain d'aviation de Vassieux[51]. L'identité sociale de Jean, Lucie et François est moins bien discernable: remercions en tout cas Sartre d'avoir fait figurer une femme dans la Résistance pour représenter toutes celles qui y ont travaillé, aussi dans le Vercors[52]. Il s'agit, du reste, visiblement de «résistants de la première heure», donc pas de ceux qui, après l'entrée en guerre des grandes puissances et l'échec prévisible de l'Allemagne, se ralliaient, par opportunisme, au camp des futurs vainqueurs: Sorbier fait partie du réseau depuis l'été 1941[53], Henri aussi[54]. Ils ne sont donc pas non plus des réfractaires au *Service du Travail Obligatoire* institué en février 1943 qui pourtant constituaient un contingent d'hommes très important dans le maquis, aussi dans le Vercors[55]. Il faut donc conclure que malgré les nuances apportées, le moment historique forçait Sartre à donner une image idéalisée des résistants.

Face à eux, il ne dresse non pas les occupants, mais des Français qui se sont mis au service de leur cause: des miliciens, membres de l'organisme paramilitaire spécialisé dans la chasse aux juifs et la chasse aux terroristes[56]. Le règlement de comptes se fait donc entre Français.

---

51. Selon le témoignage du Commandant Pierre Tanant, *Vercors haut-lieu de la France*. Arthaud, 1964, p. 98. Contrairement aux idées reçues, la Résistance n'était pas «autogestionnaire» (cf Azéma, *art. cit.*, p. 18).
52. Nous avons déjà évoqué l'éventualité d'une inspiration par Lucie Aubrac. Pour la participation des femmes à la Résistance, qui fut évidemment inférieure à celle des hommes, cf. Azéma, *art. cit.*, p. 14, ainsi que les actes du colloque *Les Femmes dans la Résistance*, éd. du Rocher, 1977. Pour les femmes résistantes dans le Vercors, cf. Tanant, *op. cit.*, passim. - On ne voit d'ailleurs pas bien quelles étaient les activités de Lucie dans la pièce de Sartre. Une réplique de III,2 semble révéler que son occupation principale consistait à attendre son amant, le chef du réseau...
53. Dans I,4, Canoris lui rappelle qu'il a montré «trois ans de courage et de patience».
54. Il dit dans I,1: «C'est la première fois depuis trois ans que je me trouve en face de moi-même».
55. Pour le S.T.O. et ses réfractaires cf. Dominique Veillon, «La Vérité sur le STO», *L'Histoire* n° 80, pp. 105-109. Pour la participation des réfractaires aux opérations du Vercors cf. Aron, *op. cit.*, 287 et 294, ainsi que Tanant, *op. cit.*, p. 21.
56. Cf. Delpierré de Bayac: *Histoire de la Milice*. Paris 1969.

Comme les résistants, les miliciens sont nuancés. Pellerin représente un cas typique: ayant dû quitter le lycée à l'âge de 13 ans, haïssant ceux qui ont socialement réussi[57], l'entrée dans la Milice était pour lui un moyen d'ascension sociale[58]. Clochet est une brute sadique: tortionnaire par vocation, il «aime le travail pour lui-même»[59] et cherche cette intimité presque sexuelle qui, selon Sartre, peut s'établir entre bourreau et victime[60]. Dans la vie civile, il ne se distinguait guère de ses compatriotes: comme eux, il portait sagement le dimanche matin son paquet de gâteaux[61]. La situation historique a permis à ce Français moyen de mettre ses goûts secrets au service de l'Etat: il ne vient apparemment pas des bas-fonds où le mouvement de Darnand n'hésitait pas à recruter ses agents[62]. Landrieu, leur chef, est le seul qui a peut-être adhéré au mouvement par conviction: il connaît les discours du maréchal Pétain, figure paternelle qui, en juin 1940, apparaissait à beaucoup de Français comme le sauveur providentiel quand il déclara qu'il avait fait à la France «le don de sa personne» et exhorta le pays à tourner le dos à la IIIe République en mettant «l'esprit de sacrifice» à la place de «l'esprit de jouissance»[63]. En juillet 1944, quand la victoire des Alliés est imminente, Landrieu se sent vendu; ivre, il s'adresse au portrait du maréchal: «Tu vois ça, tu vois ça, mais tu t'en laves les mains. Tu te sacrifies, tu te donnes à la France, les petits détails tu t'en fous. Tu es entré dans l'histoire, toi. Et nous, nous sommes dans la merde. Saloperie!»[64]

Sauf dans le cas de Pellerin, on ne distingue pas plus précisément la situation sociale des miliciens. Sartre aurait d'ailleurs eu tort d'associer la Résistance et la Collaboration à des classes définies[65]:

57. Cf. II,4.
58. Cf. Monique Luirard, «La Milice française dans la Loire», *Revue d'Histoire de la deuxième guerre mondiale*, 23e année, 1973, n° 91, p. 81.
59. IV,2.
60. Il y fait allusion dans plusieurs interviews d'avant-première et évoque le sujet dans *Qu'est-ce que la littérature?*, coll. idées, p. 263.
61. Cf. III,1.
62. Cf. Luirard, *loc. cit.*
63. Pétain, Philippe: *Actes et Ecrits*. Paris 1974, p. 454.
64. IV,1.
65. Comme il le fait dans son analyse du collaborationnisme quand il affirme: «Tous les ouvriers, presque tous les paysans ont été résistants: la plupart des collaborateurs, c'est un fait, se sont recrutés parmi les bourgeois». (*Situations,*

Résistance et Collaboration se sont recrutées dans toutes les couches sociales. Cependant une chose saute aux yeux: les maquisards et les miliciens, c'est-à-dire les résistants et les collaborateurs actifs, ne représentaient que des franges étroites de la population française sous l'Occupation[66]: la pièce fait abstraction de la majorité, à savoir des attentistes qui se préoccupaient surtout de vivre et éludaient l'engagement politique[67]. Or, la quasi-totalité des spectateurs se recrutait sans aucun doute parmi ces attentistes. Comment ceux-ci auraient-ils dû se reconnaître dans les minorités actives représentées sur la scène? Sartre, qui à la même époque formula sa théorie de l'engagement apprenant aux soi-disant «neutres» qu'on n'est pas libre de ne pas choisir, que l'abstention est un choix[68], n'a-t-il pas fourni au public un alibi magnifique lui permettant de ne pas se sentir concerné?

Et pourtant, on le sait, la première représentation du 8 novembre 1946 au Théâtre Antoine fut un scandale: le public et la critique protestaient contre la torture qui ne fut pas évoquée verbalement ou reléguée dans les coulisses, comme la bienséance l'aurait exigé, mais qu'on montrait, conformément au texte, sur la scène. Deux théâtres «littéraires» avaient refusé la pièce[69]; la directrice d'un théâtre commercial de la rive droite, habile en affaires, l'avait acceptée[70]. Elle eut raison: le scandale attira quantité de gens[71], et malgré sa qualité discutable admise par l'auteur lui-même, la pièce connut plus de 150 représentations successives[72]. L'élargissement du public eut d'ailleurs effectivement lieu, mais probablement pas dans le sens

---

III, p. 45) La recherche historique a montré que ces affirmations sont intenables. Sartre cède apparemment aux idées reçues de la gauche qui viennent confirmer son attitude antibourgeoise.

66. On les chiffre les uns et les autres à un pour cent de la population. Le cercle des sympathisants était évidemment plus grand. Cf. Claude Lévy, *art. cit.*
67. Cf. Jean-Pierre Rioux, «Survivre», *L'Histoire* n° 80 (1985), pp. 84-100.
68. Cf. la présentation des *Temps modernes*, oct. 1945, p. 18.
69. Selon Simone de Beauvoir, *La Force des choses, éd. cit.*, p. 160.
70. Pour donner une idée du répertoire, voici les titres des spectacles au programme avant *Morts sans sépulture*: *Le Séducteur*; *Une femme dans un lit*; *Pas un mot à la Reine-Mère* et *10 petits nègres*, pièce policière d'Agatha Christie.
71. Le scandale fut encore augmenté par celui de *La Putain respectueuse* donnée en même temps et incriminée pour pornographie et antiaméricanisme.
72. Selon les registres de la Société des Auteurs que nous avons consultés.

que Sartre avait souhaité: on parle dans la presse de marchands enrichis par le marché noir florissant, les «B.O.F.» qui, par snobisme, fréquentaient aussi les spectacles réservés avant aux «gallimardeux»[73]; les intellectuels, par contre, étaient souvent obligés de s'abstenir à cause des prix augmentés des places[74].

C'est donc le cri «Grand Guignol!» qui traverse la plupart des comptes rendus[75]: on attribue à Sartre le goût du scandale, on lui reproche de faire appel au sadisme inconscient des spectateurs en les obligeant à assister à la torture, on lui impute le motif de vouloir s'enrichir par la souffrance des autres. Réaction de défense de la part de ceux qui veulent continuer à refouler les atrocités de l'Occupation et le fait qu'ils ont tout accepté sans protester? Quelques critiques - assez rares d'ailleurs - le prétendent et quand on vérifie leur identité on constate que certains avaient été déportés. Mais il y a aussi des concernés qui affirment que le monde des résistants et des miliciens créé par Sartre est résolument faux, que ses militants sont en réalité des existentialistes... Les communistes surtout lui reprochent que ses résistants ne connaissent pas les motifs de leur lutte: ils souhaitent entendre parler de devoir, de cause, de démocratie, de fascisme et aussi de la France[76]. Or, Sartre, tout en voulant engager la littérature, n'entendait pas la sacrifier à la propagande. Si la pièce, par sa matière, touchait la «relativité historique» de l'Occupa-

---

73. Galtier-Boissière, *op. cit.*, p. 160 et id., *Mon journal dans la grande pagaïe*. La Jeune Parque, 1950, p. 174. Pour le public du marché noir, cf. aussi *Tel Quel*, 5-11-46.

74. L'augmentation des prix des places en septembre 1946 fut discutée dans les journaux de droite et de gauche (cf. *Le Parisien libéré*, 21-11-46 ou *Combat*, 4/5 août 1946). Si la pièce de Sartre avait vraiment pu attirer le public qu'il désirait, les conditions économiques l'auraient empêché d'aller la voir. Mais l'Occupation était le sujet de nombreux films, et ceux qui, par convention ou par nécessité, n'allaient pas au théâtre, fréquentaient les cinémas.

75. Nous donnerons par la suite une idée approximative de la réception qui s'appuie sur plus de 100 comptes rendus et d'innombrables articles de presse; l'analyse détaillée de ces documents sera réservée au t. 2 de *Le théâtre de Jean-Paul Sartre devant ses premiers critiques*.

76. On ne voit pas très bien comment Simone de Beauvoir peut prétendre que «les communistes, en général, avaient soutenu» la pièce (*op. cit.*, p. 162). Si c'était le cas, ce soutien ne se manifeste pas dans la presse.

tion, elle ne devait pourtant pas s'y limiter, mais en même temps atteindre «l'absolu métaphysique»[77].

Que conclure? Si Sartre a voulu ériger un monument théâtral aux morts inconnus de la Résistance en face de Français qui étaient enclins à les oublier[78], a-t-il réussi? Les protestations ne prouvent-elles pas qu'il touchait juste? Dans une avant-première, J.-B. Pontalis, ancien élève de Sartre et futur psychanalyste, escomptait le danger que comportait la torture en tant que sujet tabou. Pour que la pièce soit efficace, il jugeait: «L'important est d'émouvoir le public sans le crisper, sans le mettre sur la défensive».[79] Or, la mise en scène aidant, le contraire est arrivé, l'accueil du public consistait surtout à protester contre l'attentat porté sur ses nerfs: il n'était plus en mesure de percevoir les thèmes soulevés[80] voire de se mettre lui-même en cause. Il faut donc craindre que *Morts sans sépulture*, loin d'aider les Français à assumer les années noires, était avant tout un «événement» dans la vogue existentialiste, une proie pour les médias et une bonne affaire pour un théâtre commercial.

III

Un mois après la création de *Morts sans Sepulture* eut lieu, au Théâtre Marigny, celle des *Nuits de la Colère*: dès octobre 1946, la presse avait annoncé le «duel Sartre-Salacrou» qui, sous les noms de Miro (Sartre) et Lecacheux (Salacrou) s'étaient inscrits dans les rangs des Francs-Tireurs et Partisans Français pour participer à la

---

77. Cf. *Qu'est-ce que la littérature?*, coll. idées, p. 269.
78. Quand on parcourt la presse de l'époque et les journaux intimes, on doit constater que les concernés, à savoir les anciens résistants, les juifs, les déportés jugent effectivement qu'on les oublie. Mais d'autres Français - pas toujours des collaborateurs - se plaignent de l'ubiquité et de l'omnipuissance de la Résistance qui, selon eux, fait régner la terreur par l'épuration.
79. *Spectateur*, 29-10-46.
80. Dans la mesure où ces thèmes n'avaient pas disparu car le texte utilisé pour les représentations subit d'importantes coupures qui touchent non seulement les scènes de torture, mais aussi les dialogues, entre autres ceux entre Henri et Canoris où l'antagonisme morale vs. *praxis* est développé. Le texte peut être consulté dans le livret de mise en scène conservé aux archives du Théâtre Antoine.

libération de Paris[81]. Contrairement à Sartre, Salacrou était déjà, dans l'entre-deux-guerres, un dramaturge connu hésitant entre convention et avant-garde; contrairement à lui, il s'était tu sous l'Occupation. A la Libération, il était l'épurateur le plus redouté dans le milieu du théâtre[82]. Plus proche du P.C.F. que Sartre, il se faisait parmi les dramaturges l'avocat le plus fervent d'un théâtre populaire[83].

Les Nuits de la Colère fut écrit au milieu de 1946 pour les acteurs Jean-Louis Barrault et Madeleine Renaud, eux aussi à l'époque très proches du Parti[84]: c'est la théorie sartrienne de l'engagement transposée sur la scène. Salacrou met au centre de sa pièce les représentants du groupe dont Sartre, dans sa pièce, avait fait abstraction: un couple de petits-bourgeois tenant un commerce à Chartres qui se croit en dehors de tout contexte politique et tient avant tout à conserver sa tranquillité. Mais cette attitude passive se révèle illusoire car «ne pas prendre parti c'est encore prendre parti»[85]. Un ami d'enfance devenu résistant, blessé pendant qu'il faisait sauter un convoi d'essence, se cache chez eux sans leur découvrir ses activités. Ils les devinent. S'ils le gardent, ils risquent de se compromettre eux-mêmes et leurs enfants vis-à-vis de l'occupant et de ses auxiliaires; s'ils le livrent au pouvoir, il sera torturé et assassiné. Bernard Bazire, le type de l'attentiste petit-bourgeois, refuse de voir cette réalité en face, il se voile le choix crucial devant lequel il se trouve placé, il reste immobile[86]. Sa femme, moins scrupuleuse que lui, dé-

---

81. *Samedi-Soir*, 19-10-46. On peut lire chez Simone de Beauvoir comment Sartre et Salacrou, membres du Front National du Théâtre, occupaient la Comédie Française (*La Force de l'âge, éd. cit.*, p. 682).
82. On prétend même qu'il aurait voulu faire fusiller Anouilh, cf. Manfred Flügge: *Verweigerung oder Neue Ordnung*. Rheinfelden 1982, t. 1, p. 306, et t. 2, p. 30 n. 9.
83. Cf., entre autres, les articles de 1945 et de 1946 reproduits dans *Théâtre*, V. Gallimard, 1947, pp. 347-359.
84. Ils soutinrent publiquement le Parti dans la campagne avant les élections legislatives du 2 juin 1946 (cf. Jean Galtier-Boissière, *Mon journal dans la drôle de paix*, p. 255).
85. *Théâtre*, V., p. 254.
86. L'immobilisme et l'évasion se reflètent jusque dans la syntaxe de ses répliques: il est souvent l'objet qui subit l'action d'un sujet grammatical («une

noncera l'ami devenu une menace pour leur petit univers tranquille gouverné par des valeurs creuses et le qu'en dira-t-on. L'aveuglement volontaire de Bernard Bazire a entraîné la trahison. Alors que la pièce de Sartre se déroule dans 24 heures et en un seul lieu, celle de Salacrou ne respecte pas la règle des unités. Premier dramaturge à appliquer la technique cinématographique du retour en arrière, Salacrou fait un saut d'avril 1944 à 1938 et montre comment s'annoncent déjà avant la guerre les attitudes politiques différentes que les amis d'enfance vont adopter sous l'Occupation. Le *flash-back* présente les deux couples amis en train de faire la fête. Leur insouciance s'oppose, pour le spectateur averti, à la menace de la guerre et du fascisme que Daladier, en signant les accords de Munich, semblait avoir bannie. Le futur résistant est présenté comme antimilitariste convaincu dès sa jeunesse; mais c'est aussi un fanatique de la justice: la situation politique ne lui permet plus de plaider pour un pacifisme inconditionnel[87]. Bernard Bazire, le futur attentiste, déclare, lui aussi, détester la guerre, mais en même temps il est avide de respectabilité: officier de réserve, il attend une décoration qui sera l'occasion pour lui de faire l'éloge de la mort héroïque au combat[88]. Son attitude est donc contradictoire, mais il ne s'en rend même pas compte puisque, au lieu de réfléchir, lui et sa femme s'alimentent de clichés. Ce sont ces lieux communs, ces phrases toutes faites qui confèrent au portrait du couple Bazire son authenticité. «Je m'occupe de ce qui me regarde» justifie l'abstentionnisme politique[89]; «dans la vie chacun pour soi» justifie la trahison de Jean[90]. En montrant les conséquences horribles de cette sagesse des nations, Salacrou dénonce l'hypocrisie de ceux qui s'en servent: ces «vérités admises» cachent mal le vrai motif du couple qui n'est que l'intérêt personnel auquel tout doit être sacrifié.

Si l'attitude abstentionniste est associée à la seule bourgeoisie, les résistants couvrent toutes les classes. Jean Cordeau, l'antagoniste de

---

histoire qui m'a entraîné», *ib*. 275; «une aventure qui m'a égaré», *ib*. 276) et il a un penchant pour les propositions hypothétiques (*ib*. 324 sqq.).
87. *Ib*. 306. La plupart des résistants ont effectivement été antimunichois (cf. Azéma, *art. cit.*, p. 11).
88. *Ib*. 307.
89. *Ib*. 323.
90. *Ib*. 341.

Bernard Bazire, est ingénieur chimiste; sa femme, qui n'est pas active mais qui approuve tacitement les activités de son mari, est «fille de magistrat»[91]. Le groupe des résistants auquel appartient Jean Cordeau comporte, en outre, un ingénieur S.N.C.F. et un imprimeur - les cheminots et les imprimeurs ont particulièrement excellé dans la Résistance. Enfin un militant dur qui ressemble au personnage de Canoris dans la pièce de Sartre: Rivoire a déjà été torturé pendant deux mois et a échappé à la Gestapo[92]. Les résistants font légion dans la pièce même s'ils ne se trouvent pas tous sur scène: on parle de médecins[93], de curés[94], de communistes[95] et d'une «liaison» qui pourrait être bien «fille de millionnaire»[96]. Bref: la Résistance comporte toutes les classes, les deux sexes, mariés et célibataires et plusieurs générations. Les motifs des résistants ressemblent à ceux qui animent les personnages de *Morts sans sépulture*: le militant travaille pour une meilleure société, il parle souvent au futur et est plus explicite que le militant de Sartre[97]. Jean Cordeau, l'ingénieur, tient surtout à garder sa dignité humaine. Dans un grand dialogue[98], il expose ses motifs à l'attentiste qui ne comprend pas que le père de famille risque sa vie sans que son intérêt personnel soit en jeu. S'il est entré dans la clandestinité, c'est qu'il ne veut pas avoir honte plus tard devant ses enfants parce qu'il a accepté l'humiliation. Alors que Bernard affirme qu'on vit toujours plus ou moins bien, il prononce une phrase que tous les spectateurs connaissaient: «Plutôt mourir debout que vivre à genoux»[99]. Trahi par la femme de l'attentiste, il mourra debout, torturé, après avoir dicté une lettre à sa femme et s'être adressé aux spectateurs, brisant ainsi le quatrième

91. *Ib.* 285.
92. *Ib.* 292 sq.
93. *Ib.* 338.
94. *Ib.* 337.
95. *Ib.*
96. *Ib.* 296. Les femmes étaient souvent agents de liaison: elles pouvaient passer plus facilement à travers les contrôles (cf. Azéma, *art. cit.*, p. 14).
97. *Ib.* 266 sq.
98. *Ib.* 330-337.
99. Cette formule - et son inversion défendue par Jean Giono - avaient circulé pendant l'Occupation, cf. Kohut, *op. cit.*, pp. 97 sq. La pièce comporte d'autres formules qui couraient à Paris et qui devaient susciter auprès du public le sentiment agréable de redécouvrir du connu.

mur. Cette fin didactique convenait à un public populaire: selon Salacrou, la pièce a effectivement été jouée dans des usines[100].

La Collaboration est représentée par un seul personnage, membre de la Milice. «Le fils Pizançon», fils d'instituteur devenu déménageur, donc descendu dans l'échelle sociale, était considéré avant l'Occupation comme «voyou»[101]. Grâce aux occupants, il a pu obtenir une position qui lui confère pouvoir et prestige[102]. L'analyse de la Collaboration est donc celle que donne Sartre dans sa pièce par le personnage de Pellerin et qui, pour ce qui est de la Milice, correspond à la réalité de l'histoire[103].

Le tableau de l'Occupation que propose Salacrou comporte aussi les Allemands. Ils ne sont pas présents sur scène, mais on évoque deux images opposées. L'image que donne le collaborateur de ses bienfaiteurs est évidemment flatteuse: ce sont des mélomanes et admirateurs de la littérature française qui, au lieu de lui «botter les fesses», ont trinqué avec lui à la victoire de l'Europe[104]. L'imprimeur résistant, au contraire, a du mal à supporter partout leur présence, celle de leurs «souris grises»[105], de leurs drapeaux «à pattes d'araignée»; s'il y arrive, c'est en sachant que pendant la nuit - les nuits de la colère - il fera des actes de sabotage[106].

On aurait pu penser que la pièce qui confrontait les spectateurs à leur propre attitude en leur montrant la «banalité du mal» selon la formule employée par Hannah Arendt[107], cette normalité qui ne dispose même plus des moyens pour discerner les atrocités qu'elle engendre, suscita elle aussi, des réactions de défense. Il n'en était rien. La pièce était un grand succès. N'ayant pas fait scandale, elle éveilla moins la curiosité du public et fut jouée moins souvent que

---

100. «Le théâtre et son public», *Le Figaro*, 3-8-48.
101. *Théâtre, V.*, p. 271.
102. Cf. *ib.* 320: «moi, de la race des vaincus, j'ai encore le droit de porter un revolver».
103. Cf. Luirard, *art. cit.*, p. 81.
104. *Théâtre, V.*, pp. 320 sq.
105. Les Allemandes travaillant à Paris dans les services auxiliaires de l'armée d'Occupation portaient l'uniforme gris.
106. *Ib.* 291.
107. *Eichmann in Jerusalem. Ein Bericht von der Banalität des Bösen.* München/ Zürich, Piper, 1976 (4ᵉ éd.). Cf. en particulier la conclusion pp. 325 sqq.

Morts sans sépulture[108], mais la presse - qu'elle fût de gauche ou de droite - était enthousiasmée[109]. On considérait que c'était la première pièce ayant traité la Résistance de manière adéquate. Il est vrai que certains font des réserves sur les libertés que Salacrou avait prises par rapport à la dramaturgie classique en appliquant des techniques qui, malgré l'actualité du sujet, provoquaient la distance qu'ils avaient précisément regrettée dans la pièce de Sartre. Mais la pièce les convainc, surtout parce qu'ils y retrouvent, comme le critique du *Figaro*, «les mots de chaque jour, les arguments que nous avons entendus pendant tant d'années»[110]. Le critique de *L'Humanité* communiste relève l'authenticité des résistants et la «critique d'une bourgeoisie privée de tout ressort». La pièce, selon lui, laisse entendre que «la lutte sous l'Occupation pourrait bien n'être qu'un épisode d'une lutte séculaire pour la liberté»[111]. Le catholique Gabriel Marcel, qui à la même époque conçut un drame sur le même sujet, admirait, lui aussi, la pièce pour sa «vérité». Il ne condamne pas la mentalité petite-bourgeoise en soi: selon lui, dans une période moins trouble, les Bazire auraient pu vivre honnêtement. Mais pour maîtriser des situations-limite, la médiocrité ne suffit pas. Il fait comprendre que tout le monde ne peut pas se trouver à la hauteur de l'engagement parfois demandé par l'histoire[112].

A lire les comptes rendus, il faut croire qu'aucun critique ne s'est reconnu lui-même dans le couple Bazire: s'ils ont trouvé le portrait «criant de vérité», c'était bien la vérité des autres. Il est vrai que la presse de la Libération, dont beaucoup de titres étaient issus de la Résistance, était faite par des journalistes qui eux, souvent, avaient

---

108. De décembre 1946 à avril 1947, elle fut représentée 29 fois, mais en alternance avec d'autres spectacles alors que *Morts sans sépulture* et *La Putain respectueuse* figuraient seuls au programme du Théâtre Antoine. (Chiffre selon les registres de la Société des Auteurs).
109. Nous disposons d'une vingtaine de comptes rendus. Salacrou, selon qui la presse de cette pièce fut sa meilleure, publia quelques extraits dans *Théâtre, V.*, pp. 360-362.
110. *Le Figaro*, 17-12-46.
111. *L'Humanité*, 18-12-46. Cf. aussi le compte rendu du même critique dans *La Pensée*, mars 1947, et celui de Pol Gaillard paru dans *Les Lettres françaises*, 20-12-46.
112. Cf. les comptes rendus parus dans *Les Nouvelles littéraires*, 26-12-46, *Hommes et Mondes*, févr. 1947, et *La Revue théâtrale* vol. 2 (1947) n° 4.

pris parti. Quant aux spectateurs qui assistaient aux représentations, on peut être certain que la plupart d'entre eux étaient des «gens bien» qui pensaient comme Bernard et Pierrette Bazire. Furent-ils si encroûtés dans leur conscience de classe qu'ils n'en discernaient même plus la contestation? Le fils de Benjamin Crémieux mort en déportation suggère une autre raison: selon lui, Salacrou a trop insisté sur le tourment de l'attentiste[113]; qui sait si à force de le voir de l'intérieur, les spectateurs ne l'excusaient pas et en même temps se sentaient eux-mêmes justifiés[114]? Si tel était le cas, ils pouvaient, confortablement installés dans leurs fauteuils et sans se mettre eux-mêmes en cause, goûter tous les lieux communs dont était construit leur univers et tous les arguments prononcés et entendus sous l'Occupation et se sentir - enfin - compris.

IV

Pendant qu'il rendait compte des pièces des autres, Gabriel Marcel, philosophe, dramaturge et critique, rédigea lui-même une pièce sur les années noires[115]. Il avait passé l'Occupation en zone sud d'où il suivait la vie intellectuelle de Paris. Avouant ses sympathies monarchistes, il déclarait en même temps sa méfance vis-à-vis de l'Action Française[116]. Un de ses critiques prétend qu'il avait courageu-

---

113. *Europe*, février 1947, p. 120.
114. Ils n'auraient pas été les seuls à passer à côté des intentions de Salacrou qui dénonçait sans équivoque la conscience de classe de la bourgeoisie. Une partie de la critique universitaire ne trouvait rien de condamnable dans cette mentalité. Selon Philippe Bébon, l'idéal de vie des Bazire est «valable» (*Salacrou*, 1971, Ed. Univ., p.113; c'est ce qu'avait déjà affirmé José van den Esch, *Armand Salacrou* 1947, Ed. du Temps présent, p. 307). Johanna Hosbach trouve qu'il est difficile de jeter la première pierre (dans Walter Pabst (éd.), *Das moderne französische Drama*. Berlin 1971, p. 208). Hilda Lazaron juge même que Salacrou se fait le défenseur de Bernard Bazire (*Gabriel Marcel the Dramatist*. London and Worcester, 1978, p. 112).
115. *L'Emissaire*. In G. M., *Vers un autre royaume. Deux drames des années noires*. Plon, 1949.
116. Cf. L'interview publiée dans *Paru*, avril 1950, p. 56.

sement pris position pendant la guerre[117]; nous avons cherché en vain des preuves. Mais remarquons que Marcel, catholique converti, était fils d'une mère juive et n'avait donc pas intérêt à trop s'exposer. En revanche, à la Libération les preuves de ses protestations contre l'épuration ne manquent pas[118]: ce n'est pas un hasard si le debut de l'action et de la rédaction de *L'Emissaire*, pièce que nous allons analyser, se situe en février 1945[119], donc au moment où fut fusillé Robert Brasillach pour intelligences avec l'ennemi.

Dans sa pièce - la bande publicitaire du volume annonçait d'emblée que la présentation du sujet n'était «ni pour ni contre»[120] - Marcel entend s'adresser aux «non fanatiques», à ceux qui renoncent aux «jugements unilatéraux»[121]. Il envisage donc de montrer «la divergence des attitudes pendant l'Occupation»[122] sans parti pris.

Contrairement aux pièces de Sartre et de Salacrou, dont l'action se passe pendant les derniers mois de l'Occupation, *L'Emissaire* se situe après la Libération, dans le cadre d'une famille catholique appartenant à une bourgeoisie apparemment plus élevée que celle des Bazire, à en juger par la langue soutenue qu'ils parlent. L'auteur nous cache de quoi ils vivent; ils habitent toutefois un petit hôtel particulier d'un beau quartier de Paris et ont des relations dans le milieu intellectuel.

Marcel introduit un nouveau sujet, celui de la déportation, des camps de concentration dont les Français n'apprirent la nature qu'après la guerre[123]. Clément Ferrier, le père de famille, rentre de déportation: il n'est plus celui qu'il était avant. Ayant perdu toute faculté de communication, il apparaît comme une sorte d'«émissaire»

---

117. Kaspar Bösch, *Person und Gemeinschaft in den Dramen Gabriel Marcels und ihre Bedeutung für seine Philosophie*. Thèse dact. Tübingen, 1972, p. 236.
118. Ils parurent d'abord dans une revue canadienne, *La Nouvelle Relève*, cf. Louis Chaigne, *Vie et Œuvre d'écrivains*, 1957, p. 210.
119. Cf. *L'Emissaire*. pp. 2 et 231.
120. Selon *Les Temps modernes*, oct. 1949, p. 755.
121. *L'Emissaire*, postface, p. 233.
122. *L'Emissaire*, p. 27.
123. Cf. l'interview d'Henri Michel, historien notoire de la Résistance, par Wolfgang Asholt parue dans *lendemains* n° 33 (1984) p. 74. Le retour massif des déportés eut lieu du 10 au 30 mai 1945.

du vrai personnage. Son arrivée, bientôt suivie de sa mort, renferme un message énigmatique que Sylvie, sa fille préférée, comprendra seulement à la fin de la pièce. Le retour du père a surtout la fonction de déclencher des prises de conscience et des discussions au cours desquelles se définissent les attitudes différentes que les membres de la famille et leurs amis ont adoptées sous l'Occupation.

On n'apprend pas pourquoi Clément Ferrier a été déporté: son nom figurait sur une liste qui apparemment provoqua son arrestation. La femme du déporté en attribue la responsabilité à son gendre[124]. Bertrand Sérol est présenté comme grand résistant qui faisait la navette entre la France et Londres et qui siègera à l'Assemblée consultative[125]. C'est un homme d'action qui partage avec Canoris et Rivoire, militants de base, le refus de la spéculation[126], refus que son frère, comme les autres plus portés vers la réflexion, lui reproche comme simplisme et manque de subtilité[127]. Il était pourtant assez subtil pour voir que le «rapprochement» entre vainqueur et vaincu - la prétendue «collaboration» - était illusoire[128]. Ceux parmi ses compatriotes qui ont contribué à l'asservissement de la France méritent, selon lui, une sanction[129]; il condamne toutefois les excès de l'épuration[130].

Il serait inexact de prétendre que Marcel donne une image antipathique du résistant; cependant il est le seul des personnages à ne pas évoluer, il reste schématique. L'auteur lui-même admet d'ailleurs dans sa postface que le personnage manque de relief; c'est qu'on ne résiste qu'à une menace présente. Une résistance qui se survit à elle-même porte les «fruits empoisonnés» que Marcel condamnait à la même époque[131].

---

124. *L'Emissaire*, p. 55.
125. *Ib*. 39.
126. *Ib*. 57.
127. *Ib*. 46.
128. *Ib*. 69.
129. *Ib*. 68.
130. *Ib*. 69.
131. Cf. la postface pp. 233 sq. Invité, en 1965, à indiquer quels étaient ses héros dans la vie réelle, il répondit: «Ceux qui ont lutté pour la justice, sans jamais devenir des fanatiques. Un Jean Moulin me semble assez correspondre à cette définition». (*Livres de France*, août-septembre 1965) Il est vrai que Jean

La victime de cette «dégénération» est en danger de mort: Roland de Carmoy, un ami de la famille. Sa mère vient demander l'intervention du résistant pour obtenir sa libération. Alors que chez Sartre et chez Salacrou, la Collaboration était représentée par la Milice se recrutant (du moins, dans l'Histoire) dans les couches inférieures et moyennes, Marcel la situe dans l'élite intellectuelle consciente d'être l'élite et ayant voulu réaliser le «rapprochement» franco-allemand par les élites[132]. Roland de Carmoy était avant la guerre responsable du «cercle Hölderlin»; quand, sous l'Occupation, ce cercle fut mis au pas et devint l'«Académie Franco-Allemande» à «patronage mixte», il n'hésita pas à continuer son travail. Pour défendre son fils emprisonné dont elle est le porte-parole, la mère expose tous les arguments dont se servaient les collaborateurs: la Collaboration était un «pari contre l'Angleterre, l'Amérique et les Soviets»[133] - la peur de la bolchevisation de la France (dont le Front populaire lui avait donné un certain avant-goût) était effectivement l'argument le plus fort qui motiva la droite à accepter le fascisme[134]. L'histoire semblait d'ailleurs lui donner raison: la défaite allemande n'avait-elle pas entraîné la terreur des communistes qui ne valait guère mieux que celle de la Gestapo[135]? Si Pétain avait pu faire comme il aurait voulu, la victoire allemande aurait été aussi la victoire française: hélas, la Résistance a tout gâché, c'est d'elle seule que le nazisme tirait sa force[136]. Roland de Carmoy est présenté comme collaborateur qui n'a pas agi par intérêt personnel, mais par conviction. Quand, après l'entrée en guerre des grandes puissances, la victoire allemande devint douteuse, il aurait pu passer en Angleterre[137], donc joindre la Résistance comme l'ont fait tant de «girouettes». Tout en connaissant le risque qu'il courait, il est cependant resté fidèle à ses idées. Inculpé d'intelligences avec l'ennemi et ne trouvant personne pour le tirer

---

Moulin, grand résistant tombé dans un traquenard, n'avait pas eu l'occasion de devenir un «fanatique».
132. *Ib.* 69.
133. *Ib.*
134. Cf. Michel Winock, «L'esprit de Munich», *L'Histoire* n° 58 (1983) pp. 71 sqq.
135. *L'Emissaire*, p. 67.
136. *Ib.* 71.
137. *Ib.* 78 sq.

d'affaire, il se suicidera: selon Bertrand, le résistant, parce qu'il se sentit injustifiable; selon Sylvie, parce qu'il refusait de se faire juger en fonction de normes qui n'étaient pas les siennes[138]. Le collaborateur apparaît ici comme personnage d'une droiture exemplaire qui a suivi son chemin jusqu'au bout[139]. Mais Marcel apporte une nuance: la mère du collaborateur est moins intègre. Dans le besoin de trouver une personnalité influente pour sauver son fils, elle se souvient d'un «Georges Castille»[140], poète communiste, dont la clé est visiblement Louis Aragon. Après coup, elle approuve l'opportunisme de sa sœur qui l'a caché, sous l'Occupation, à la campagne: «Il n'était pas inutile de cultiver ces gens-là».[141]

Commentaire donné par quelqu'un sur la confrontation du résistant et de la collaboratrice qui occupe la scène centrale de la pièce[142]: ils n'opposent que des partis pris[143]. Ils restent immuablement sur leurs positions, ils n'ont rien appris de l'histoire. Plus authentiques sont ceux qui admettent qu'ils ont fait des fautes, qui se laissent transformer par les expériences qu'ils ont faites: Sylvie, la fille de l'«émissaire», et Antoine Sorgue, son fiancé. Le retour du père semble les séparer; sa mort les rapproche: mis à part l'énigme du père produisant un certain suspense qui ne tombe qu'à la fin, l'évolution de leurs rapports est la seule ébauche d'«action» traversant la pièce qui en outre, n'expose que des échanges d'opinion.

Sylvie Ferrier a participé, au début 1943, à plusieurs réunions clandestines d'un réseau de Résistance; une amie d'enfance l'y avait entraînée. Lorsqu'on lui confia une tâche dangereuse, elle tomba malade. C'est l'amie d'enfance qui dut se charger, à sa place, de la mission: elle fut arrêtée et déportée[144]. Après cette expérience, Sylvie se rapprocha d'Antoine Sorgue. Prisonnier de guerre rapatrié en

---

138. *Ib.* 91.
139. Il est probable que ce portrait s'inspire de Robert Brasillach dont l'exécution en février 1945 fut très discutée et de Pierre Drieu La Rochelle qui se suicida un mois après.
140. *Ib.* 73.
141. *Ib.* 74.
142. La scène II,5.
143. *Ib.* 70.
144. *Ib.* 44 sq.

1941, il reprit en 1942 son travail dans une maison d'édition de Paris. Jusqu'à son retour de captivité, il avait été favorable à Pétain, mais ensuite il perdit ses illusions sur lui[145]. Désormais, il cherchait une «voie intermédiaire»[146] entre la Résistance - qui, selon lui, divisait les Français et était, comme le prétendait la Propagande nazie[147], «sous la dépendance et à la solde de l'étranger»[148] - et la Collaboration car il détestait les Allemands[149]. On qualifie son attitude d'«abstention» et d'«isolationnisme»[150]: c'est donc l'absence d'engagement, le neutralisme présenté comme choix conscient et lucide. Selon la femme du déporté, seul Antoine, pendant l'Occupation, a gardé sa «liberté d'esprit»[151]. L'indépendance est effectivement son idéal:

> Tout ce qui était permis pendant ces affreuses années à des hommes lucides et soucieux de le rester, c'était d'abord de garder leur jugement intact et de secourir les malheureux chaque fois qu'ils le pouvaient... [...] Et aussi, et surtout de prier[152].

Il fait preuve de son indépendance lorsqu'il défend le collaborateur vis-à-vis des résistants: «ce serait tout de même un peu trop simple si d'un côté il y avait la sagesse, la vérité, l'héroïsme, que sais-je? la foi... et de l'autre le cynisme, la lâcheté, la trahison»[153]. La vérité n'est pas manichéenne, ni la Résistance ni la Collaboration ne peuvent la revendiquer pour elles seules, on ne l'a jamais, même quand on croit la posséder. Antoine et Sylvie apprennent l'insécurité de tout jugement quand ils se rendent compte que leur mauvaise foi ou leur inconscient leur a caché les motifs profonds d'actes qu'ils ont commis pour se protéger eux-mêmes: Sylvie en tombant malade pour ne pas exécuter la mission dangereuse, Antoine en ne se souvenant pas du personnage haut placé qui aurait pu sauver Roland,

---

145. *Ib.* 21 sq.
146. *Ib.* 48.
147. Cf. *supra* n. 50.
148. *Ib.* 47.
149. *Ib.*
150. *Ib.* 48.
151. *Ib.* 64.
152. *Ib.* 81.
153. *Ib.* 79.

souvenir qui aurait révélé en même temps qu'il devait son rapatriement au collaborateur. C'est le «retour ambigu de ce mort vivant»[154] qu'est son père qui a éclairé Sylvie: par une lettre, ils apprennent que, près de mourir, il est rentré à la place d'un autre; on espérait ainsi le sauver. Or, Clément Ferrier est mort tout de même, peut-être par le tourment qu'il se faisait pour l'autre, alors que ce dernier survit: c'est donc le contraire du but envisagé qui est arrivé. Nous ne connaissons pas les motifs qui nous guident, nous sommes impuissants devant les résultats imprévisibles que provoquent nos actes. Tout est teinté d'irrationnel. Voici la conclusion qui, selon Marcel, pourrait être mise en épigraphe de son œuvre entière[155]: «Tout au fond de nous-mêmes nous ne savons pas ce qui se passe, nous ne savons même pas s'il se passe quelque chose»[156]. Il est impossible de dire vrai sur soi-même:

> Nous croyons et nous ne croyons pas, nous aimons et nous n'aimons pas, nous sommes et nous ne sommes pas: mais s'il en est ainsi, c'est que nous sommes en marche vers un but que tout ensemble nous voyons et que nous ne voyons pas[157].

Comment alors fonder des jugements, des options politiques sur ces «eaux inexplorables»[158]? Face à l'insécurité de nos motivations profondes, la seule solution défendable est celle de se taire. L'abstention est donc non seulement excusable, elle est la seule attitude justifiée. Marcel plaide précisément pour l'attentisme que Salacrou avait condamné.

Nous ignorons combien de récepteurs ont pu solidifier leur abstentionnisme[159] en le voyant prôné par un intellectuel catholique très écouté[160]. Marcel avait attendu jusqu'en 1949 pour publier la pièce:

---

154. *Ib.* 108.
155. Cf. *Entretiens autour de Gabriel Marcel* (colloque de Cerisy 1973). La Baconnière, 1976, p. 103.
156. *L'Emissaire*, p. 107.
157. *Ib.* 108.
158. *Ib.* 107.
159. Les éditions Plon n'ont pas pu nous renseigner sur le nombre d'exemplaires vendus du livre.
160. En 1948, l'Académie Française décerna son Grand Prix à l'œuvre théâtrale de Gabriel Marcel.

elle n'était alors plus d'une grande audace[161]. Si la pièce n'a pas été représentée en France, c'est probablement à cause de sa teinte religieuse: on imagine en effet mal comment un public mondain aurait réagi devant le recueillement spirituel qui constitue la scène finale et qui la rapproche des pièces de patronage. Les conditions d'accueil étaient apparemment plus propices en Allemagne où *L'Emissaire* connut, au début des années 50, quelques mises en scène à succès moyen[162].

V

Le climat qui permit à Marcel de préconiser l'abstentionnisme et de réhabiliter la Collaboration ne défendit pas à Henry de Montherlant de qualifier la Résistance d'enfantillage. Parmi les auteurs traités ici, il disposait sans conteste du plus grand prestige. Romancier et essayiste, il avait gagné sa renommée dans l'entre-deux-guerres où il s'était fait le champion d'un idéal de vie commandé par la force, la virilité et une hauteur aristocratique méprisant l'amollissement d'un peuple inerte et privé de tout élan vital. Antimunichois par goût de force, il jugeait que la mollesse collective avait poussé Daladier à signer les accords. Après la défaite, il invitait cependant ses compatriotes à accepter «le droit du vainqueur sur le vaincu» dans l'attente d'une nouvelle victoire sous le signe de l'«alternance», l'éternel retour[163]. En 1946, un comité d'épuration lui infligea une interdiction rétroactive de publier pendant un an à partir d'octobre 1944[164]. Mais cette mesure était loin de lui nuire: des enquêtes me-

---

161. L'année avant, l'abbé Desgranges avait déjà publié *Les crimes masqués du résistantialisme* (L'Elan, 1948) rédigé dans le même esprit.

162. *Der Bote* fut représenté en 1951 à Bielefeld et en 1952 à Wuppertal et à Tübingen. Marcel a pu profiter du succès de Sartre: un public catholique s'intéressait à lui comme antagoniste de l'«existentialiste athée». Cf. la contribution de Vincent Berning dans *Entretiens autour de Gabriel Marcel*, p. 213.

163. «Le Solstice de juin», dans H. d. M., *Le Solstice de juin*. Grasset, 1941, p.289-317. Cf. Kohut, *op. cit.*, pp. 94 sq. et 172 sq.

164. Cf. l'avertissement de «Mémoire», dans H. d. M., *L'Equinoxe de septembre* suivi de *Le Solstice de juin* et de *Mémoire*. Gallimard, 1976, p. 273.

nées en 1948 révèlent qu'il était l'écrivain vivant le plus prisé par la droite[165] et tenu en très haute estime même par la gauche non communiste[166].

C'est seulement sous l'Occupation que Montherlant s'était imposé en tant que dramaturge: *La Reine morte*, pièce historique dénigrée par la Résistance, avait été créée en décembre 1942 par la Comédie Française; *Fils de personne*, «tragédie en veston», avait vu le jour au théâtre Saint-Georges une année plus tard. Pour la reprise de *Fils de personne* en 1948 au Théâtre Hébertot, Montherlant composa une suite, *Demain il fera jour*. C'est cette pièce qui représente l'objet de notre analyse.

Pour la comprendre, il faut cependant dire quelques mots sur la pièce précédente. *Fils de personne* se situe dans l'hiver 1940/41 en zone sud et oppose un père prônant les valeurs que Montherlant préconisait dans ses essais à son fils (naturel) qui n'y correspond pas. Au lieu d'écouter les maximes de son père qui essaie de lui inculquer sa morale des seigneurs, il lit des illustrés, joue à la Loterie Nationale et s'émerveille des vedettes de Hollywood. Il ne fait qu'imiter les autres, il n'a rien d'original, bref: c'est l'incarnation même de la mentalité que Montherlant, dans une conférence de novembre 1938, avait qualifée de «morale de midinette»[167], la médiocrité et le conformisme des Français moyens joueurs de belote et amateurs de Tino Rossi[168]. Le père se désespère de sa «mauvaise qualité» au moment même où la nation aurait besoin d'«individus tirant sur

---

Dans le texte intitulé «Mémoire», Montherlant rejette le reproche de collaboration. La version du *Solstice* comprise dans le livre est purgée.

165. Plus particulièrement par les lecteurs de l'hebdomadaire gaulliste *Carrefour*, cf. Michel de Saint-Pierre, *Montherlant, bourreau de soi-même*. Gallimard, 1949, p. 10.

166. Il s'agit des lecteurs de *Combat* qui lui donnent la 5ᵉ place après Gide, Camus, Sartre et Malraux. Cf. Paul Léautaud, *Journal littéraire*. T. XVII. Mercure de France, 1964, p. 291.

167. «La France et la morale de midinette», repris dans *L'Equinoxe de septembre*. Cité d'après *Essais*. Pléiade, 1963.

168. «La Paix dans l'honneur», *N.R.F.*, Novembre 1938, p. 865. Certains critiques ont très bien vu, au moment de la création, qu'à travers Gillou la IIIᵉ République était visée, par exemple celui du *Pays Libre*, organe du Parti Français National Collectiviste, dont le compte rendu du 16-1-44 est cité par Patrick Marsh dans la *Revue d'Histoire du théâtre* 33ᵉ année (1981) p. 337.

l'exceptionnel» pour sauver l'honneur[169]. L'idée que la France puisse retrouver sa grandeur par d'autres lui est insupportable: «Penser que demain il fera jour, et avec des fils qui ne seront pas le mien!»[170] Le père laissera partir son fils au Havre, sous les bombes, où la mère a voulu aller pour rejoindre un amant.

Demain il fera jour se situe en juin 1944, au moment du débarquement, à Paris. La famille s'est retrouvée: Georges Carrion, le père, a suivi mère et fils car, malgré son mépris, il tient à Gillou. Celui-ci, un enfant dans la première pièce, a maintenant un peu plus de 17 ans. Il aurait dû passer le baccalauréat; or, les examens ont été supprimés à cause des événements. Il ne peut pas aller non plus en vacances étant donné l'invasion. Comment alors passer l'été? Il veut s'engager dans la Résistance. Le père s'y oppose: à quoi bon risquer la mort quand la guerre sera finie en trois mois? Du reste, la Résistance n'est pour lui qu'un nouveau conformisme:

> Je vois en ce moment une grande conspiration pour tuer les gens, et surtout les jeunes gens. L'émulation du courage inutile. Les femmes y sont pour une bonne part. Si une femme est là - infirmière major, ou femme d'œuvres, - voilà tous les petits mâles, à qui mieux mieux, qui brûlent d'offrir leur vie. Ce qui les terrorise, ce n'est pas l'obus, c'est la peur que les gens ne croient qu'ils ont peur[171].

Dans les motifs que Gillou avance pour devenir clandestin, il ne voit rien d'original: il s'alimente toujours de la pensée des autres, la lecture d'illustrés a seulement été remplacée par celle de revues «intellectualisantes»[172]. Depuis Cannes, il n'a pas changé, bien au contraire: le père l'a retrouvé «solidifié dans l'insignifiance»[173]. La Résistance comme occasion où des «médiocres», ces «crétins» qu'a produits la République par sa fausse valeur d'égalité, peuvent jouer le héros du western: serait-ce la conclusion suggérée?

Mais Montherlant a rendu la tâche plus difficile au récepteur. Si, dans la première pièce, les spectateurs étaient visiblement censés

---

169. *Fils de personne*, dans *Théâtre*. Pléiade, 1972, p. 250.
170. *Ib*.
171. *Demain il fera jour*. Gallimard, 1949, p. 40.
172. *Ib*. 82 sq.
173. *Ib*. 24.

s'identifier avec Georges[174], ce n'est plus possible dans la deuxième pièce où Georges Carrion est transformé en être lâche et odieux. On apprend petit à petit qu'il s'est compromis avec les occupants. Ils lui ont permis de passer la ligne de démarcation pour rentrer à Paris bien que sa situation ne fût pas régulière; quand ils lui ont demandé, ensuite, «un service» - avocat, il a dû plaider pour quelqu'un -, il n'a pas voulu refuser, par simple politesse. Il est présenté, en outre, comme personnage complètement apolitique qui confond l'emblème de la Milice avec celui des gaullistes[175]. Bien qu'il se sente innocent[176], il n'échappe pas à l'épuration: au milieu de la pièce, il reçoit une lettre menaçante qui entraîne un coup de théâtre. Il revient sur sa décision: pour se blanchir, il permet à son fils de s'engager dans la Résistance où il meurt le jour même.

Le jugement sur la Résistance est donc émis par un être profondément corrompu qui sacrifie son fils pour sauver sa peau. On hésite à identifier les propos d'un tel personnage avec le jugement de l'auteur. L'irritation fut-elle préméditée? Toujours est-il que Georges Carrion, bien que privé d'illusions, n'a pas changé de normes. Et Montherlant souligne dans sa postface que Gillou, depuis la première pièce, est resté lui-même[177]. Malgré des changements de surface, le champion de la qualité affronte toujours le médiocre. L'unique représentant de la Résistance n'est donc pas des «individus tirant sur l'exceptionnel» qui, seuls, pouvaient sauver la France[178]: ce n'est qu'une midinette qui veut être à la page. Par conséquent, la Libération ne guérit pas la France du mal profond dont elle souffre: l'élite n'a pas pu imposer sa morale. Mais l'Histoire continuait et après 1947, au moment où fut composée la pièce, un troisième Georges Carrion aurait pu espérer à nouveau que «demain il fera[it] jour» par l'arrivée au pouvoir d'un grand fils de la nation[179].

---

174. Selon un chroniqueur cité par Michel de Saint-Pierre (*op. cit.*, p. 71), Montherlant reçut en 1944 des lettres dont les expéditeurs prirent le parti du père.
175. *Demain*, pp. 59 sq. Cf. aussi pp. 41 sq.
176. *Ib.* 69.
177. *Ib.* 120.
178. Cf. aussi «La France et la morale de midinette», *éd. cit.*, pp. 845 sq.
179. C'est ce que suggère Marc Beigbeder dans son compte rendu de la pièce paru dans *Esprit*, juillet 1949, p. 301.

La pièce fut créée en mai 1949: ce fut un «échec retentissant»[180]. Les critiques, pour autant que nous connaissions leurs réactions[181], dirigeaient leur attention exclusivement sur le changement que Montherlant avait fait subir au caractère du père. Le revirement parut si invraisemblable que, cette fois, le principe de l'«alternance» montherlantienne ne suffisait pas pour l'expliquer. La mise en scène aidant, les sympathies se portaient vers le fils; à certains, la pièce parut même une exaltation de la Résistance. On se demandait quel but l'auteur du *Solstice de juin* avait bien pu viser. Voulait-il se blanchir? Gabriel Marcel jugeait que l'heure était passée où ce «dédouanage» pouvait sembler nécessaire[182]. A d'autres, il parut que Montherlant avait transformé le personnage pour protester contre l'identification que les spectateurs avaient faite entre lui et Georges Carrion. Dans l'ensemble, la pièce laissa les critiques déroutés. Montherlant avait réussi à brouiller les traces: il s'était rendu méconnaissable pour échapper à l'image qu'on se faisait de lui[183].

VI

De 1946 à 1949, les attitudes que les Français ont adoptées sous l'Occupation ont donc été représentées et jugées différemment dans les pièces que nous avons analysées. Les résistants qui, chez Sartre et Salacrou, agissent pour garder leur dignité humaine et pour créer une société plus juste dégénèrent, chez Marcel, en épurateurs et ne cherchent, chez Montherlant, qu'à tuer le temps. Les collaborateurs, représentés, chez Sartre et Salacrou, comme opportunistes, deviennent, chez Marcel, des martyrs qui meurent pour leur conviction et, chez Montherlant, des apolitiques impliqués par politesse dans des

---

180. Selon Michel de Saint-Pierre, *op. cit.*, p 113.
181. Nous disposons seulement de 7 comptes rendus.
182. Dans son compte rendu paru dans *Les Nouvelles littéraires* du 18 mai 1949, repris dans G. M., *L'Heure théâtrale*, Plon, 1959, p. 49.
183. Dans la perspective qui nous guide, nous avons laissé délibérément de côté les événements biographiques qui ont pu inspirer Montherlant et qui confèrent bien d'autres dimensions à la représentation du rapport père/fils, à savoir ses relations pédérastiques. On consultera à ce propos sa correspondance avec Roger Peyrefitte parue en 1983 chez Laffont.

histoires que leurs ennemis leur reprochent à tort. L'attentisme, enfin, attribué par Salacrou à la bourgeoisie qui se masque sa responsabilité et ne craint pas de sacrifier les autres pour conserver sa tranquillité, devient chez Marcel un choix conscient et lucide, le seul qui soit justifié. La Collaboration gagne donc en prestige dans la mesure où la Résistance en perd; l'épuration et la découverte des camps de concentration en U.R.S.S. apportaient des arguments forts à l'Anti-résistance et contribuaient, dans l'opinion publique, à enlever à la gauche sa légitimité. Ceux qui, au lendemain de la Libération, avaient dû se taire pouvaient enfin, à haute voix, donner leur avis sur ce qui s'était passé en France entre 1940 et 1944. Dans l'aporie de la Guerre froide, la notion d'engagement était devenue précaire si, coincé entre les blocs, même un Merleau-Ponty avouait qu'on ne pouvait être ni communiste ni anticommuniste[184]. La conjoncture était donc bonne pour prôner le scepticisme, la «liberté d'esprit» recommandée par Gabriel Marcel.

Les pièces ont-elles aidé les spectateurs à comprendre le rôle qu'ils avaient joué dans l'Histoire? Dans son article sur les pièces résistantes, Henning Krauss remarque à juste titre que l'effet que la littérature exerce sur la conscience des récepteurs ne peut pas être prouvé[185]. Il est cependant permis de déduire des hypothèses prudentes à partir des réactions que les critiques et le public ont montrées pendant ou après les représentations. Ces réactions, dans la mesure où nous les connaissons, nous amènent à ne pas être trop optimiste. Dans ce qu'on leur proposait sur scène, les spectateurs semblent avoir sélectionné les éléments qui appuyaient leurs partis pris et rejeté ceux qui menaçaient la solidité de leur moi. Le succès commercial de *Morts sans sépulture* ne prouve pas le contraire: les spectateurs qui affluaient ne désiraient pas être confrontés à l'Histoire, mais assister à un «événement parisien».

Si les pièces ont aidé quelqu'un à assumer le passé, c'était plutôt leurs auteurs. Qui sait si Sartre, en glorifiant les résistants torturés, n'a pas aussi essayé de se racheter pour avoir continué sa carrière au lieu, par exemple, de protester contre la révocation de ses confrères

---

184. Maurice Merleau-Ponty, *Humanisme et terreur*. Gallimard, 1947, p. XVII.
185. «Widerstand auf der Bühne», *art. cit.*, p. 188.

juifs, comme l'insinuait l'un d'eux, Vladimir Jankélévitch?[186] Et Salacrou fut-il vraiment le grand résistant qu'il a voulu être à la Libération? S'il ne s'est pas fait jouer au théâtre pendant l'Occupation, parce qu'il ne voulait pas demander l'autorisation allemande, comme il le dit à Paul-Louis Mignon[187], il n'a pourtant pas hésité à demander le visa de la Censure pour tourner un film[188] et pour se faire publier par Gallimard[189]. Ayant fait fortune dans une affaire de publicité pharmaceutique, il n'avait du reste pas besoin de se compromettre pour survivre: avant de joindre - assez tardivement - la Résistance, il avait passé son temps en zone sud à composer des pièces sans rapport avec les événements politiques, à jouer du piano et à faire de l'alpinisme[190]. Gabriel Marcel, en préconisant l'abstention et la liberté d'esprit, a finalement justifié sa propre attitude dans celle d'Antoine Sorgue. Et Henry de Montherlant, en passant d'un Georges Carrion rempli d'idéaux hautains à un Georges Carrion brisé par les événements, n'a-t-il pas fait son auto-analyse?

Dans les quarante ans qui ont suivi la fin de la guerre[191], quantité d'écrivains et de cinématographes ont repris le sujet de l'Occupation. A l'image d'une «résistance de masse» créée dans les années soixante a suivi celle d'une France toute entière «adonnée aux joies de la Collaboration»[192]. A l'heure qu'il est, la réalité des années noires attend toujours son intégration dans la conscience collective.

---

186. Cf. l'interview parue dans *Libération*, 10-6-85. Selon Jankélévitch, «l'engagement de Sartre après la guerre a été une espèce de compensation maladive» parce qu'il n'avait rien fait sous l'Occupation. Cf. aussi l'article de Michel Contat paru dans *Le Monde* du 28-6-85, p. 16.
187. Dans Armand Salacrou, *Impromptu délibéré. Entretiens avec Paul-Louis Mignon*. Gallimard, 1966, p. 120.
188. Cf. Paul-Louis Mignon, *Salacrou*. Gallimard, 1960, p. 36.
189. Cf. Herbert R. Lottman, *La Rive gauche*. Seuil, 1981, p. 203.
190. Cf. Mignon. *op. cit.*, pp. 35 sq.
191. Cf. *supra* note 7.
192. Henry Rousso, «Collaborer», *L'Histoire* n° 80 (1985) p. 61.

Sartre et la «question juive»
Réflexions au-delà d'une controverse

Sur un colloque

Cinquante ans s'étaient écoulés, en 1998, depuis la parution des *Réflexions sur la question juive* en traduction américaine, occasion pour Denis Hollier, directeur du département de français à Yale avant de passer, en 1997, à New York University, d'organiser un colloque international. Si celui-ci était destiné à commémorer un événement dont le cinquantenaire, en 1996, avait été ignoré en France, son but principal était pourtant ailleurs. Hollier se proposait visiblement de reprendre ce texte pour corriger certaines lectures hostiles qu'il avait suscitées ces derniers temps. C'est en tout cas l'impression qu'on retire en lisant les actes de ce colloque parus début 1999.[1]

On connaît le reproche traditionnel dirigé contre cet essai: en définissant les juifs comme n'existant que par le regard des autres[2], Sartre leur dénie une histoire et une culture propres. Lui-même reconnut d'ailleurs plus tard son erreur. Non seulement il n'avait pas fait «his homework» (comme on disait à New York) pour préparer cette œuvre de circonstance écrite à la va-vite[3], mais de plus l'histoire, au moment où il conçut le texte, était, pour lui, celle de la philosophie hégélienne où il était apparemment difficile de trouver une place pour les juifs.[4]

---

1. «Jean-Paul Sartre's Anti-Semite and Jew. A Special Issue». Ed. by Denis Hollier, *October* 87 (Winter 1999). Voir aussi le compte rendu du colloque par Philippe Roger dans *Le Monde* du 2 mai 1998.
2. «Le Juif est un homme que les autres hommes tiennent pour Juif [...].» Jean-Paul Sartre, *Réflexions sur la question juive*. Gallimard, 1954, folio essais (1985), p. 83.
3. Michel Rybalka donne des détails sur la genèse et la réception de l'ouvrage à la fin du volume.
4. En corrigeant les épreuves de cet article, je tombe encore sur un texte dont les actes, pour autant que je voie, ne tiennent pas compte. Mobilisé pendant la

Un autre reproche s'ajoute au premier. C'est le silence presque total sur le génocide à peine évoqué dans un seul petit passage. Cette absence s'explique par la date de la rédaction que Sartre signale lui-même dans le texte. En octobre 1944, l'ampleur de la «solution finale» n'était pas encore connue en France. Néanmoins, en complétant son essai,[5] en 1946, pour la parution en volume, Sartre aurait pu en tenir compte.[6] En somme, il faut souscrire à la thèse d'Enzo Traverso résumée à New York[7]: l'antisémitisme dénoncé par Sartre dans *Réflexions sur la question juive* n'est pas celui du nazisme; c'est celui de la Troisième République, de l'Action Française, du maurrassisme. Les vues de Sartre ont peu évolué depuis la satire de l'antisémite «L'Enfance d'un chef», nouvelle terminée en juillet 1938 pour faire partie du recueil *Le Mur* paru en 1939.[8]

drôle de guerre, Sartre écrit à Beauvoir le 16 janvier 1940: «[...] n'est-il pas possible [...] qu'en s'assumant comme Juif on reconnaisse une valeur culturelle et humaine au judaïsme, auquel cas le principe dont on s'inspirerait pour lutter contre l'antisémitisme, ce ne serait pas que le Juif est homme mais bien que le Juif est Juif.» (Jean-Paul Sartre, *Lettres au Castor et à quelques autres*. Tome 2. *1940-1963*. Gallimard, pp. 42 sq.) Arlette Elkaïm-Sartre, qui signale ce passage, donne le commentaire suivant: «On a souvent reproché à *Réflexions sur la question juive* [...] sa conception du 'Juif authentique' qui fait plus ou moins abstraction du judaïsme 'comme valeur humaine'. Sartre le reconnaissait mais expliquait que, si tôt après la guerre, les Juifs, en particulier ceux qu'il fréquentait, étaient plus anxieux d'être reconnus comme hommes et citoyens à part entière que comme dépositaires du judaïsme. On constate ici [i.e. dans l'extrait cité de la lettre à Beauvoir] que ses premières réflexions envisagent l'homme juif sous un jour plus concret.» (Jean-Paul Sartre, *Carnets de la drôle de guerre*. Nouv. éd. Texte établi et annoté par Arlette Elkaïm-Sartre. Gallimard, 1995, p. 635 note 3) Pour se convaincre à quel point certains juifs se sentaient, à l'époque, effectivement Français et refusaient une judéité présupposée comme «création arbitraire», on lira l'extrait du souvenir du camp de Compiègne (1941/42) de Jean-Jacques Bernard publié, avant l'essai de Sartre, sous le titre «Juifs et Français» dans *Ecrivains en prison* (Seghers, 1945).
  5. «Portrait de l'antisémite» parut d'abord, en décembre 1945, dans *Les Temps modernes*.
  6. Le retour massif des déportés eut lieu en mai 1945.
  7. Il l'avait déjà exposée dans son livre remarqué *L'histoire déchirée. Essai sur Auschwitz et les intellectuels*. Ed. du Cerf, 1997.
  8. Cf. Nicholas Hewitt, «'Portrait de l'antisémite' dans son contexte: antisémitisme et judéocide», *Etudes sartriennes* 1 (1984). L'étude de Hewitt anticipe en grande partie la thèse de Traverso.

Absence d'histoire juive, absence de génocide: ces critiques ne pèsent pas lourd face à l'accusation faite en 1995 par Susan Rubin Suleiman, C. Douglas Dillon Professor of the Civilization of France et directrice du département de langues et littératures romanes à Harvard. C'est, paraît-il, surtout pour examiner et réfuter la critique de Suleiman que le colloque avait été organisé. Qu'avait-elle affirmé?

En relisant le texte pour une contribution à un ouvrage collectif[9], Suleiman, juive originaire de Hongrie, immigrée aux Etats Unis toute jeune, puis étudiante comptant Sartre parmi ses idoles intellectuelles, avait soudain éprouvé un malaise: elle s'était sentie offensée en tant que juive. La raison? Le texte véhicule des clichés qui ont, selon elle, un «effet antisémite» - dans le sens visé par Roland Barthes quand il parlait de «l'effet de réel» - et cela contre le gré de Sartre dont le dessein était précisément de lutter contre l'antisémitisme. On voit l'optique déconstructionniste: le langage s'autonomise et se tourne contre les intentions du sujet parlant en réintroduisant «le différent».

Cinquante ans après la parution du texte, on découvre effectivement des termes et des descriptions phénoménologiques que, sachant ce qui s'est passé et avec, de plus, une sensibilité plus aiguë du «politiquement correct», on n'oserait plus écrire avec la même insouciance.[10] Susan Suleiman reproche à Sartre, entre autres, de parler des juifs en termes de «race» et de donner un descriptif des «caractères typiques de l'Israélite français»: «nez recourbé, écartement des oreilles, etc.»[11] Pierre Birnbaum, professeur de sciences politiques à Paris I, se scandalisa d'ailleurs à propos des mêmes passages.[12] Su-

---

9. Susan R. Suleiman, «The Jew in Sartre's 'Réflexions sur la question juive': An Exercise in Historical Reading». In: Linda Nochlin et Tamar Garb (eds), *The Jew in the Text: Modernity and the Construction of Identity.* London: Thames & Hudson, 1995.

10. J'ai découvert, à mon tour, des clichés du même genre dans les lettres de Beauvoir à Sartre et dans son journal de guerre, sans pourtant y voir de l'antisémitisme, cf. «Simone de Beauvoir face à l'Occupation allemande. Essai provisoire d'un réexamen à partir des écrits posthumes», *Contemporary French Civilization,* vol. XX, n° 2, summer/fall 1996, p. 285.

11. *Réflexions sur la question juive,* éd. cit., p. 123.

12. Cf. sa contribution dans les actes du colloque. Quelques années auparavant, son jugement avait été plus serein, cf. «Grégoire, Dreyfus, Drancy et Copernic. Les juifs au cœur de l'histoire de France.» In: Pierre Nora (dir.), *Les*

leiman incrimina même l'utilisation de l'expression «question juive»: le terme n'était-il pas marqué et contaminé par son emploi dans un contexte raciste tel que celui du *Commissariat Général aux Questions Juives* de Vichy? Non: la «relecture de sa relecture» de 1995 qu'Hollier lui avait demandée ne l'avait pas fait changer d'avis. Au contraire: elle avait découvert, en plus, l'emploi problématique que Sartre faisait du pronom «nous», tantôt excluant, tantôt incluant les juifs. L'inclusion lui parut particulièrement grave dans le célèbre texte «La République du silence» imprimé à la une du premier numéro légal des *Lettres françaises*, organe des écrivains résistants. On se souvient de l'*incipit* paradoxal «Jamais nous n'avons été plus libres que sous l'occupation allemande.» Sartre poursuit quelques lignes plus loin: «on *nous* déportait en masse, comme travailleurs, comme Juifs, comme prisonniers politiques».[13] Pour protester contre ce «nous» qui peut effectivement choquer aujourd'hui, mais s'explique, comme elle le signale elle-même, par l'euphorie unanimiste de la Libération, Suleiman put citer une alliée, Bianca Lamblin, ex-maîtresse juive de Sartre et de Beauvoir, qui l'avaient laissée tomber en 1940, au moment où la situation devenait dangereuse pour les juifs en France.[14] Dans une lettre d'octobre 1996 adressée à l'auteur de ces lignes, Lamblin s'indigne contre le «nous», usurpé, selon elle, par quelqu'un qui n'avait été ni résistant actif ni juif. Réaction représentative de la réception par les lecteurs de l'époque ou témoignage motivé par une rancune compréhensible?[15]

Quoi qu'il en soit, après la publication de ce texte en septembre 1944, Sartre se vit remercié par certains juifs précisément parce qu'il n'avait pas oublié de les mentionner: on a même pu penser qu'il se mit à écrire son essai à la suite de ces remerciements. *Réflexions sur la question juive* connut une réception semblable: à sa parution, le texte eut un effet libérateur pour beaucoup d'intellectuels juifs. Deux d'entre eux s'en portèrent témoins au colloque de New

---

lieux de mémoire. III. Les France. 1. Conflits et partages. Gallimard, 1992, p. 604.
13. Mes italiques. Le texte a été repris, avec une modification, dans Jean-Paul Sartre, *Situations, III.* Gallimard, 1976, pp. 11-14.
14. Cf. mon article précité (n. 10), p. 286.
15. Cf. Bianca Lamblin, *Mémoires d'une jeune fille dérangée.* Balland, 1993.

York. Pierre Vidal-Naquet, professeur d'anthropologie structurale de la Grèce classique à l'E.H.E.S.S., dont les parents furent assassinés à Auschwitz, lut l'essai à l'âge de 16 ans alors qu'il avait déjà largement souffert de l'antisémitisme au collège. Il se rappelle s'être senti vengé. Robert Misrahi, professeur émérite de philosophie à Paris I, cita lui aussi des passages dont tous les juifs de Paris, selon lui, surent gré à Sartre en 1946. Après leur publication, il fut plus difficile pour les antisémites, vu le grand prestige de Sartre à l'époque, de s'exprimer.[16] Deux associations juives avaient d'ailleurs invité Sartre, après la sortie du livre, à faire des conférences. Les actes du colloque de New York en contiennent les traces: un compte rendu de la première conférence datant de l'époque, le texte retrouvé *in extremis* (et donc inédit[17]) de la seconde avec une introduction d'Emmanuel Levinas écrite en 1947. Toutes les réactions contemporaines sont positives - fait qui constitue par ailleurs le point de départ de l'argumentation de Susan Suleiman -, même si, à certains égards, on a pu émettre des réserves, comme c'est le cas, chez Levinas, pour la «création» du juif par l'antisémite. Il est évident et indéniable qu'en parlant des juifs à un moment où personne ne s'occupait d'eux, Sartre a brisé un silence.[18]

16. Pour l'antisémitisme après la Libération, cf. le témoignage anonyme de Robert Misrahi «Vie d'un juif», *Les Temps modernes*, novembre 1945, p. 343. Selon Isaac Deutscher, il y aurait eu «de grandes manifestations», à Paris, contre les juifs rentrés de déportation, de la part de ceux qui s'étaient emparés de leurs biens, le plus souvent de leurs appartements («Die Juden Europas. Jugend in Uniform» (1945). In id., *Reportagen aus Nachkriegsdeutschland*. Hamburg, 1980, p. 47; cité d'après Judith Klein, *Literatur und Genozid. Darstellungen der nationalsozialistischen Massenvernichtung in der französischen Literatur*. Vienne, Böhlau, 1992, p. 25). Dans *Les Mandarins*, roman situé dans l'après-guerre immédiat et largement alimenté par la réalité de l'époque, Beauvoir rapporte les propos suivants qu'elle a sans doute entendus. Un personnage dit à un autre en désignant deux jeunes actrices juives: «Ce n'étaient pas des crématoires qu'ils avaient, les Allemands, c'était des couveuses.» (Coll. folio, t. 2, p. 185)
17. Le texte original français a été publié simultanément dans *Les Cahiers du judaïsme* n° 3 (1999).
18. Comme s'il voulait prévenir le reproche de Suleiman concernant le «nous» usurpé, Sartre problématise au début de la conférence inédite sa position de locuteur: il est conscient de ne pas avoir vécu la situation dont il parle n'ayant été ni persécuté ni persécuteur (*October* 87, p. 34). Et pourtant, la conclusion tirée par Suleiman, à savoir que «the oppressed are most fully empowered when

Le colloque avait donc visiblement atteint son but. Dans sa contribution finale, Hollier va jusqu'à réfuter les présupposés méthodologiques de Suleiman qui, comme on l'a vu, trouve de l'antisémitisme dans le texte de Sartre tout en affirmant que l'auteur n'était pas antisémite. Vu la légitimité en critique littéraire, seul un déconstructionniste notoire pouvait se permettre de contester une approche déconstructionniste![19] Il serait cependant erroné de croire qu'Hollier poursuivait uniquement des fins apologétiques: il s'agissait pour lui, avant tout, de rendre au texte son historicité. En effet, dans sa contribution, il demande pourquoi Sartre qui, dans sa fameuse présentation des *Temps modernes*, rendit Flaubert et Goncourt responsables de la répression suivant la Commune parce qu'ils n'avaient rien écrit pour l'empêcher[20], n'avait pas brisé le silence sur les juifs *pendant* l'Occupation. En formulant sa phrase sur Flaubert et Goncourt, Sartre n'avait-il pas craint qu'on dise de lui, un jour, de même: «I hold Sartre responsible for the repression that followed the 1940 Vichy laws because he didn't write a line to oppose them or their implementation.»[21]

they speak for themselves» (ib. 138), même si elle correspond au dogme de la mort de l'intellectuel, ne convainc pas complètement. Car à quoi bon parler en son propre nom quand personne ne vous écoute, comme c'était le cas des juifs à la Libération (cf. les références dans le livre de Judith Klein cité dans la note 16, p. 27)?

19. Hollier, je l'ai dit, a passé dix ans à Yale, le centre du déconstructionnisme, dont six ans en qualité de *chairman* du French Department. - Hollier m'a écrit, depuis, qu'il ne se sent pas déconstructionniste, affirmation difficile à croire pour qui a lu *Politique de la prose. Sartre et l'an quarante*. Gallimard, 1982. (Note ajoutée pour la reprise en volume.)

20. «Je tiens Flaubert et Goncourt pour responsables de la répression qui suivit la Commune parce qu'ils n'ont pas écrit une ligne pour l'empêcher.» («Présentation», *Les Temps modernes* n° 1, oct. 1945, p. 5).

21. *October* 87, p. 146. «Je tiens Sartre pour responsable de la répression qui suivit les lois de Vichy de 1940 parce qu'il n'a pas écrit une ligne pour s'opposer à elles ou à leur application.»

Le retour de Sartre en 1941

Sans donner dans la mode parisienne qui consiste à dénoncer l'arrivisme supposé de Sartre,[22] il faut s'arrêter à la question posée par Hollier, surtout à la lumière d'une découverte récente que l'on aurait dû discuter au lieu de l'étouffer. Les lois de Vichy citées par Hollier sont celles qui barraient l'accès de la fonction publique aux juifs et francs-maçons.[23] Les personnes qui étaient déjà fonctionnaires furent révoquées selon un règlement précis et remplacées par des personnes non juives. Les fonctionnaires non juifs devaient signer sous la foi du serment un formulaire déclarant qu'ils n'étaient ni juifs ni francs-maçons. Simone de Beauvoir relate dans ses Mémoires qu'elle avait été obligée de le faire: «il n'y avait aucun moyen de faire autrement».[24]

Les juifs révoqués étaient non seulement souvent dans la misère[25]; ils devaient aussi craindre pour leur vie. Sans avoir la pleine connaissance du génocide, on savait pourtant que certaines personnes se battaient désespérément, d'abord pour être réintégrées, puis pour échapper à la déportation. Les carnets de Jean Grenier (le maître de Camus) témoignent, entre autres, de la lutte de Jean Wahl, professeur de philosophie à la Sorbonne et membre du jury qui avait classé Sartre premier et Beauvoir deuxième à l'agrégation en 1929, pour la dignité et pour la vie.[26] Grenier lui-même suppléa pendant l'Occupa-

---

22. J'ai assez souvent critiqué cette mode pour ne pas me faire soupçonner d'y succomber à mon tour, cf. par exemple mes articles dans *Les Temps modernes* nos 531-33 (1990) et n° 592 (1997).
23. Cf. Claude Singer, «La législation antijuive et ses modalités d'application», in id., *Vichy, l'université et les juifs*. Les Belles Lettres, 1992, coll. Pluriel, pp. 71 sqq.
24. *La Force de l'âge*. Gallimard, 1960, folio, p. 532.
25. Claude Singer précise, documents à l'appui, les problèmes financiers qu'ils ont pu avoir (*op. cit.*, pp. 273 sqq.).
26. Jean Grenier, *Sous l'Occupation*. Ed établie par Claire Paulhan, annotée par Claire Paulhan et Gisèle Sapiro. Ed. Claire Paulhan 1997, pp. 47 sqq. et 267. Pour savoir davantage sur les victimes de la législation raciste à l'Université de Paris, on consultera la belle synthèse, enrichie de recherches d'archives supplémentaires, de Lutz Raphael, «Die Pariser Universität unter deutscher Besatzung», in *Geschichte und Gesellschaft* 23 (1997) pp. 507-534. Je remercie Jürg Altwegg de m'avoir signalé ce travail.

tion le poste de Vladimir Jankélévitch, professeur de philosophie à l'université de Lille, révoqué en fonction des lois raciales de Vichy.[27] Jankélévitch n'a jamais pu pardonner à ses confrères leur indifférence.[28] Sartre rentra de captivité, comme on sait, à la fin mars 1941. Beauvoir fut désorientée par «la raideur de son moralisme».[29] Elle avait eu tort, lui dit-il, de signer le papier affirmant qu'elle n'était ni franc-maçonne ni juive.[30] Et il fonda immédiatement le groupe contestataire *Socialisme et Liberté* qui, s'il ne fut pas efficace, montre en tout cas sa ferme volonté de ne pas accepter le pouvoir en place. Il ne reste rien des textes rédigés par ce groupe, même pas dans la mémoire de ses membres[31]. Sartre se souvint cependant d'un projet de Constitution où une large part était réservée aux juifs.[32] Après l'échec de *Socialisme et Liberté*, il misait sur *Les Mouches* dont il avait écrit les premières répliques en été 1941. Selon Simone de Beauvoir, cette pièce «représentait l'unique forme de résistance qui lui fût accessible».[33]

A la rentrée, en octobre 1941, il passa du lycée Pasteur de Neuilly au lycée Condorcet. C'était une promotion: désormais il était professeur de khâgne et préparait une élite au concours d'entrée à

---

27. Cf. Maurice de Gandillac, *Le siècle traversé. Souvenirs de neuf décennies*. Albin Michel, 1998, p. 249.

28. Cf. l'interview posthume publiée dans *Libération*, 8/9 et 10 juin 1985, ainsi que son bilan amer déjà dans *Les Temps modernes,* juin 1948. Pour les enseignants exclus interrogés par Claude Singer, l'indifférence des collègues était «une blessure parfois plus profonde encore que celle causée par l'injustice dont ils ont été l'objet» (*Vichy, l'université et les juifs*, op. cit., p. 178).

29. Impression confirmée d'une certaine façon par Jean Paulhan dans une lettre du 2 octobre 1941 à Raymond Guérin: «Sartre rentré de captivité assez farouche, n'écrivant pas.» (Jean Paulhan, *Choix de lettres*. Tome II. *1937-1945*. Gallimard, 1992, p. 241).

30. Cf. *La Force de l'âge*, éd. cit., p. 549.

31. Cf. le témoignage de Dominique Desanti, à paraître dans les actes de mon colloque «La naissance du 'phénomène Sartre'» aux Ed. du Seuil.

32. Dans les entretiens d'août-sept. 1974 réalisés avec Simone de Beauvoir et publiés dans *La Cérémonie des adieux*. Gallimard, 1981, p. 495. Cf. Annie Cohen-Solal, *Sartre*, Gallimard, 1985, pp. 234 sq.

33. *La Force de l'âge*, éd. cit., p. 573.

l'Ecole Normale Supérieure.[34] Dans son éditorial du 16 octobre 1997, Jean Daniel écrit dans *Le Nouvel Observateur* à propos de ce poste: «Un ami me rappelait qu'au lycée Condorcet il y avait un jeune et brillant professeur de khâgne en 1941, qui était le petit-neveu d'Alfred Dreyfus, le capitaine, celui de l'Affaire. L'application des lois antisémites supprime le poste de Dreyfus. Qui va le remplacer? Jean-Paul Sartre [...].»

Il est étonnant que personne, à New York, n'ait parlé de cet éditorial malgré son rapport très direct avec le sujet du colloque.[35] Certes, des recherches effectuées par deux sartrologues aux archives du lycée Condorcet ont révélé que Sartre ne succéda *pas immédiatement* au professeur révoqué: c'est Ferdinand Alquié, connu comme «philosophe du surréalisme» et considéré, du reste, comme résistant[36], qui assura, par suppléance, paraît-il, l'enseignement pendant l'année 1940/41 avant de passer à Henri IV et Louis-le-Grand.[37] La présence intermédiaire d'Alquié transforme, pour les sartriens, l'information de Daniel en «calomnie honteuse».[38] Mais est-ce qu'elle décharge Sartre complètement? Qu'il l'ait voulu ou non voulu: objectivement, il profitait des lois raciales de Vichy en occupant un

---

34. Simone de Beauvoir, dans ses Mémoires, évoque cette promotion dans le passage suivant: «[...] on lui rendit son poste au lycée Pasteur. Un peu plus tard, l'inspecteur général Davy eut avec lui sur les Allemands, Vichy, la collaboration, un entretien où ils se comprirent à demi-mot, et Davy promit à Sartre de lui confier l'an prochain la khâgne du lycée Condorcet.» (Ib., p. 551)
35. L'information était disponible. Michel Winock avait entamé le sujet dans la discussion, en novembre 1997, lors de mon colloque «La naissance du 'phénomène Sartre'» à Eichstätt en présence de Denis Hollier, de Susan Suleiman ainsi que de Michel Contat qui, à New York, présenta une pièce inachevée de Sartre sur le maccarthysme. Il est vrai que les discussions ne sont pas reproduites dans les actes, mais un témoin affirme qu'on n'en a pas parlé (communication de Robert Misrahi à l'auteur du 19 juin 1998).
36. Selon la notice dans le *Dictionnaire des intellectuels français*, dir. p. Jacques Julliard et Michel Winock (Seuil, 1996).
37. Cf. *La passion de la raison. Hommage à Ferdinand Alquié*. Dir. p. Jean-Luc Marion. P.U.F., 1983, p. XVII.
38. Voir le compte rendu de *Théâtre d'ombres. Journal de l'année 1997* (Seuil, 1998) de Bertrand Poirot-Delpech par Michel Contat dans *Le Monde* du 3 avril 1998. Poirot-Delpech avait lui aussi pris la défense de Sartre. Le compte rendu fit de l'effet: Daniel exprima ses regrets dans son carnet du 4 avril 1998 (*Avec le temps. Carnets 1970-1998*. Grasset, 1998, p. 704).

poste où il n'avait que six heures de cours par semaine à assurer[39], ce qui lui laissait énormément de temps pour écrire. C'est ainsi qu'il put terminer très vite non seulement sa pièce résistante *Les Mouches*[40], mais aussi et surtout *L'Etre et le Néant*, ouvrage philosophique de 724 pages dont l'achevé d'imprimer est daté du 25 juin 1943. S'il y a des témoins qui affirment que ces œuvres ont eu un effet libérateur, sous l'Occupation, comme *Réflexions sur la question juive*, après, même pour certains juifs qui étaient parvenus à se cacher ou à se camoufler[41], il n'en reste pas moins qu'à travers elles Sartre se

39. Simone de Beauvoir qui, elle aussi, était professeur de khâgne, eut 8 heures hebdomadaires à assurer (notices individuelles années scolaires 1941/42 et 1942/43 conservées aux Archives du Rectorat de Paris). Ne connaissant pas assez le règlement, je m'appuie ici sur Jean-François Sirinelli qui compare la promotion de Sartre avec la rétrogradation de Jean Guéhenno (*Deux intellectuels dans le siècle. Sartre et Aron*. Fayard, 1995, p. 183). J'ai signalé dans mon compte rendu de ce livre (*Bulletin du Groupe d'Etudes sartriennes*, juin 1996) que Sirinelli omet de mentionner, entre autres, la lettre du recteur de l'Université de Paris qui demanda, en avril 1942, en même temps que celle de Beauvoir, la révocation de Sartre parce que sa vie et ses idées étaient jugées peu compatibles avec la restauration des valeurs morales et familiales que Vichy exigeait (on sait que l'Education Nationale s'est contentée de révoquer Beauvoir). La lettre est reproduite dans Gilbert Joseph, *Une si douce Occupation... Simone de Beauvoir et Jean-Paul Sartre 1940-44*. Albin Michel, 1991, pp. 218-221. La reproduction correspond à la copie conservée aux Archives du Rectorat de Paris.

40. Dans mon livre de 1986 (*Le théâtre de Jean-Paul Sartre devant ses premiers critiques*. T. 1: *Les pièces créées sous l'Occupation allemande. 'Les Mouches' et 'Huis clos'*. J.-M. Place) et ailleurs, j'ai discuté la question de la nature résistante des *Mouches* en tenant compte de plusieurs facteurs, entre autres, de la réception de l'époque, et j'ai donné, tout bien pesé, une réponse affirmative. Ma position a été réfutée par Serge Added à qui j'ai répondu en rendant compte de son livre *Le théâtre des années-Vichy 1940-44*. Ramsay, 1992 (cf. *Lendemains* N° 85 (1997) pp. 125-30). Vu la nouvelle donnée, je me réserve le droit de repenser la trajectoire de Sartre sous l'Occupation en essayant d'abord d'en savoir davantage sur le plan factuel.

41. Pour *L'Etre et le Néant*, cf. Claude Lanzmann, «Sartre: le courage et la lucidité dans l'engagement», *Les Temps modernes*, nov. 1985, p. 417, et mon interview avec Robert Misrahi du 19 juin 1998, *Lendemains* (Berlin) N° 94 (1999). Pour *Les Mouches*, cf. mon livre cité dans la note 40. Sartre fait allusion aux juifs à plusieurs reprises dans *L'Etre et le Néant* (donc, sous l'Occupation), mais il faut lire l'ouvrage assez attentivement pour remarquer ces passages, cf. la contribution de Francis Kaplan, à paraître dans les actes de mon colloque «La naissance du 'phénomène Sartre'» aux Ed. du Seuil.

réalisait en tant qu'écrivain, projet fondamental auquel il n'entendait pas renoncer quoi qu'il arrivât.[42]

Savait-il?

Or, il y a des défenseurs de Sartre qui disent: Sartre ne savait pas qu'il occupait le poste de Dreyfus-Le Foyer. C'est, à mon avis, assez improbable vu la rareté des khâgnes (quatre à Paris[43]) et le fait que ces postes étaient les plus convoités. Sartre connut, par ailleurs, Alquié reçu premier à l'agrégation de philosophie deux ans après lui.[44] En outre, on savait que les juifs étaient systématiquement éliminés de la fonction publique, donc, si un poste se libérait, on pouvait bien se demander qui l'avait occupé. Dans *Réflexions sur la question juive*, un passage a été cité plusieurs fois à New York. Sartre évoque l'embarras voire le malaise éprouvé par les non-juifs en face de juifs portant l'étoile. Pour ne pas les constituer juifs par leur regard, ils esquivaient la recontre. «La ressource suprême de la sympathie, de l'amitié», écrit Sartre, «c'était ici de paraître ignorer.»[45] Faut-il penser que telle fut son attitude vis-à-vis de Dreyfus-Le Foyer?

---

42. Le 27 mai 1940, il écrivit à Simone de Beauvoir: «Il y a des moments où ça me fait, comme à vous, maniaque et obstiné de l'écrire [mon roman], quand les types crèvent comme des mouches dans le Nord et quand le destin de toute l'Europe est en jeu, mais que puis-je faire? Et puis c'est *mon* destin, mon étroit destin individuel et aucun grand épouvantail collectif ne doit me faire renoncer à mon destin.» (Jean-Paul Sartre, *Lettres au Castor et à quelques autres*. T. 2. 1940-1963. Gallimard, 1983, p. 251). Pour les lecteurs qui se demanderaient si Beauvoir remplaçait, elle aussi, une personne révoquée à Camille Sée, précisons tout de suite que sa promotion avait déjà eu lieu à la rentrée 1939 et que, par ailleurs, dans cet établissement, un seul professeur (qui enseignait les mathématiques) fut évincé (Claude Singer, *op. cit*, p. 170).
43. Cf. Jean-François Sirinelli, *Génération intellectuelle. Khâgneux et Normaliens dans l'entre-deux-guerres*. Fayard, 1988, p. 67. Il est vrai que ce chiffre vaut pour l'entre-deux-guerres.
44. *La passion de la raison*, op. cit., p. XVII.
45. *Réflexions sur la question juive*, éd. cit., p. 94. Continue-t-il à les ignorer quand il parle, dans sa préface de *La Fin de l'espoir* (1950), des victimes du fascisme sans mentionner les juifs français? Cf. J.-P. Sartre, *Situations, VI*. Galli-

On dit également pour défendre Sartre: mais les autres non plus ne faisaient rien! C'est vrai. Si, dans l'enseignement supérieur, il y a eu des débats[46] et si certains universitaires ont refusé le poste qu'on leur proposait par «solidarité» avec les exclus, il n'en allait pas de même dans le secondaire. Claude Singer, qui a fait les recherches les plus étendues en ce domaine, ne connaît aucun cas concret de ce type pour les collèges et les lycées.[47] Mais Sartre n'est pas tout le monde. Il faut considérer son cas, Hollier l'a bien compris, en fonction des critères qu'il a définis pour ses pairs[48]. On n'a même pas besoin de revenir vers Flaubert et Goncourt. Dans sa conférence tenue le 1er novembre 1946 à la Sorbonne sur «La responsabilité de

---

mard, 1964, p. 79. Le philosophe de l'existence Karl Jaspers, dont l'essai sur la «question de la culpabilité» publié en 1945 est aujourd'hui également contesté (cf. la contribution de Jean-Paul Bier dans Stephan Braese e.a. (eds), *Deutsche Nachkriegsliteratur und der Holocaust*. Francfort, Campus, 1998), avoua dans ce livre: «Quand on a emmené nos amis juifs, nous ne sommes pas descendus dans la rue, nous n'avons pas crié jusqu'à ce qu'on nous anéantît, nous aussi; nous avons préféré rester en vie pour un motif faible quoique juste: notre mort n'aurait rien changé. Nous devons notre vie à notre faute.» (Ma traduction; celle des Eds. du Seuil est légèrement différente, cf. Enzo Traverso, *op. cit.*, p. 27) Jaspers juge nécessaire de réfléchir sur la catastrophe, ce qui, selon lui, correspond à un «acte de contrition», alors que, pour Sartre, se retourner en arrière signifie se paralyser (cf. l'interview parue dans *Combat* du 27 février 1948 au moment de la représentation des *Mouches* à Berlin).

46. Lutz Raphael cite, pour l'Université de Paris, des exemples qu'il qualifie d'exceptions face à l'accommodement tacite de la majorité. Ainsi le physicien Debierne organisa dans son institut une manifestation publique pour protester contre la révocation des universitaires juifs; le romaniste Pauphilet protesta, dans une réunion de sa faculté, contre l'interdiction, pour les juifs et les femmes mariées, de se présenter à l'agrégation; son doyen Vendryès ne fit pas remplacer les enseignants révoqués; l'italianiste Bédarida condamna, dans une lettre adressée au ministre, le statut des juifs (Raphael, art. cit., p. 523).

47. Lettre de Claude Singer à l'auteur du 29 sept. 1998. Voir aussi son livre cité dans la note 23. On citera cependant ici le cas du père de Danielle Mitterrand qui, principal d'un collège, refusa de donner la liste des enfants et des professeurs juifs et fut renvoyé, «sans solde et sur l'heure», selon le souvenir de sa fille (Danielle Mitterrand, *En toutes libertés*. Ramsay, 1996, p. 24). Je remercie Suzanne Warrot de m'avoir signalé ce cas exceptionnel.

48. C'est pour cela qu'une étude comparative de plusieurs itinéraires, sous l'Occupation, ne pourra avoir qu'une valeur limitée pour juger l'attitude de Sartre.

l'écrivain», il dit notamment: «Nous avons tenu tout Allemand qui n'avait pas protesté contre le régime nazi pour responsable de ce régime [...].» Un peu plus loin, on lit comment les «Allemands antinazis» pouvaient remplir leur devoir de protester si ce n'était pas possible par l'écriture: «ils pouvaient faire un acte, comme par exemple, s'ils étaient professeurs, quitter l'université ou abandonner leur poste de Doyen, au cas où un Professeur juif aurait été chassé [...].»[49]

La responsabilité de l'écrivain

Certes, on comprend tout à fait que la haine que Sartre, bouc émissaire de l'ex-gauche, inspire aujourd'hui en France, ne pousse pas ceux qui lui sont restés fidèles à en rajouter: pourquoi fournir des arguments à ses adversaires?[50] Mais nous avons aussi appris, surtout en analysant *ex post* les prises de position stratégiques dans la Guerre Froide, qu'on a eu tort de cacher certaines vérités sous prétexte que leur connaissance aurait avantagé l'ennemi idéologique. Du reste, quand plusieurs regards se portent sur la même réalité, Sartre n'a-t-il pas recommandé lui-même de privilégier celui de la victime? N'exclut-on pas une seconde fois les juifs quand on prend à la légère, aujourd'hui, leur exclusion, sous l'Occupation? Ce qu'on a pu lire, en défense de Sartre, était parfois peu exact sur le plan des faits. A en croire certains, Dreyfus-Le Foyer se fait démobiliser, en octobre 1940, à Lyon, où il reçoit une nomination provisoire dans

---

49. *Les Conférences de l'U.N.E.S.C.O.* Fontaine, 1948, pp. 57 et 58. Le texte de la conférence a été réédité en 1998 par Verdier sous le titre *La responsabilité de l'écrivain*.
50. J'éprouve, par exemple, un malaise en lisant les mémoires d'Annie Kriegel qui, extrêmement hostile à Sartre aussi bien dans sa période stalinienne qu'aronienne, lui reproche de ne pas avoir, comme professeur au lycée Condorcet, «éprouvé le besoin de protester contre la révocation de tel de ses collègues juifs, par exemple Jean Wahl.» Pour souligner son arrivisme supposé, elle prétend d'ailleurs s'appuyer sur mon livre (cité dans la n. 40) qu'elle n'a visiblement pas eu entre les mains car elle m'attribue des assertions sur l'accueil des pièces de Sartre par les officiers allemands que je n'ai pas faites (*Ce que j'ai cru comprendre*, Laffont, 1991, p. 184).

un lycée. En janvier 1943, il n'est pas révoqué (comme ses collègues juifs, tels que Paul Bénichou, Jean Wahl, Vladimir Jankélévitch), mais mis à la retraite (à 44 ans), probablement à l'initiative du proviseur du lycée Condorcet, qui a voulu lui maintenir une rémunération. Pourquoi tant de bruit, après tout?

La réalité fut différente. Claude Singer précise: «Henri Dreyfus-Le Foyer a été révoqué (et admis à la retraite) le 20 décembre 1940, en application du premier statut des juifs, au lycée Condorcet à Paris. S'il se trouvait à Lyon à cette époque, c'est parce que le lycée Condorcet (ou certaines de ses classes) y avait été replié avant la débâcle de mai-juin 1940. En tant que juif, il ne pouvait plus, après cette date, revenir à Paris et il a donc exercé pendant quelques semaines à Lyon, avant sa révocation.»[51]

Comme nous le savons également grâce aux recherches de Claude Singer, la mise à la retraite n'était pas une faveur individuelle que les supérieurs pouvaient accorder à leur gré. «Ceux qui totalisent au moins quinze ans d'ancienneté et dont les titres sont considérés comme exceptionnels (valeur professionnelle ou action morale exercée sur les élèves) doivent attendre qu'une pension de retraite leur soit versée dont le montant est en fonction des états de service,» écrit-il dans son livre.[52] Le même chercheur précise, toujours documents à l'appui, que l'exécution de ces mesures était loin de mettre les personnes concernées dans une situation tranquille et confortable. Dans le carnet de Jean Grenier on apprend, par exemple, que Jean Wahl, rencontré le 23 mars 1942 à Lyon, touche sa pension par

---

51. Lettre de Claude Singer à l'auteur du 18 juillet 1998. Dans sa lettre du 30 mars 1999, il apporte une nuance: «En ce qui concerne le lycée Condorcet, j'ignore si tous les professeurs avaient été évacués à Lyon (lycée Ampère) ou si H. Dreyfus-Le Foyer s'y était installé à titre individuel. En tout état de cause, son poste administratif était à Paris et c'est là qu'il a été révoqué administrativement.»

52. Claude Singer, *Vichy, l'université et les juifs*, éd. cit., p. 273. Cf. le souvenir de Claude Lévi-Strauss qui lui aussi a exercé en zone sud avant d'être révoqué par une lettre: «On avait droit à recevoir son traitement pendant un temps proportionnel aux années de service. Après mon départ pour les Etats-Unis, cela a permis à mes parents de survivre.» (Claude Lévi-Strauss et Didier Eribon, *De près et de loin*. Odile Jacob, 1988, p. 43). Avant le premier statut des juifs, Lévi-Strauss, reçu à l'agrégation la même année qu'Alquié, avait été nommé au lycée Henri IV.

l'intermédiaire du commissariat de police. Ayant réussi à s'évader de Drancy, il attend son visa pour les Etats-Unis. Heureusement, il arrive à «rouler la Gestapo».[53] Henri Dreyfus-Le Foyer ne se consacre pas lui non plus à une vie paisible de retraité. Dans la haute vallée du Valgaudemar (Hautes Alpes), il soigne des maquisards au «Foyer»: il avait entrepris des études médicales en 1930 dans le service du professeur Henri Baruk et avait été mobilisé de mars à juillet 1940 comme médecin auxiliaire.[54] Par nécessité dans le maquis, il sera nommé à la Libération au lycée Louis-le-Grand[55], où certains l'ont eu comme professeur, ce qui pourrait expliquer leur faible empathie.[56] Plus tard, il enseignera à Henri IV et publiera un *Traité de philosophie générale* dans la collection U d'Armand Colin, livre dans lequel il critique le concept sartrien de liberté parce que, selon lui, la spontanéité fondamentale n'échappe pas à la détermination; mais on ne sent aucune rancune personnelle dans ses propos. Sans les Alliés, tout aurait pu finir autrement.

Dans l'interview posthume citée plus haut, Vladimir Jankélévitch affirma que l'engagement de Sartre, après la guerre, a été une sorte de «compensation maladive» des actes concrets qu'il n'avait pas faits

---

53. Jean Grenier, *Sous l'Occupation*, op. cit., p. 267.
54. Selon Claude Singer, *op. cit.*, p. 317. Dans la *Revue de Métaphysique et de Morale* de 1937, il publia un article sur «Les conception médicales de Descartes».
55. Les enseignants exclus pouvaient exiger, en principe, d'être nommés sur le poste qu'ils avaient occupé au moment d'être évincés (cf. Claude Singer, «Le rétablissement de la légalité républicaine à l'Université d'Alger en 1944», in Fondation Charles de Gaulle, *Le rétablissement de la légalité républicaine (1944)*. Ed. Complexe, 1996, p. 520). Il serait sans doute exagéré de penser, comme je l'ai fait en un premier temps, que Sartre se retira de l'enseignement, à la fin de l'année scolaire 1943/44, pour éviter une situation pénible. Dès l'été 1943, au moment où Beauvoir fut exclue de l'Université, il envisageait, lui aussi, d'abandonner le professorat (cf. *Lettres au Castor*, T.2, Gallimard, 1983, p. 312). Par ailleurs, la khâgne de Louis-le-Grand, où Dreyfus-Le Foyer fut nommé, était plus prestigieuse que celle de Condorcet.
56. Par exemple Bertrand Poirot-Delpech qui préfère visiblement Sartre, cf. *op. cit.*, p. 204. Dans sa biographie de Foucault, Didier Eribon cite des témoins qui portent un jugement très défavorable sur Dreyfus-Le Foyer en tant que professeur (Flammarion, 1989, p. 40).

pendant la guerre.[57] Il n'a peut-être pas eu complètement tort. Cette affirmation vaut-elle aussi pour *Réflexions sur la question juive?* Si je ne partage pas les conclusions de Susan Suleiman, sa question «Who is he writing for, and *why*?»[58] me paraît pourtant hautement pertinente. La fougue dont cet essai fait preuve où s'alimente-t-elle? Que le texte ait eu un effet libérateur pour les juifs, à l'époque, n'exclut pas qu'il ait pu avoir également une fonction libératrice pour Sartre,[59] qui projetait peut-être sur les pétainistes[60] et les antisémites une culpabilité qu'il n'osait pas s'avouer.[61] Il n'empêche que ce refoulement, si mes conclusions sont bonnes, a contribué à fonder une théorie de la responsabilité qui n'a pas fait que des dégâts, mais nous apprend que ne pas prendre parti, c'est encore prendre parti et que nous n'avons pas le droit de détourner les yeux.

57. *Libération*, 10 juin 1985, p. 35. Je discute cette interview plus en détail dans «Images actuelles de Sartre», *Romanistische Zeitschrift für Literaturgeschichte/ Cahiers d'Histoire des Littératures romanes* N°s 1/2 (1987) pp. 233 sq.
58. *October* 87, p. 131. Mes italiques.
59. J'ai soutenu la même idée pour *Morts sans Sépulture*, sa pièce sur la Résistance écrite au lendemain de la guerre, cf. «Les 'années noires' vues par les dramaturges français de l'après-guerre», in *Romanistische Zeitschrift für Literaturgeschichte/Cahiers d'Histoire des Littératures romanes* N°s 3/4 (1986) p. 452. Depuis, j'ai pu lire que Bianca Lamblin se cachait dans le Vercors, lieu d'action de la pièce.
60. Sartre écrit dans *Réflexions sur la question juive:* «En 1940 [...] beaucoup de Français se sont rangés autour du gouvernement de Pétain [...]. Par la suite, ce gouvernement prit des mesures antisémites. Les 'Pétainistes' ne protestèrent pas.» (p. 85). Denis Hollier enchaîne prudemment: «But were they supposed to do it? Were they the only ones supposed to do so? Was it out of the question for non-Pétainistes to protest?» (*October* 87, p. 146 n. 12).
61. Simone de Beauvoir, en tout cas, reconnut plus tard qu'elle avait sousestimé le danger auquel était exposée son amie Bianca Lamblin en tant que juive. Elle écrivit le 14 décembre 1950 à Nelson Algren: «[...] je me rappelle qu'en 39-40, devant mon amie juive, [...] j'estimais qu'elle s'excitait hystériquement à propos des camps de concentration et des Juifs; pourtant elle avait raison.» Il est significatif qu'elle évoque ce souvenir à un moment où elle reproche à Algren de sous-estimer à son tour le danger qu'il ressent pour elle-même vu l'éventualité, voire la menace de l'occupation de la France par l'Armée Rouge dans la Guerre Froide. Elle poursuit: «Quand on n'est pas visé par un danger dans sa chair et dans ses os, il reste irréel. [Bianca] se sentait isolée et incomprise parmi les Français non juifs, je me rappelle.» (Simone de Beauvoir, *Lettres à Nelson Algren*. Gallimard, 1997, pp. 423 sq.)

Historiographie ou hagiographie ? Réponse aux *Temps modernes* à propos de l'affaire du lycée Condorcet

> Le paradoxe du sartrisme,
> c'est qu'il impose l'infidélité.
> Geneviève Idt
> *Etudes sartriennes* II-III (1986), p. 316

Une lecture déformante

Jacques Lecarme a dû mal me lire. Qu'aurais-je «donc», selon lui, «appris» à une communauté énigmatique de lecteurs qu'il désigne par le pronom «nous», sans cesser de me tromper faute d'avoir fait les recherches nécessaires et de disposer des compétences réservées apparemment aux seuls Français de souche? Que, par «ambition universitaire» et «arrivisme», Sartre aurait pris, en octobre 1941, au lycée Condorcet, la succession d'Henri Dreyfus-Le Foyer, professeur de khâgne révoqué suite à la législation antisémite de Vichy. Que le cas de Sartre ressemble à celui de Heidegger. Que Sartre aurait dû démissionner de l'enseignement. Que le groupe clandestin «Socialisme et Liberté» était inexistant, de même que la signification résistante des *Mouches*. Que Sartre n'aurait pas dû créer ses pièces de théâtre ni publier chez Gallimard. Qu'il aurait dû, en revanche, se livrer, l'arme à la main, à un «héroïsme sacrificiel». Bref, selon Lecarme, j'ai joué, cinquante ans après l'Occupation, «aux justiciers de western, sans peur et sans reproche», et ce, en déformant les textes et en en pervertissant la lecture.

Qu'en est-il en réalité? On me pardonnera si je donne quelques explications aux lecteurs qui ne connaissent ni l'article incriminé par Lecarme ni mes travaux. Dès la fin des années 70, j'ai commencé à m'intéresser aux activités littéraires et extra-littéraires de Sartre sous l'Occupation en vue d'une thèse en lettres. J'ai compris assez vite que les réponses qu'on avait faites à «*la* question biographique» (pour parler comme Bernard-Henri Lévy[1]) étaient à peine sorties de la légende pro- ou anti-sartrienne. Pour me mettre à l'abri, dans la mesure du possible, d'anachronismes rétrospectifs, j'ai consulté de près la presse autorisée comme la presse clandestine de l'époque, les dossiers du sous-groupe «théâtre» de la *Propagandastaffel* (qui passaient pour disparus) et j'ai interrogé des témoins. Pour interpréter les résultats, je les ai replacés, à la lumière de l'historiographie récente, dans le contexte politico-culturel de Vichy et de l'Occupation. Avant de traiter la question de la résistance intellectuelle, j'ai explicité un certain nombre de critères ayant rapport à la genèse et à la réception des *Mouches* et de *Huis clos* ainsi qu'à l'activité de Sartre au sein de la Résistance intellectuelle. J'ai bien pesé mes arguments et je suis parvenue à une réponse affirmative: oui, même s'il n'y a pas beaucoup de documents contemporains qui attestent une réception dans le sens de la résistance contre l'oppression et le bourrage de crâne vichyste, ces documents existent. Même à Berlin, les lecteurs de l'hebdomadaire *Das Reich*, organe officieux de Goebbels, pouvaient lire que *Les Mouches* étaient «un seul défi».[2]

Avant la parution du livre issu de ma thèse, j'ai participé, en juin 1985, à la réunion annuelle du Groupe d'Etudes sartriennes, association créée en 1979 et présidée par Geneviève Idt. La réunion eut lieu à Nanterre; Jacques Lecarme était assis à côté de moi. Mon exposé avait pour titre «*Les Mouches*, pièce résistante?» A la réunion même, j'appris que quelques jours auparavant avait paru, dans *Libération*, l'interview posthume dans laquelle Vladimir Jankélévitch reprochait à Sartre d'avoir manqué à son devoir d'homme. Quand j'ai publié mon exposé, j'ai ajouté un post-scriptum dans lequel je défendais la manière - intellectuelle, littéraire et théâtrale - dont Sartre avait manifesté sa résistance. Cette forme me parut dans son cas aus-

---

1. *Le Siècle de Sartre*. Grasset, 2000, p. 357.
2. Ingrid Galster, *Le Théâtre de Jean-Paul Sartre devant ses premiers critiques*. T. 1: *Les pièces créées sous l'Occupation allemande: 'Les Mouches' et 'Huis clos'*. Tübingen et Paris (Gunter Narr Verlag/Jean-Michel Place), 1986, 394 p. L'ouvrage est épuisé. Une 2e édition paraîtra en 2001 chez L'Harmattan. Le livre cité ci-dessus de Bernard-Henri Lévy en reprend un certain nombre d'éléments.

si légitime et peut-être plus appropriée qu'un engagement dans la résistance armée.³ Les sartriens étaient assez d'accord avec mes analyses si bien que Michel Kail, lui aussi présent au colloque de Nanterre, m'a demandé un texte sur la réception des *Mouches* pour le gros numéro que *Les Temps modernes* ont consacré à leur fondateur à l'occasion du dixième anniversaire de sa mort.⁴ Sept ans après, quand Jean-François Prévand caressait le public parisien dans le sens du poil en caricaturant, sur la scène du théâtre de l'Œuvre, Sartre et Beauvoir comme des arrivistes sous l'Occupation, j'ai publié dans la même revue un article pour signaler que Sartre avait failli être relevé de ses fonctions suite à l'épuration que Vichy opérait dans le corps enseignant pour favoriser «la restauration de ses valeurs morales et familiales»⁵. Les documents conservés dans le dossier Beauvoir à l'Education Nationale avaient été publiés par un ancien maquisard et adversaire de Sartre qui n'avait pas compris qu'ils desservaient, en partie, gravement son propos.⁶ Il suffisait pourtant de lire ces documents en connaissant les buts de la Révolution Nationale et les réactions que Sartre avait déjà suscitées, par *La Nausée* et *Le Mur*, avant la guerre chez les maurrassiens.⁷

Etant associée depuis 1995, avec Jacques Lecarme et d'autres spécialistes, à l'Equipe Sartre de l'ITEM/CNRS pour collaborer, sous la direction de Michel Contat et de Geneviève Idt, à l'édition du théâtre de Sartre dans la Bibliothèque de la Pléiade, j'ai rencontré assez souvent les sartrologues parisiens, dont Jacques Lecarme. En novembre 1997, j'ai organisé un colloque international et pluridisciplinaire à l'Université Catholique d'Eichstätt (Allemagne) pour reprendre une question qui m'occupait depuis ma thèse, mais que je n'avais pas pu traiter suite à d'autres obligations universitaires: les

---

3. «*Les Mouches*, pièce résistante?», *Lendemains* N° 42 (1986) pp. 43-53.
4. «*Les Mouches* sous l'Occupation. A propos de quelques idées reçues», *Témoins de Sartre, Les Temps modernes* Nᵒˢ 531-533. oct.-déc. 1990, pp. 846-859.
5. Lettre de Gilbert Gidel, recteur de l'académie de Paris, du 3 avril 1942 au secrétaire d'Etat à l'Education Nationale.
6. Gilbert Joseph, *Une si douce Occupation... Simone de Beauvoir et Jean-Paul Sartre. 1940-1944*. Albin Michel, 1991.
7. Ingrid Galster, «L'actualité en *Huis clos* en 1944 ou La Revanche de l'Anti-France», *Les Temps modernes*, N° 592, févr.-mars 1997, pp. 195-205.

raisons du succès de Sartre.[8] Dans le débat, Michel Winock s'adressa aux sartrologues et sartriens (le plus souvent, ils sont les deux à la fois) au sujet de la succession au lycée Condorcet: l'éditorial de Jean Daniel venait de paraître. Voilà l'origine de mon article dans *Commentaire* incriminé par Lecarme: s'il s'avérait que Sartre avait effectivement écrit sa littérature résistante en occupant le poste d'un juif révoqué, il me parut qu'il fallait repenser toute sa trajectoire sous l'Occupation.

Les faits

Cette incursion personnelle m'a semblé indispensable pour corriger l'image, présentée aux lecteurs des *Temps modernes*, d'une chercheuse qui accumulerait les erreurs dans le seul but de noircir Sartre. Je n'ignorais évidemment pas que Jacques Lecarme et Michel Contat s'étaient précipités aux archives du lycée Condorcet pour chercher des documents à la décharge de Sartre. Si, dans mon article, je n'ai pas mentionné le nom de Jacques Lecarme, c'était pour ne pas le compromettre vu que la vie d'Henri Dreyfus-Le Foyer entre 1940 et 1944, telle qu'il l'avait «reconstruite», ressemblait plus à l'idylle d'un professeur profitant de sa retraite anticipée à la montagne qu'à la situation d'un juif persécuté. Lecarme a cru cependant que je ne soulignais pas assez ses mérites scientifiques. Qu'a-t-il trouvé dans la cave du lycée Condorcet, lieu où je ne suis pas allée, d'une part parce que je lui faisais confiance en m'appuyant sur ses recherches et d'autre part parce que, dans mon cas, il ne suffisait pas de prendre le métro pour s'y rendre?[9]

Il corrige deux points. Sartre a donné neuf heures de cours - et non pas six, comme je l'avais supposé, tout en signalant le caractère hypothétique de mon assertion. Et «Le Foyer», nom que Claude Singer avait indiqué, dans son livre, comme désignation du lieu où Henri Dreyfus soignait des malades en cachette, n'est que le patronyme du beau-père du professeur révoqué. Tout le reste de sa «recti-

---

8. Les actes de ce colloque paraîtront aux Editions du Seuil, cf. *infra* note 40.
9. Fin juin 2000, quand j'étais à Paris, le proviseur n'avait personne pour me faire accompagner aux archives, ceci à cause de la période des examens.

fication» est, pour employer un adjectif que Jacques Lecarme utilise volontiers, insoutenable.

Avant tout, l'affirmation selon laquelle Ferdinand Alquié et non pas Sartre aurait succédé à Henri Dreyfus-Le Foyer après sa révocation, pièce-maîtresse de son plaidoyer de décharge. Ce dernier a été démobilisé le 11 août 1940 d'après un résumé de ses services militaires écrit de sa main.[10] Par arrêté du 30 octobre 1940 fait à Vichy et signé G. Ripert, il est nommé, à titre provisoire, professeur agrégé de philosophie au lycée Ampère à Lyon. Pourquoi est-il nommé à Lyon alors que son poste était à Paris? Le premier statut des juifs avait été promulgué le 3 octobre 1940, mais pas encore mis en application. Est-ce que le Ministère de l'Education Nationale agissait par précaution? Qu'on compare le cas de Claude Lévi-Strauss qui se présenta (il est vrai en septembre 1940, donc avant le premier statut des juifs) au Ministère pour réclamer son poste au lycée Henri IV: le directeur de l'enseignement secondaire qui le reçut refusa de l'envoyer à Paris «avec le nom qu'il portait».[11] Il fut affecté successivement à Perpignan et à Montpellier avant d'être révoqué.

Fin novembre 1940, Henri Dreyfus-Le Foyer reçoit, de la part du proviseur du lycée Ampère, une circulaire qui reproduit à son tour une partie de la circulaire ministérielle du 21 octobre «concernant le statut des Israélites». Je cite le texte *in extenso* parce que Jacques Lecarme, alléguant contre Claude Singer «que la révocation et l'admission à la retraite ne peuvent être concomitantes»[12], n'admet toujours pas, faute de s'instruire sur la procédure administrative, que la révocation était identique à la mise à la retraite forcée.[13]

---

10. Ce résumé et les documents que je cite par la suite ont été mis à ma disposition, sous forme de photocopies, par son fils, le docteur Michel Dreyfus-Le Foyer, que je remercie.
11. Claude Lévi-Strauss et Didier Eribon, *De près et de loin*. Odile Jacob, 1988, pp. 41 sq.
12. *Les Temps modernes*, N° 609, juin-juillet-août 2000, p. 25.
13. Il aurait pourtant suffi de survoler le livre de Claude Singer cité par Lecarme à la même page (*Vichy, l'Université et les juifs. Les silences et la mémoire*. Les Belles Lettres, 1992, coll. pluriel). Claude Singer, à qui j'ai posé la question pour en être tout à fait sûre, a confirmé que la procédure administrative se déroulait ainsi (entretien au CDJC le 21 juin 2000).

> Les fonctionnaires inscrits sur les listes des deux premiers dossiers cesseront, en application de l'article 7 de la loi, d'exercer leurs fonctions dans les deux mois qui suivront la promulgation de la loi. Vous les informerez qu'ils seront admis à faire valoir leurs droits à la retraite s'ils remplissent les conditions de durée de services (25 ans pour les fonctionnaires qui ont au moins 15 ans de service actif, 30 ans pour les autres) à une retraite proportionnelle s'ils ont du moins quinze ans de services (actifs ou sédentaires). Ils devront, sans retard, établir leur dossier de mise à la retraite. Ceux qui ne pourront exciper d'aucune des conditions prévues pour la retraite recevront leur traitement pendant une durée qui sera fixée pour chaque catégorie par un règlement d'administration publique.

L'inspecteur d'Académie, qui signe Hepp, invite à lui faire transmettre les demandes d'admission à la retraite sans délai.

L'arrêté du 29 janvier 1941, signé J. Chevalier, qui signale la révocation du professeur juif, confirme que, malgré sa nomination provisoire à Lyon, il avait gardé son poste à Paris. Je cite les deux articles pour éviter tout malentendu :

> Article premier - M. DREYFUS LE FOYER Henri, professeur de philosophie au lycée Condorcet, en repliement au lycée Ampère à Lyon, est admis à faire valoir ses droits à une pension de retraite à dater du 20 décembre 1940.
> Article deux - Par suite de nécessités de service, il sera pourvu définitivement au remplacement de M. DREYFUS LE FOYER à partir de la même date.

Donc, vu qu'Henri Dreyfus-Le Foyer avait conservé son poste à Paris jusqu'au 29 janvier 1941 et ne fut mis en retraite que rétroactivement, personne n'avait pu jusque-là lui succéder. Si Ferdinand Alquié se chargea de ce service en octobre 1940, ce n'était qu'un remplacement temporaire. Dans sa lettre reproduite dans *Le Nouvel Observateur* du 30 avril - 6 mai 1998, Jacques Lecarme l'avait d'ailleurs signalé lui-même, détail qu'il n'a pas jugé nécessaire de répéter dans son article des *Temps modernes*. Après avoir précisé qu'en «janvier 1943[14], il n'est pas révoqué (comme ses collègues juifs, tels que Paul Bénichou, Jean Wahl, Vladimir Jankélévitch), mais mis à la retraite (à 44 ans), probablement à l'initiative du proviseur de Condorcet, qui a voulu lui maintenir une rémunération», il poursuit:

> En octobre 1940, Ferdinand Alquié a pris en charge la khâgne de Condorcet, *en plus de son service propre dans un autre lycée*. Contacté par un inspecteur général qui savait qu'Alquié ne souhaitait pas rester à la khâgne de Condorcet (en avril 1941), Sartre sera nommé en octobre 1941 professeur de philosophie en khâgne et le restera jusqu'en mai 1944.[15]

Un arrêté pris à Vichy, le 15 octobre 1940, apporte d'ailleurs la preuve qu'Alquié n'assurait ce service au lycée Condorcet que par intérim. En voici le texte tiré des Archives nationales:

> M. Alquié, professeur titulaire agrégé de philosophie au lycée Rollin, est mis à la disposition de M. le Recteur de l'Académie de Paris pour occuper à titre provisoire la chaire de philosophie (Première supérieure) au lycée Condorcet, en suppléance de M. Dreyfus-Le Foyer (Arch. Nat., F 17 14 019).

La succession de titulaire à titulaire se passe, par conséquent, entre Henri Dreyfus-Le Foyer et Sartre; Ferdinand Alquié est intervenu pour dépanner. Jean Daniel eut donc tout à fait raison de le signaler dans son éditorial du 16-22 octobre 1997, et l'on peut regretter que le journaliste se soit laissé intimider par une lettre fantaisiste de Lecarme et une réprimande de Michel Contat.[16] André Burguière, qui

---

14. Si «erreur de transmission» il y a, comme l'indique Lecarme (art. cit., note 4), elle s'est produite au moins deux fois, car elle se trouve aussi dans le *Bulletin d'information du Groupe d'Etudes sartriennes*, juin 1998, p. 95.
15. C'est moi qui souligne.
16. Qui écrit dans son compte rendu du *Théâtre d'ombres. Journal de l'année 1997* de Bertrand Poirot-Delpech: «A propos d'une calomnie honteuse de Jean Daniel, dans *Le Nouvel Observateur*, contre Sartre, qui aurait pris en 1941 la khâgne de Condorcet à un professeur juif révoqué, le tranquille rétablissement de la vérité: Sartre succédait à Ferdinand Alquié; le professeur Henri Dreyfus, démobilisé, avait été nommé à Lyon, puis mis à la retraite avec traitement.» Et

eut Dreyfus-Le Foyer en khâgne, avait rapporté à Jean Daniel ce qu'il avait entendu dire plusieurs fois par son professeur: «Moi, j'ai été révoqué par Vichy; c'est Sartre qui m'a succédé.»[17] Propos confirmés par le fils et la belle-fille d'Henri Dreyfus-Le Foyer[18] qui était bien conscient que son successeur était Sartre et non Alquié. Lecarme lui donnera-t-il également tort?

Après sa révocation, Henri Dreyfus-Le Foyer est resté quelque temps à Lyon. Entré en fonctions en 1922 - il avait été reçu premier au concours d'entrée à l'E.N.S., puis à l'agrégation de philosophie en 1921 -, il totalisait plus de 15 ans de service et pouvait donc faire valoir ses droits à une «retraite proportionnelle». Il était inscrit en faculté de médecine car il aspirait à une chaire de psychologie dans une faculté de lettres à l'exemple de Georges Dumas ou plus tard de Daniel Lagache.[19] Prévenu qu'il était recherché par la Gestapo, il partit à pied (j'ignore quand) vers Gap. Il se cacha dans une grange dans le Valgaudemar avant de s'installer à La Chapelle, dans un petit hôtel où il soigna paysans et maquisards. Un jour, il vit de loin que ses voisins lui signalaient par des gestes de ne pas s'approcher: une fois de plus, il avait échappé à la Gestapo.[20]

A la Libération, il rentra diminué et en assez mauvaise santé. Il était brisé par les événements et éprouva une profonde blessure au vu de l'indifférence de ses concitoyens. Il partageait les sentiments de Jankélévitch, mais contrairement à lui, il était prêt à pardonner.

Contat de louer Poirot-Delpech: «Cette fidélité à Sartre réconforte en ces temps où la mode veut que chacun lui lance un coup de pied en passant.» (*Le Monde des livres*, 3 avril 1998) - Mis à part son démenti dans *Avec le temps* cité dans la note 38 de mon article incriminé, Daniel m'écrivit le 6 octobre 1999: «[...] j'ai été induit en erreur [...] en évoquant l'indifférence de Sartre pendant l'Occupation.»

17. Témoignage d'André Burguière (entretien téléphonique avec Ingrid Galster du 16 juin 2000). André Burguière est sûr de son souvenir.

18. Entretien du 28 juin 2000 à Annecy. Je remercie Francis Kaplan de m'avoir signalé les coordonnées du docteur Michel Dreyfus-Le Foyer, geste d'autant plus noble qu'il ne partage pas mes conclusions.

19. Renseignement téléphonique de Nicolas Grimaldi (17 juin 2000). Cf. aussi la notice nécrologique par M.-A. Bloch parue dans l'*Annuaire* de l'Association amicale des anciens élèves de l'Ecole normale supérieure 1971, p. 64.

20. Entretien cité avec son fils et sa belle-fille.

S'il conçut de l'amertume envers Sartre, c'était moins à cause de la succession que parce que Sartre, après ce qui s'était passé, n'avait pas mis les choses au point: il ne lui avait jamais adressé la parole.[21]

Justifications

On entend à nouveau les défenseurs de Sartre affirmer qu'il n'était pas au courant. Comme Bertrand Poirot-Delpech qui m'écrivit le 15 mars 2000: «Après coup, la question 'qu'est-ce qu'on savait?' a posé celle du 'vouloir savoir'. Maintenant, peut-on y ajouter le 'il fallait avoir su?'» Sans doute, si on applique le rigorisme moral de Sartre à son propre cas. D'ailleurs, il est probable que le nom du prédécesseur titulaire ait figuré sur l'arrêté de nomination que Sartre, en dépit des manœuvres attribuées par Lecarme, avec beaucoup d'imagination, à l'inspecteur général («contourner les règles administratives», «nomination officieuse»), a certainement dû recevoir. Si l'on n'a «jamais mis la main» sur cet arrêté, c'est tout simplement que personne ne s'y est intéressé avant que le dossier de carrière de Sartre ne disparût aux archives de l'Education Nationale (où on avait encore pu le consulter en vue de la biographie d'Annie Cohen-Solal[22]). En principe, le prédécesseur est mentionné sur ce type d'arrêté. Henri Dreyfus-Le Foyer, par exemple, était nommé, à Lyon, «en remplacement de M. MONTJOT, admis à la retraite».[23] Simone de Beauvoir était nommée, en 1932 à Rouen, «en remplacement de Melle Renauld, appelée à une autre résidence».[24]

Mais mon contradicteur poursuit, en m'apprenant (puisque, *a priori*, en tant que «chercheuse étrangère», je ne pourrais pas le savoir) qu'un «service de lycée et une chaire d'université n'ont rien de

---

21. Entretien cité dans la note précédente. Si Henri Dreyfus-Le Foyer, dans son *Traité de philosophie générale*, ne laisse percer aucune rancune contre Sartre (information que Lecarme tire de mon article), c'est qu'il ne mélangeait pas travail et vie personnelle.
22. Renseignement obtenu en juin 1999 de la part du personnel des archives de l'Education Nationale.
23. Document cité *supra*.
24. Document conservé aux Archives départementales Seine-Maritime - 128 TO 48.

comparable». Le lecteur doit supposer que j'ai mis les deux sur le même plan en rapprochant, de plus, Sartre et Heidegger (qui ne m'est même pas venu à l'esprit). J'ai pourtant des yeux pour lire et j'en ai profité, avant même d'avoir écrit mon article, en consultant en particulier les travaux de Jean-François Sirinelli.[25] J'ai appris (si je ne l'ai su avant) qu'un enseignement en khâgne n'était pas un poste quelconque dans le secondaire qui n'«appartenait» à personne. M.-A. Bloch, l'auteur de la notice nécrologique d'Henri Dreyfus-Le Foyer cité par Lecarme, parle bien de ce poste comme de «sa chaire»[26]. Le recteur de l'académie de Paris, dans la lettre citée sur laquelle je reviendrai, désigne les postes de Beauvoir et de Sartre comme «leurs chaires de l'Enseignement Secondaire». Jankélévitch écrit en 1933, dans une lettre, qu'il a été nommé à Lyon, en remplacement de «Lachièze-Rey, dont j'occupe maintenant la chaire»[27]. Lui connaissait en tout cas le nom de son prédécesseur, alors que, selon Lecarme, «un professeur de classes préparatoires se soucie rarement de la généalogie de l'emploi qu'il occupe, surtout quand il y a eu la drôle de guerre, la débâcle, la captivité, l'Occupation, la séparation des deux zones».[28] Jacques Lecarme oublie, hélas, les statuts des juifs dont l'application a libéré d'un seul coup 1111 postes dans l'Education Nationale.[29] On pouvait évidemment ignorer ce vide soudain, mais à condition de fermer les yeux.

C'est, on le sait, ce que la plupart ont fait, même après la guerre, si bien que l'affaire du lycée Condorcet n'est apparue au grand jour qu'au moment du procès Papon, en 1997. Pourtant, le témoignage de l'intéressé existait dès le début. Henri Dreyfus-Le Foyer, je l'ai

---

25. *Génération intellectuelle. Khâgneux et Normaliens dans l'entre-deux-guerres*. Fayard, 1988, et «La khâgne», dans Pierre Nora (dir.), *Les lieux de mémoire*. II. *La Nation****. Gallimard. 1986, p. 589-624.
26. Article cité *supra* note 19, p. 64.
27. Vladimir Jankélévitch, *Une vie en toutes lettres (Lettres à Louis Beauduc, 1923- 1980)*. Ed. établie, préfacée et annotée par Françoise Schwab. Liana Levi, 1995, p. 218. Jacques Roubaud, dans un livre cité par Lecarme, note que son père fut nommé, en 1937, au lycée de Carcassonne, «à la 'chaire de philosophie' où il succédait à l'éminent cartésien Ferdinand Alquié» (*La Boucle*, Seuil, 1993, pp. 444 sq.).
28. *Art. cit.*, pp. 25 sq.
29. Selon Marc-Olivier Baruch, *Servir l'Etat français. L'administration en France de 1940 à 1944*. Fayard 1997, p. 655.

dit, parlait volontiers de sa révocation et de son remplacement par Sartre. A cet égard, il était comme la plupart des personnes qui avaient subi le même sort. «Il faut répéter ici, contrairement à ce qui est souvent dit et écrit, note Lucette Valensi dans la présentation d'un numéro de la revue *Annales* sur «Présence du passé, lenteur de l'histoire: Vichy, l'Occupation et les Juifs», que les victimes de la persécution qui ont survécu ont aussitôt témoigné. Il ne s'agit donc pas de silence des intéressés mais de refus d'entendre de la part des gens auxquels ils s'adressaient.»[30] C'est ainsi que s'explique l'apparition tardive de «l'accusation» portant sur le poste de Dreyfus-Le Foyer que Francis Kaplan signale avec un certain étonnement.[31] Le retard n'est pas imputable aux victimes, mais à ceux qui, ayant été indifférents sous l'Occupation, le sont restés après (ou étaient gênés). Henri Dreyfus-Le Foyer, mort en 1969, aurait sans doute aimé qu'on lui rende justice tant qu'il était en vie.[32]

Ce que Sartre aurait dû faire? Ce n'est pas à l'historien de le dire. Je me suis bornée, dans mon article, à constater un écart entre le rigorisme moral qu'il appliquait aux autres et son attitude pratique dans la vie. Ce rigorisme consistait, par exemple, à imaginer qu'un Allemand anti-nazi, s'il était professeur, pouvait quitter l'université, pour protester dans le cas où un professeur juif avait été relevé de ses fonctions. On en a conclu que je pensais que Sartre aurait dû démissionner. Non, il aurait suffi qu'il n'accepte pas ce poste car il était professeur de philosophie au lycée Pasteur à Neuilly. N'aurait-ce pas été une belle expression de la solidarité que, selon Beauvoir, son expérience de prisonnier de guerre lui avait enseignée[33]? Il ne faut pas croire qu'absolument tous, sans exception, auraient trouvé normal qu'on prenne les postes des exclus. Au lycée Henri IV, l'helléniste Maurice Lacroix et certains de ses collègues refusèrent

---

30. *Annales*, 48ᵉ année, N° 3, mai-juin 1993, p. 494.
31. Dans «Sartre, l'homme de toutes les contradictions», *Passages*, N° 103, juin-juillet-août 2000, p. 42.
32. Il a été, bien sûr, réintégré dans les cadres, avec effet rétroactif de 1940, en octobre 1944 (d'abord au lycée Fénelon, où Françoise Verny l'eut comme professeur de khâgne, puis à Henri IV, après un petit intermède à Louis-le-Grand, paraît-il, puisque Bertrand Poirot-Delpech l'y eut comme professeur).
33. Cf. *La Force des choses*. Gallimard, 1963, coll. folio, t. 1, p. 16.

de serrer la main d'un enseignant qui avait succédé à un professeur juif révoqué.[34]

Mais selon Lecarme, ces signes de solidarité muets ne sont pas efficaces. A l'en croire, rien n'égalait *Les Mouches*, *L'Etre et le Néant* et les textes publiés anonymement dans *Les Lettres françaises* clandestines. Je ne démentirai pas ici les résultats de mes recherches. Oui, une partie du public a compris que *Les Mouches* étaient un signe de refus; oui, *L'Etre et le Néant* a enthousiasmé les jeunes. Sartre était, déjà sous l'Occupation, le point de cristallisation d'une contre-culture qui contestait l'ordre dominant. Mais que vaut cette contestation face au fait qu'il légitimait au même moment la politique antisémite de Vichy par le simple fait d'enseigner là où il enseignait?[35] Est-ce que l'efficacité (qui d'ailleurs était malgré tout assez limitée[36]) doit être considérée comme le critère approprié? Sartre lui-même, dans un cas analogue, n'aurait-il pas plutôt fait jouer l'impératif catégorique, la maxime universelle? «La Sorbonne n'aurait pas dû marcher!» dit Simone Debout dans un entretien en juin 1999, en présence de Dominique Desanti, quand j'ai commencé

---

34. Témoignage cité de Nicolas Grimaldi qui, élève à Henri IV, fut un observateur direct. Quant à Jankélévitch, Catherine Clément écrit à propos de la succession de celui-ci, après sa révocation, «qu'il avait été remplacé sans ambages à son poste par un collègue *peu scrupuleux* [...].» (*Magazine littéraire*, juin 1995, p. 26 - je souligne).
35. Robert Paxton considère la neutralité de l'écrasante majorité des Français face à la politique antijuive de Vichy comme «aide passive» à la machine antijuive de 1940-42 (*La France de Vichy. 1940-1944*. Nouvelle éd. revue et mise à jour. Le Seuil, 1997, pp. 25 sq.) Mais Sartre n'était pas passif, l'acceptation du poste était un acte.
36. Ecrire des invectives contre Drieu La Rochelle, «l'ivrogne Fernandez» et «le pédéraste Fraigneau» dans *Les Lettres françaises* clandestines est honorable, mais signifie en même temps continuer la guerre *entre* écrivains (dans le sens du livre de Gisèle Sapiro, *La guerre des écrivains*. Fayard, 1999). On aurait aimé que Sartre ait écrit un seul texte sans rapport immédiat avec ses préoccupations personnelles, comme par exemple Edith Thomas, dans le 2ᵉ numéro des *Lettres françaises* clandestines, sur des enfants juifs déportés. Car Jacques Lecarme se trompe en prétendant que l'organe du CNE comportait des textes portant exclusivement sur la littérature. Il suffit de consulter la collection dans la Réserve de la BN, comme je l'ai fait il y a 20 ans, ou de regarder le facsimile aux pp. 170-1 de mon livre cité dans la note 2.

à sonder les opinions. Ce n'est que parce que tout le monde a remplacé les juifs révoqués que la machine raciale a pu fonctionner. D'autres arguments sont avancés en défense de Sartre. Je les prends d'autant plus au sérieux qu'ils ne relèvent pas de la polémique facile. Geneviève Idt fait valoir que je juge «le Sartre de 1941 à la lumière de sa conférence de 1946, alors que, justement, il a élaboré sa théorie de l'engagement de l'écrivain à partir de son impuissance de 1941»[37]. Mais alors ni *Bariona* (1940) ni *Les Mouches* (1943) ne seraient des pièces engagées, malgré les déclarations contraires que Sartre a faites? Et pourquoi Sartre, si l'engagement et la responsabilité n'étaient valables qu'après la guerre, a-t-il donc tancé Beauvoir, à son retour du stalag au printemps 1941, d'avoir signé sous la foi du serment qu'elle n'était ni franc-maçonne ni juive? Faut-il, au fond, «une théorie de l'engagement de l'écrivain» pour faire ce que Michel Contat, avant de changer d'avis, a appelé, en juin 1985, avec les mots de Jankélévitch, son simple devoir d'homme?[38]

Geneviève Idt m'écrit aussi que ce qui lui importe, «c'est moins de savoir si Sartre a été fidèle à sa future théorie [je conteste, on l'a vu, l'adjectif «futur»] que de savoir si cette théorie est juste»[39]. Mais Sartre n'a-t-il pas eu cette influence énorme sur les intellectuels parce qu'on croyait précisément qu'il y avait «cohérence entre le discours et la conduite»[40]? D'autre part, ces derniers temps il est devenu plus difficile que jamais de savoir si une théorie est «juste». La conformité entre la pensée et l'action n'est-ce pas un critère plus solide?

La mise au pas à l'Education Nationale

Autre argument sérieux puisqu'il est avancé, indépendamment l'une de l'autre, par des chercheuses telles que Rita Thalmann et Gi-

---

37. Lettre du 22 mars 2000.
38. *Le Monde*, 28 juin 1985, p. 16.
39. Lettre citée.
40. Anna Boschetti, «Un universel singulier» dans Ingrid Galster (dir.), *La naissance du «phénomène Sartre». Raisons d'un succès (1938-1945)*. Seuil, à paraître en 2001.

sèle Sapiro: Sartre aurait pu être une «arme» pour contrer la «mise au pas».[41] On sait que, à peine arrivé au pouvoir, le gouvernement de Vichy avait promulgué, le 17 juillet 1940, une loi facilitant l'élimination du service public de tous les fonctionnaires censés ne pas contribuer efficacement à la «rénovation nationale».[42] Cette loi entraîna effectivement une épuration dans l'Education Nationale. Etaient visés tout d'abord les enseignants dont les sympathies pour le Front Populaire avaient été patentes, mais petit à petit son application s'élargit, si bien que la loi était citée sur l'arrêté sanctionnant, en juin 1943, l'exclusion de Beauvoir contre qui on avait porté plainte (sans succès) pour détournement de mineure.[43] On souhaitait évidemment que surtout les professeurs qui formaient de futurs enseignants soient des garants sûrs de l'idéologie vichyssoise.

Parmi les cadres de l'Education Nationale, il y eut encore au début des adversaires de cette idéologie comme le recteur Roussy, responsable de l'Université de Paris. Celui-ci fut cependant renvoyé après les manifestations étudiantes du 11 novembre 1940, à la suite desquelles il était intervenu.[44] Or, fin 1940, il n'était pas possible de prévoir que Sartre allait se faire libérer du stalag, en mars 1941, grâce à un faux certificat de santé fabriqué par un camarade, l'abbé Perrin.[45] Roussy ne pouvait donc pas être le moteur de sa nomination.

L'inspecteur général Georges Davy? La manière dont Simone de Beauvoir relate l'entrevue de Sartre avec celui-ci pourrait suggérer

---

41. Lettre de Rita Thalmann du 28 mars 2000; entretien avec Gisèle Sapiro du 24 juin 2000.
42. Cf. Marc-Olivier Baruch, *Servir l'Etat français*, ouvr. cit., pp. 120 sqq.
43. Cf. Ingrid Galster, «Juin 43: Beauvoir est exclue de l'université. Retour sur une affaire classée», *Contemporary French Civilization* 25 (hiver/printemps 2001) N° 1 - avec, en annexe, le texte original de la plainte.
44. Cf. Gisèle Sapiro, *La guerre des écrivains*, ouvr. cit., p. 644.
45. Marius Perrin, *Avec Sartre au stalag 12 D*. Jean-Pierre Delarge, 1980. On se demande bien si les éditeurs du *Bulletin d'information du Groupe d'Etudes sartriennes*, qui ont publié dans leur numéro de juin 2000 une contestation de l'authenticité du souvenir de Marius Perrin, ont compris que cet article va raviver le soupçon de ceux qui ont attribué la libération de Sartre à l'intervention de Drieu La Rochelle.

cette version des faits.⁴⁶ Davy connaissait Sartre depuis longtemps. Il avait fait partie, en 1929, du jury qui avait classé Sartre premier à l'agrégation. Un rapport d'inspection de mars 1939 ne montre cependant aucune complaisance, car tout en signalant l'emprise de Sartre sur ses élèves, Davy conteste la forme monologique de son enseignement dont, de surcroît, le dogmatisme le dérange.⁴⁷ Il est probable qu'il connaissait sa position face à l'idéologie de Vichy: il suffisait d'avoir lu «L'Enfance d'un chef» dans *Le Mur* mis en vente en janvier 1939. Pourtant, il est difficile de trancher car on ignore qui, parmi les pétainistes ayant les mérites nécessaires, aurait pu prendre le poste à la place de Sartre. Jacques Chevalier ou Jean Guitton, cités à cet effet par Jacques Lecarme? Tous deux appartenaient à l'enseignement supérieur avant d'être, au moment où Davy chercha un successeur, respectivement, secrétaire d'Etat à la Famille et prisonnier de guerre.

Il faut se demander, du reste, quelle est la valeur de cet argument pour la question qui nous occupe. Même si, aux yeux de Davy (sur qui on devrait en savoir plus pour pouvoir vraiment l'affirmer⁴⁸), il valait mieux donner le poste à Sartre qu'à un pétainiste, ce contournement de la mise au pas n'a pas pour autant empêché l'exclusion raciste⁴⁹. Employé par Sartre lui-même, l'argument n'aurait pu être

---

46. J'ai cité le passage dans la note 34 de mon article. Même s'il est vrai que «Sartre et Davy se comprirent à demi-mot» sur les Allemands, Vichy et la collaboration, comme l'indique Beauvoir, les manœuvres imaginées par Jacques Lecarme étaient inutiles, car Sartre était complètement en règle.
47. Cf. Annie Cohen-Solal, *Sartre*. Gallimard 1985, pp. 176 sq. Si je ne me sers pas souvent de cette biographie, fait que Jacques Lecarme a signalé avec sévérité, c'est que, pour le sujet en question, je peux m'appuyer dans la majorité des cas sur mes propres recherches, contrairement à Lecarme.
48. Face à son biographe John Gerassi, Sartre aurait qualifié Davy de «secret Résistant» qui lui aurait rendu son poste au lycée Pasteur, à son retour du stalag, sans exiger qu'il signe sous la foi du serment qu'il n'était ni franc-maçon ni juif, signature que Sartre affirme avoir refusée. Cf. John Gerassi, *Jean-Paul Sartre. Hated Conscience of His Century*. T. 1: *Protestant ou Protester?* University of Chicago Press, 1989, p. 175.
49. En lisant le passage dans lequel Beauvoir résume la rencontre entre Davy et Sartre, sachant qui Sartre remplaçait, j'ai même eu un certain malaise et je n'étais pas la seule. En somme, deux opposants du régime s'entendent à demi-mot et en toute innocence, pour assurer, il est vrai, la continuité d'un enseigne-

qu'une justification car il ne se sacrifiait pas précisément pour faire ce service qui lui permit, quoi qu'en dise Jacques Lecarme, de consacrer plus de temps à l'écriture. Si les six heures hebdomadaires gagnées sur quinze étaient si peu importantes pour lui que le veut Lecarme, on ne comprend pas pourquoi Sartre n'a pas continué à enseigner en 1944 au lieu de quitter l'Education Nationale pour se consacrer exclusivement à sa carrière d'écrivain.

Ceci dit, Anne Simonin a raison de remarquer que, dans mon article, je n'ai pas mis assez l'accent sur la lettre du recteur de l'université de Paris, Gilbert Gidel, qui, le 3 avril 1942, demanda, en même temps que celle de Beauvoir, l'exclusion de Sartre de l'Education Nationale.[50] Les documents sont connus depuis 1991.[51] J'ai critiqué moi-même Jean-François Sirinelli qui, dans son livre sur Sartre et Aron paru en 1995, l'a passée sous silence[52] et j'ai discuté cette lettre à plusieurs reprises[53], si bien que je n'ai pas voulu me répéter et ai cru que le renvoi à mon compte rendu du livre de Sirinelli était suffisant. Je comblerai donc la lacune en corrigeant en même temps les fables racontées par Jacques Lecarme sur Abel Bonnard.

Simone de Beauvoir, je l'ai dit, a été dénoncée, fin 1941, par la mère d'une ancienne élève pour incitation de mineure à la débauche. L'enquête policière n'a rien donné, mais l'enseignement de Beauvoir et son style de vie étaient si contraires aux valeurs de la «Révolution Nationale» que, grâce à la loi du 17 juillet 1940 facilitant l'élimination de fonctionnaires indésirables, on put l'exclure. Gilbert Gidel

---

ment dont les élèves avaient besoin, mais aussi le fonctionnement de la machine antisémite.
    50. Entretien avec Anne Simonin du 24 juin 2000.
    51. Ils sont reproduits dans le livre de Gilbert Joseph cité dans la note 6.
    52. Dans le cas de Beauvoir, il se contente de signaler pudiquement qu'elle a été «contrainte, pour des raisons d'ordre privé, de quitter sa chaire de lycée» (*Deux intellectuels dans le siècle, Sartre et Aron*. Fayard, 1995, p. 179) sans replacer son exclusion dans le cadre de l'épuration vichyste pourtant évident, comme on verra, dans la lettre de Gidel. Sirinelli connaissait le livre de Joseph qu'il utilise dans son ouvrage.
    53. Sauf dans l'article dans *Les Temps modernes* de 1997 cité dans la note 7, aussi dans «Simone de Beauvoir face à l'Occupation allemande. Essai provisoire d'un réexamen à partir des écrits posthumes», *Contemporary French Civilization*, Summer/Fall 1996, vol. XX, N° 2.

qui, à la Libération, fut inculpé pour son zèle pétainiste[54], profita de l'occasion pour demander en même temps l'exclusion de Sartre. Qu'est-ce qui lui était reproché? Eh bien, avant tout la nature de son recueil de nouvelles *Le Mur* jugées dans la presse «pathologiques» et «érotiques» - autrement dit: pornographiques. Sachant que Sartre exerce une forte emprise sur ses élèves, Gidel craint pour la «nature morale» de cet impact.[55] Mais sa vie privée est également en jeu. Il n'a pas de foyer, mais il a eu, en revanche, une maîtresse (qui touche son traitement!). Dans l'enquête judiciaire (qui aboutit à un non-lieu), il était même question de «parties spéciales d'amour» à plusieurs. Et voici la conclusion du recteur:

> Le maintien de Mlle de Beauvoir et de M. Sartre dans des chaires de philosophie de l'Enseignement Secondaire me paraît inadmissible, à l'heure où la France aspire à la restauration de ses valeurs morales et familiales. Notre jeunesse ne saurait être livrée à des maîtres si manifestement incapables de se conduire eux-mêmes.[56]

On voit clairement que Sartre et Beauvoir, contre qui rien de délictueux n'avait pu être retenu, sont jugés en fonction d'une idéologie qui avait rendu responsable de la défaite l'«esprit de jouissance» émanant, entre autres, paraît-il, des écrits de Gide et de Proust. En ce sens, on approuvera Beauvoir qui écrit dans son autobiographie: «Avant la guerre, l'affaire n'eût pas eu de suite; avec la clique d'Abel Bonnard, il en alla autrement.»[57]

L'un des membres de cette «clique» s'est manifesté à propos de cette affaire, et ses amis s'en sont servis pour le blanchir un peu *post mortem*. Maurice Gaït, né en 1909, normalien et agrégé de philosophie «aux idées maurrassiennes teintées de national-socialisme»[58], quitta en avril 1942 son lycée d'Aix-en-Provence pour devenir chef,

---

54. Cf. Claude Singer, *L'Université libérée, L'Universitée épurée (1943-1947)*. Les Belles Lettres, 1997, pp. 276 sq.
55. Un rapport d'inspection de Gidel daté du 17 mars 1942 allait déjà dans le même sens, cf. Cohen-Solal, *Sartre*, ouvr. cité, p. 266.
56. La lettre est reproduite dans Gilbert Joseph, *Une si douce Occupation...*, ouvr. cité, pp. 218-221. La reproduction comporte très peu d'écarts par rapport à l'original.
57. *La Force de l'âge*. Gallimard, 1960, coll. folio, p. 618.
58. Marc-Olivier Baruch, *Servir l'État français*, ouvr. cité, p. 418.

puis directeur-adjoint du cabinet d'Abel Bonnard - en 1944 il sera Commissaire général à la jeunesse. Dans la notice nécrologique signée Georges Lefranc et Maurice Bardèche, on apprend par qui et comment Sartre fut sauvé:

> Sera-t-il permis de relater ici un fait qui n'a été connu que de quelques-uns? C'est l'époque où Jean-Paul Sartre perce, à la fois, comme penseur et comme auteur dramatique. C'est l'époque où se diffuse «L'Etre et le Néant», où se jouent «Les Mouches». Sartre enseigne au lycée Condorcet. Certains s'inquiètent de l'influence qu'il exerce. Certes, on ne parle pas encore de morale existentialiste, mais il est accusé de «corrompre la jeunesse». Rue de Grenelle, on s'interroge. On envisage une sanction grave. Gaït est au premier rang de ceux qui, dans l'entourage du ministre [i.e. Bonnard], arrêtent le bras prêt à signer.[59]

Les auteurs de la notice mêlent, avec précaution, *Les Mouches* (créées en juin 1943) à un dossier dans lequel, on l'a vu, la pièce ne joue aucun rôle. Mais pour Lecarme, qui s'appuie exclusivement sur la source citée, l'histoire est nette:

> [...] après la représentation des *Mouches*, Abel Bonnard, le ministre lettré de l'Education, décida de révoquer Sartre pour ses activités résistantes et corruptrices. Abel Bonnard, pas plus que Michel Leiris sur l'autre bord, n'éprouvait des doutes sur la signification des *Mouches* [...]. Son directeur de cabinet, Maurice Gaït, ancien normalien, arrêta au dernier moment le processus de la révocation: sans doute songea-t-il, en 1943, à son imminente reconversion.[60]

Gaït avait parlé lui-même de l'affaire, à la mort de Sartre, dans l'hebdomadaire d'extrême-droite *Rivarol* dont il était devenu le rédacteur en chef. Il faut évidemment se demander ce que vaut le témoignage d'un ancien collaborateur tombé en disgrâce à la Libération. Bien sûr, la résistance de Sartre est, pour lui, un sujet de rigo-

---

59. *Annuaire* de l'Association amicale de secours des anciens élèves de l'E.N.S., 1985, p. 78.
60. *Art. cit.*, p. 28.

lade. Le Café de Flore ne constituait pas pour lui un maquis.[61] Il ne revendique pas non plus le mérite d'avoir préservé Sartre de l'exclusion. Toujours est-il qu'il connaît le moindre détail de l'affaire qui mena à l'éviction de Beauvoir. Selon lui, il s'agissait exclusivement d'une affaire de mœurs, et Sartre, «compagnon de vie» du professeur exclu, était «dans le coup, fût-ce par la bande [sic]».[62]
Je conclus donc que, si Sartre a failli être épuré par Vichy, c'était pour les mêmes «fautes» que celles que, selon Gilbert Gidel, avait commises Beauvoir. Le bruit autour des *Mouches*, qui fit de Sartre, à la Libération, le dramaturge incontestable de la Résistance[63], fut suscité seulement en été, au moment où Beauvoir était déjà exclue. Dans le dossier, on ne trouve aucune mention des journaux clandestins qu'il distribuait, selon le souvenir de deux anciens élèves, au lycée Condorcet.[64] On ignore finalement pourquoi Sartre fut épargné. Même s'il devint presque la victime d'un régime qui s'était proposé une rénovation antirépublicaine, faut-il établir un rapport entre cette mesure et le remplacement tranquille d'un collègue juif menacé dans sa peau?[65] L'un peut-il contrebalancer l'autre? Du reste, si Sartre

---

61. J'ai retracé l'histoire des lectures successives des *Mouches* en fonction des conjonctures historiques changeantes dans mon livre cité dans la note 2 (pp. 186 sqq.) ainsi que dans «Images actuelles de Sartre», *Romanistische Zeitschrift für Literaturgeschichte/Cahiers d'Histoire des littératures romanes* N° 1/2 (1987) pp. 230 sqq.
62. M.G., «Sartre et Abel Bonnard», *Rivarol*, 24 avril 1980. Il est curieux de voir comment l'affaire a pu être colportée dans les milieux de Vichy, à moins que le souvenir de Pascal Jardin l'ait déformée. Fils de Jean Jardin, directeur de cabinet de Pierre Laval, il se rappelle que son père raconta en automne 1942 à Emmanuel Berl «que le gouvernement de Vichy vient de prendre la décision de boucler un internat [sic] tenu par un couple d'universitaires, Jean-Paul Sartre et Simone de Beauvoir. Ils laissent leurs élèves garçons et filles dormir ensemble la nuit. Des parents ont eu vent de la chose, le scandale a éclaté.» (Pascal Jardin, *La guerre à neuf ans*. Grasset, 1971, p. 125)
63. Cf. mon livre cité dans la note 2, pp. 278 sqq.
64. Selon Jean Balladur, c'étaient des tracts du C.N.E. (donc, *Les Lettres françaises* clandestines?), cf. Annie Cohen-Solal, *Sartre,* ouvr. cité, p. 273; selon Michel Dupon, c'était *Combat*, cf. *L'Histoire*, septembre 2000, p. 4.
65. Pour anticiper l'argument selon lequel les juifs français n'étaient pas menacés, surtout pas en zone Sud où ils n'étaient pas obligés de porter l'étoile, il faut répondre que l'apposition de la mention «Juif» sur les cartes d'identité et les cartes d'alimentation était obligatoire par une loi du 11 décembre 1942: être

écrivit ce qu'il écrivit et choisit la vie qu'il mena, il en portait la responsabilité alors que les juifs étaient éliminés simplement parce qu'ils étaient juifs.

Questions de méthode

Puisque Jacques Lecarme met en doute ma compétence professionnelle, je me permettrai, moi aussi, de faire quelques remarques sur sa façon de procéder. Il semble qu'il survole les textes, retient ce qui l'arrange, remplace les éléments qui ne l'arrangent pas, complète l'information lacunaire à la manière d'un narrateur omniscient[66] et fabrique ainsi un discours cohérent susceptible d'appuyer ses idées préconçues. Il suffit de voir comment il reprend le texte de Georges Lefranc et de Maurice Barchèche sur Gaït et Abel Bonnard. Si les sources sont plus accessibles que l'*Annuaire* de l'E.N.S. et que les lecteurs risquent donc d'aller vérifier[67], il applique une méthode différente. Il invalide le texte comme «de circonstance»: Sartre a fait à la va-vite cette conférence à l'Unesco où il exige des Allemands anti-nazis ce qu'il n'a pas fait lui-même. Il est vrai, et je ne

---

connu comme juif, «toutes nationalités confondues, pouvait être le premier pas sur le chemin de la déportation» (M.-O. Baruch, *Servir l'Etat français*, ouvr. cité, p. 346). Un tract de février 1944 avertit en effet les juifs de Lyon contre les rafles en précisant que «l'ennemi ne fait pas de distinction entre juifs étrangers et français» (cf. le facsimile dans Stéphane Courtois et Adam Rayski, *Qui savait quoi?* La Découverte, 1987, p. 211; cf. aussi pp. 182 sq.). On sait que, parmi les 80 000 juifs déportés, 24 500 étaient des citoyens français. Pour plus de précisions, cf. Michael R. Marrus et Robert O. Paxton, *Vichy et les Juifs*. Calmann-Lévy, 1981.

66. Avouer des lacunes d'information alors qu'on sait bien qu'une recherche est toujours en marche et n'est jamais définitive, est pour lui le signe d'une «naïveté désarmante».

67. S'est-il rendu compte que quelqu'un pourrait vérifier ses calculs sur les années passées entre l'agrégation et la khâgne qu'il indique dans plusieurs cas pour signaler la longue attente de Sartre? Contrairement à ce qu'il écrit (art. cit., p. 27), la nomination de Sartre ne fut nullement tardive, surtout quand on sait que Sartre avait décliné en 1936 une khâgne à Lyon qu'on lui avait proposée sept ans après l'agrégation. Il fut nommé à Condorcet 12 ans après l'agrégation alors qu'Henri Dreyfus dut attendre 15 ans, Maurice Merleau-Ponty 14 ans, etc.

l'ignorais point, que Sartre a préparé cette conférence après une nuit blanche[68], mais il n'a pas interdit de la publier comme il l'a fait dans d'autres cas. Dans un texte écrit, il se serait probablement contrôlé davantage, et la remarque en question ne lui aurait peut-être pas échappé. Au lieu de dénier la valeur de cette conférence, ne faut-il pas plutôt se réjouir de ce «lapsus» qui nous en dit plus que les textes consacrés?

Il y a autre chose à dire sur la manière dont Jacques Lecarme travaille avec les sources. On l'a vu à l'exemple de la retraite touchée par Henri Dreyfus-Le Foyer. Les données brutes qu'il a trouvées après sa descente dans la cave du lycée Condorcet ne sont pas sujettes à interprétation. Retraite égale retraite: inutile de s'informer auprès des historiens, même lorsqu'on lui signale le titre de l'ouvrage et qu'il le cite.

A l'ignorance délibérée de l'historiographie s'associe une aversion prononcée contre l'enquête empirique. On peut savoir aujourd'hui dans tous les détails ce que les journalistes, sous l'Occupation, ont écrit sur *Les Mouches* et *Huis clos*, mais Lecarme continue à généraliser et à conclure à partir de quelques témoignages faits quarante ans après les événements. Du coup, on reste dans la légende. Si, chez un Gilbert Joseph, elle est anti-sartrienne, Lecarme se contente d'inverser le signe, mais le procédé reste le même: la mythologie. Les expressions exclusives qu'il utilise volontiers montrent son besoin d'homogénéisation: «Il n'était pas alors un seul élève de Sartre, un seul spectateur des *Mouches* pour imaginer un Sartre attentiste et ambigu.»[69] Tous, sans exception, emballés par le dramaturge résistant! Haro sur les nuances et les différenciations! Serait-ce la rhétorique qui oblige de truffer ses phrases de «tous», «aucun», «jamais» et «toujours»?

L'amour de l'antithèse pourrait expliquer la pensée binaire dont Lecarme fait preuve. «Sartre est innocent [...] car il n'a pas remplacé Dreyfus-Le Foyer mais Ferdinand Alquié», écrivit-il à Jean Daniel.[70] Il y a donc «innocent ou coupable», «oui ou non», «noir ou

---

68. Cf. Simone de Beauvoir, *La Force des choses*, éd. cit., pp. 156 sq.
69. *Art. cit.*, p. 28.
70. Lettre citée *supra* reproduite dans *Le Nouvel Observateur* du 30 avril-6 mai 1998.

blanc». L'historiographie de l'Occupation a mis longtemps pour se libérer de l'opposition «Résistance armée» vs. «Collaboration active» et pour comprendre que la réalité des années noires se situait pour la plupart précisément dans les zones en demi-teinte, dans l'ambiguïté. Mais déceler cette ambiguïté demande une approche complexe et une reconstruction laborieuse. Jacques Lecarme n'en est pas encore arrivé là. Il me reproche une attitude de «oui, mais» quand j'expose les faits; c'est, paraît-il, pathologique. On n'a pas à considérer le pour et le contre: l'historien doit être un fanatique. Lecarme signale avec sévérité que je me «pose en spécialiste impartiale de Sartre et de Beauvoir sous l'Occupation» et que je défends «si mollement mes deux auteurs qu'on ne parvient pas à deviner [mon] intime conviction»[71]. Pouvait-il me faire un plus grand compliment?

L'éthique de l'historien

Je sais pourtant que la connaissance dépend de la perspective appliquée à l'objet sous observation. Sartre et Beauvoir en étaient conscients en adoptant très tôt, dans leur fiction narrative, la technique de l'alternance des points de vue. Que l'historiographie n'échappe pas à cette condition: Beauvoir le découvrit avec stupeur en écrivant *Le Deuxième Sexe*. La perception n'est jamais neutre. C'est pourquoi j'ai signalé, dans mon article incriminé, que j'ai privilégié la perspective de la victime en suivant le conseil de Sartre lui-même.

Non seulement Lecarme, mais aussi d'autres sartrologues, pour autant qu'ils se soient manifestés, pratiquent, en revanche, l'empathie avec Sartre. Sont-ils toujours conscients des conditions de leur perception quand ils la prennent pour la réalité tout court? Faut-il avoir connu, toutes proportions gardées, une situation d'exclusion et avoir éprouvé l'indifférence fondamentale des autres pour se mettre à la place de la victime, ne serait-ce qu'à des fins heuristiques?[72]

71. *Art. cit.*, p. 31.
72. Sur un plan général, Simone de Beauvoir était sans illusion sur ce sujet quand elle écrit le 2 juillet 1940 dans son journal: «[...] le malheur d'autrui, ce n'est pas imaginable, encore moins saisissable à plein.» (*Journal de guerre*. Gallimard, 1990, p. 335) Ce n'est qu'au moment où, en 1950, elle se sent elle-même dans une situation de danger comparable à celle que subit son amante

Jacques Lecarme, qui n'a pas dû subir une telle épreuve, ne se contente pas de banaliser l'exclusion: il avilit encore les victimes, fait qui n'a même pas échappé à certains inconditionnels de Sartre. Ce fut d'ailleurs sa première réaction lorsque Michel Winock posa la question sur Dreyfus-Le Foyer en novembre 1997 au colloque d'Eichstätt: constatant en colère que Dreyfus, son professeur de khâgne à Henri IV, avait décrété que «Simone Weil pensait avec son utérus»[73], il était passé à Louis-le-Grand. Quelle conclusion l'auditoire était-il censé tirer? Que la révocation de Dreyfus-Le Foyer était justifiée pour délit de sexisme?

Qu'on considère ce qu'il écrit à propos de Bergson. Dans son testament rédigé en 1936 et publié après sa mort survenue en 1941, le philosophe juif attiré par le catholicisme explique pourquoi il ne s'est pas converti: parce qu'il a vu la menace de l'antisémitisme qui pesait sur les juifs. Renoncer à se convertir était sans conteste se déclarer solidaire avec une communauté persécutée. Cependant ce n'est pas cet acte de solidarité qui intéresse Lecarme, mais le fait que Bergson rendit «un certain nombre de Juifs entièrement dépourvus de sens moral» responsables de l'antisémitisme[74]. La victime se transforme donc en complice.

Si Lecarme ne peut pas se mettre, faute d'éprouver l'empathie nécessaire, dans la situation des juifs, il le fait, en revanche, dans le cas des critiques de la presse collaborationniste. S'ils n'ont pas signalé, dans leurs chroniques, la signification résistante des *Mouches*, «c'est qu'ils ne voulaient ni *ne pouvaient* perdre leur gagne-pain. Mieux valait faire la bête que de passer pour communiste ou pour gaulliste.»[75] Autrement dit: ils ont fait comme ils ont pu pour survivre: mettez-vous à leur place!

---

juive Bianca Bienenfeld sous l'Occupation qu'elle arrive à pratiquer, *ex post*, l'empathie avec celle-ci. J'ai cité le passage correspondant de sa lettre à Nelson Algren dans la note 60 de mon article.

73. Les discussions ont été enregistrées.
74. Pour le testament de Bergson et le passage en question, cf. *Magazine littéraire*, avril 2000, p. 22 et s.
75. *Art. cit.*, p. 28. Je souligne.

Il faut espérer que Jacques Lecarme ne s'est pas rendu compte de la portée de ses assertions.[76] S'il avilit les victimes et innocente les responsables, c'est sans doute par sa volonté aveugle de défendre Sartre coûte que coûte. Ce zèle le mène particulièrement loin dans le cas de Vladimir Jankélévitch qui, on l'a vu, a accusé Sartre d'avoir manqué à son devoir d'homme et qui méritait donc une punition exemplaire. On apprend que ce n'est pas l'indifférence de ses collègues, de ceux donc qui ont admis l'exclusion des professeurs juifs sans un acte de protestation, qui motive la rancune du philosophe reçu premier à l'agrégation de 1926. Non: celui-ci réagit par pure jalousie: «Le succès de Sartre eût-il été moins éclatant, la colère de Jankélévitch en serait sans doute tombée de beaucoup.»[77] D'ailleurs, pourquoi se plaint-il puisqu'on l'a aidé quand il fuyait de cachette en cachette?[78] Pourquoi culpabilise-t-il l'ensemble de ses collègues, «tous les philosophes français qui, ne le connaissant pas, ne lui avaient pas directement apporté aide ou soutien?»[79] Il fallait donc connaître les exclus en personne pour décider s'ils étaient dignes d'être sauvés? Quoi qu'il dise, Jankélévitch, aux yeux de Lecarme, a toujours tort, surtout dans le texte paru en juin 1948 dans *Les Temps modernes*, dans lequel il dénonce pour la première fois publiquement l'indifférence fondamentale des Français entre 1940 et 1944 qui continuaient à vivre comme si de rien n'était. Ce texte, auquel je souscris encore pleinement aujourd'hui, est pour Lecarme, qui reprend son adjectif favori, «historiquement insoutenable»[80]. Que Jankélévitch n'a-t-il pas, au lieu de «tapiriser» pour survivre, cherché les allusions aux juifs dans les 724 pages serrées de *L'Etre et le*

---

76. Peut-on rappeler ici qu'un Président du Parlement allemand dut démissioner il y a une dizaine d'années parce qu'il s'était mis, pour des fins heuristiques, dans la situation d'antisémites allemands dans l'entre-deux-guerres, en employant, pour adopter leur perspective, le discours indirect libre et en formulant des questions rhétoriques?
77. *Ib.* 39.
78. Il est tout à fait probable que la famille de Jacques Roubaud l'a aidé, mais j'ai cherché en vain les preuves dans les deux livres cités par Lecarme à cet effet dans la note 30 de son article.
79. *Ib.* 29.
80. *Ib.* 39.

Néant[81] ou risqué le voyage dangereux de Toulouse à Paris pour se convaincre, en assistant aux *Mouches*, que Sartre résistait?

L'attitude de Lecarme dépasse toutes limites quand il applique sa rhétorique facile à la situation de juif réfugié de Jankélévitch en ironisant sur «sa solitude irrémédiable de banni»[82] et en s'arrogeant le droit de décréter quelle était la bonne et la mauvaise attutide face à Sartre quand on était juif, en France, après la guerre.[83] Dans le numéro précédent, *Les Temps modernes* avaient publié les premiers textes destinés à lutter contre le «passage à l'oubli» de la Shoah. Non seulement le directeur des *Temps modernes*, mais aussi un membre du comité de rédaction s'était insurgé publiquement contre les propos jugés antisémites de Renaud Camus. En rappelant la responsabilité des contemporains du génocide nazi, Liliane Kandel relève, dans *Le Monde* du 10 juin 2000, «la complaisance tranquille [...], l'indifférence inébranlable [...] de la plupart des hommes et des femmes 'ordinaires' [...].» Comment *Les Temps modernes* ont-ils pu publier au même moment les propos de Lecarme sur Jankélévitch?[84] Pourquoi considérer Sartre complètement intouchable dans le conflit de deux mémoires qu'on suppose d'égale importance pour la revue, celle de son fondateur et celle des juifs?

---

81. Lecarme les avait-il vues lui-même avant d'assister, au colloque d'Eichstätt, à la conférence de Francis Kaplan qui les signala? Cf. sa contribution, à paraître dans les actes.

82. *Ib.* 38.

83. Il adopte, au fond, la même posture que Sartre qui décidait pour les juifs comment ils devaient s'assumer pour être authentiques.

84. Jankélévitch est aussi jugé sévèrement par Bernard-Henri Lévy pour qui l'interview posthume mettant Sartre en cause constitue «la version raffinée, ou perverse [sic]» du cliché ayant cours, à Paris, sur Sartre sous l'Occupation (*Le siècle de Sartre*. Grasset, 2000, p. 357). J'ai signalé dans mon compte rendu du livre que Lévy omit de préciser pour son lecteur à partir de quelle position (celle du juif persécuté) Jankélévitch parle (cf. *Neue Zürcher Zeitung*, 11-12 mars 2000). Dans une publication de 1997, Lévy avait pourtant encore fait sienne l'opinion de Jankélévitch en disant de l'auteur des *Mouches* que celui-ci «en rajoute, après la guerre, dans l'exacte mesure où il a le sentiment de n'en avoir pas fait assez pendant» (*Comédie*. Grasset, 1997, p. 28). Abordé par moi le 23 juin 2000 à la réunion annuelle du Groupe d'Etudes sartriennes en Sorbonne à propos de cette contradiction, Lévy ne se souvenait plus de ce qu'il avait écrit et se perdit dans ses papiers.

Que fait la littérature?

Car, je le répète: la succession de Sartre à un professeur juif révoqué n'est pas, contrairement à ce que certains croient, un «biographème» d'ordre mineur qui, comme me le dit une collègue de Heidelberg, n'enlève rien à la valeur de ses œuvres. A la lumière de la découverte du lycée Condorcet, il faut reprendre certains textes qui changent de signification quand on sait que Sartre les rédigea sur le poste d'un juif exclu. Que penser, par exemple, du scénario «Résistance» que *Les Temps modernes* ont publié dans le même numéro que le texte de Lecarme[85], peut-être pour prouver (ce qui, pour moi en tout cas, était inutile car admis) que Sartre était un opposant du régime? Ce mélo conçu en 1943/44, dans lequel une mère juive se jette, avec son bébé, par la fenêtre, parce qu'elle ne veut pas en être séparée par les Allemands qui viennent l'arrêter, met plutôt mal à l'aise quand on connaît les conditions matérielles de sa genèse. Les persécutés n'étaient-ils bons que pour créer des effets dramatiques?

Sans tenir compte de la succession au lycée Condorcet, Susan Suleiman avait déjà signalé, citant Bianca Lamblin[86], la tonalité bizarre que prend aujourd'hui le pronom «nous» dans «La République du silence», texte paru à la une du premier numéro légal des *Lettres françaises*, organe des écrivains résistants:

> Jamais nous n'avons été plus libres que sous l'occupation allemande. [...] *on nous déportait* en masse, comme travailleurs, *comme Juifs*, comme prisonniers politiques; [...] puisque *nous étions traqués*, chacun de nos gestes avait le poids d'un engagement.[87]

Ne faut-il pas se demander de quel côté on doit ranger Sartre successeur de Dreyfus-Le Foyer dans la dichotomie signalée par lui-même dans «La nationalisation de la littérature», texte paru en novembre 1945 dans *Les Temps modernes*: «[l'écrivain] est complice des op-

---

85. Cf. aussi *Le Monde* du 24 août 2000, p. 24.
86. Lettre du 13 octobre 1996 à Ingrid Galster. Dans le scénario mentionné, Sartre utilise le nom «Lamblin» pour un résistant. Est-ce une réparation symbolique? Sartre et Beauvoir avaient laissé tomber leur amante juive Bianca en 1940.
87. Repris dans *Situations, III*. Gallimard, 1949. Je souligne. Pour Bernard-Henri Lévy, ce «nous» a même aujourd'hui de la «grâce» (ouvr. cit., p. 401).

presseurs s'il n'est pas l'allié naturel des opprimés» - d'autant plus qu'il ajoute: «Mais non point seulement parce qu'il est écrivain: parce qu'il est homme»?[88]
Il ne s'agit pas uniquement de Sartre, mais aussi de ses lecteurs. Car d'où vient «le besoin d'engagement de toute une génération» relevé par Jacques Lecarme? Et d'où vient le grand succès de Sartre? «On n'écrit pas, on ne parle pas dans le désert.»[89] «[C]haque parole a des retentissements. Chaque silence aussi.»[90] N'a-t-il pas, pour lui-même et pour beaucoup d'autres, rattrapé certains silences pesants de l'Occupation?[91] La littérature engagée: incitation à l'action ou *ersatz* d'action, compensation rétroactive, comme le pensait Jankélévitch? La question reste posée. Relisons donc les textes écrits avant et après 1944 pour mieux comprendre, cette fois, non pas ce que *peut*, mais ce que *fait* la littérature.

88. Repris dans *Situations, II*. Gallimard, 1948, p. 51.
89. Sartre, «La responsabilité de l'écrivain». In *Les Conférences de l'U.N.E.S.C.O*. Fontaine, 1947, p. 64.
90. «Présentation des 'Temps modernes'». Repris dans *Situations, II*, éd. cit., p. 13.
91. Denis Hollier me fait remarquer que, chez Sartre, il n'y a pas le moindre espace pour une véritable autocritique (lettre du 7 avril 2000). Sans doute. Mais suffit-il de nier l'existence de l'inconscient pour se protéger du retour du refoulé?

SARTRE ET LES INTELLECTUELS

Images actuelles de Sartre

> Les démystificateurs d'hier s'avèrent
> mystifiés et mystifiants.
> Marcel Gauchet,
> *Le Nouvel Observateur*, 13 juin 1986

Au moment de la mort de Sartre, en avril 1980, beaucoup de journalistes lui pronostiquaient un purgatoire. Ce purgatoire, il l'avait, en réalité, déjà traversé de son vivant, dans la décennie suivant la publication des *Mots* en 1964 et le prix Nobel consécutif: selon Michel Contat, l'effet biographique cumulatif dû aux Mémoires de Simone de Beauvoir, à de nombreuses interviews et à un film avait commencé de statufier tout vif Sartre qui, après avoir complètement perdu la vue en 1973, ne pouvait plus se manifester en tant qu'écrivain[1]. Sa mort réelle fut suivie, en revanche, d'une résurrection: six publications posthumes parues entre 1981 et 1985[2] suscitèrent une foule de réactions dans lesquelles on pouvait voir que l'image publique de Sartre était en train de changer[3]. Ce changement avait pourtant déjà été perceptible avant sa mort. Au lieu de nous risquer à la tâche difficile voire impossible, vu la masse des publications[4],

---

1. Cf. *Le Monde*, 6 déc. 1985, p. 21.
2. *La Cérémonie des adieux* (1981) de Simone de Beauvoir qui contient une interview de 400 pages; *Carnets de la drôle de guerre* (1983); *Lettres au Castor et à quelques autres* (1983); *Cahiers pour une morale* (1983); *Le Scénario Freud* (1984); *Critique de la Raison dialectique*, t. 2 (1985).
3. Cf. l'avant-propos de Geneviève Idt aux Actes de Cerisy (1979): *Etudes sartriennes* II-III (*Cahiers de Sémiotique textuelle* 5-6), 1986, p. 5.
4. Selon un entrefilet paru dans *Le Monde* du 25 oct. 1985 (p. 20), Sartre est (avec Proust et Camus) l'auteur français du XXe siècle qui a suscité le plus grand nombre d'études. De 1945 à 1985 ont paru environ 600 ouvrages critiques dans toutes les langues. Bon an mal an, il se publie 10 ouvrages critiques et 200 à 300 articles. Depuis la mort de Sartre, ce rythme a augmenté. Michel Rybalka précisa en 1979 à Cerisy qu'une bibliographie idéale pourrait comporter quinze ou seize mille références (*op. cit.*, p. 11).

d'établir l'état de la recherche sartrienne, nous essaierons, dans ce qui suivra, de retracer certaines tendances qui se font sentir dans l'évolution de l'image sartrienne et de suggérer quelques raisons qui ont pu les provoquer. Etant donné que la discussion s'est manifestée surtout après la mort de Sartre dans des publications ne prétendant pas à l'«objectivité» universitaire, c'est sur ces textes que nous nous fondons principalement: ils révèlent un Sartre démystifié par les intellectuels. A plus long terme cependant, un changement d'optique s'était également amorcé dans la critique universitaire: nous évoquerons, pour commencer, quelques évolutions flagrantes[5].

I. Les Sartre de la critique

Un Sartre anal

Dès 1945 et même avant, il a été de première importance pour la réception que Sartre fût l'auteur de textes philosophiques aussi bien que de textes de fiction. Pour établir une relation entre les deux facettes de son œuvre, la critique et les lecteurs ont longtemps supposé – et continuent, en partie, à le faire – «que les romans de Sartre [sont] l'illustration de sa pensée»[6]. Cela vaut également pour son théâtre. La première monographie critique consacrée à l'œuvre sartrienne qui parut à la Libération porte le titre significatif *Jean-Paul Sartre ou une littérature philosophique*[7]. Pour les critiques appartenant à ce qu'on pourrait appeler le premier paradigme de la critique sartrienne, l'interprétation consistait essentiellement à traduire les éléments de fiction dans le discours conceptuel de *L'Etre et le Néant*, plus précisément: à les re-traduire puisqu'on supposait que la même opération – en sens inverse – avait été accomplie auparavant par l'auteur lui-même. «Sartre, on le sait, écrit Robert Campbell, l'auteur de la monographie précitée, a été philosophe avant d'être romancier»[8]. Les critiques ont longtemps pensé que le philosophe-intellectuel ne

---

5. Nous remercions Eric Dortu et Jean-Pierre Boulé pour avoir corrigé notre texte.
6. Cf. la préface des *Œuvres romanesques* (Pléiade, 1981), p. X.
7. Robert Campbell, Ed. Pierre Ardent, 1945.
8. *Op. cit.*, 3e éd. 1947, p. 13.

se servait de la fiction que pour accomplir sa mission d'auteur engagé auprès d'un public plus large. Seuls ses adversaires idéologiques ont situé le moteur de sa création dans le domaine de l'irrationnel[9].

Analyser les écrits de Sartre avec des concepts psychanalytiques ou parapsychologiques signifiait, dans les années quarante, en même temps éliminer l'auteur du domaine de la normalité, le dévaloriser, et cela d'autant plus que Sartre avait défini la littérature engagée comme entreprise rationnelle et dénoncé les critiques qui cherchaient les intentions d'un auteur dans l'inconscient[10]. La situation changea lorsque les représentants de la nouvelle critique favorisèrent, dans les années soixante, la psychanalyse comme grille de lecture[11]. Depuis, elle a acquis droit de cité dans la critique sartrienne et contribué à briser le cercle vicieux d'une lecture de «Sartre à la lumière de Sartre». Ce dernier encouragea d'ailleurs, de manière indirecte, la nouvelle orientation en abandonnant, petit à petit, son adversité de principe à la psychanalyse et en faisant lui-même un usage croissant - qui a été contesté par les experts - de concepts psychanalytiques[12]. Entre temps, nombreux sont les critiques qui, à la question: «Le texte narratif [de Sartre] trouve-t-il son origine dans le fantasme ou dans le concept?»[13] répondent sans hésiter: «dans le fantasme». A côté de Serge Doubrovsky[14], converti de la psychanalyse existentielle au freudisme, et récemment Alain Buisine[15] (pour ne mentionner qu'eux), c'est surtout Josette Pacaly qui a interprété les textes de

---

9. Cf., par exemple, Pierre Boutang, *Sartre est-il un possédé?* La Table ronde, 1946.
10. «Qu'est-ce que la littérature?» In: *Situations, II.* Gallimard, 1948, pp. 80 sq.
11. La critique psychanalytique disposait, certes, déjà d'une tradition, mais jusqu'aux années soixante, elle se situait plutôt en marge.
12. Cf. Josette Pacaly, *Sartre au miroir.* Klincksieck, 1980, pp. 29-65.
13. Posée par G. Idt dans la préface aux *Œuvres romanesques, op. cit.*, p. XX.
14. Il consacra des analyses vertigineuses en particulier à *La Nausée*, cf. «Le Neuf de cœur. Fragment d'une psycholecture de 'la Nausée'». In: *Obliques* n°s 18-19 (1979) pp. 67-73, et «Phallotexte et gynotexte dans 'La Nausée': 'Feuillet sans date'» In: Michael Issacharoff et Jean-Claude Vilquin (eds), *Sartre et la mise en signe.* Klincksieck, 1982, pp. 31-55.
15. Cf., par exemple, «Le philosophe louche», *Revue des Sciences humaines*, avril- juin 1985, pp. 109-140.

Sartre dans l'optique psychanalytique: dans sa thèse d'Etat, elle soumet ses écrits biographiques à une lecture strictement freudienne[16]. Son diagnostic est celui d'une «fixation pré-œdipienne (orale et anale surtout) de la libido chez Sartre enfant, liée à l'impossibilité d'affronter l'Œdipe et au complexe de castration»[17]. Selon elle, Sartre a transformé en mise en accusation de la société le sentiment de culpabilité que le sujet éprouve normalement pour ses pulsions agressives[18]. Même si l'optique psychanalytique a été entre temps acceptée par la plupart des sartriens, la thèse de Pacaly a choqué beaucoup d'entre eux. A Cerisy, où elle présentait en 1979, avant la publication de son livre, son «Sartre anal», sa thèse semble avoir été rejetée[19]. Michel Contat, qui avait lui-même expliqué «le mystère de la femme qui crache» dans l'un des écrits de jeunesse de Sartre par la manière dont celui-ci avait fantasmé le coït de sa mère et de son beau-père[20], parlait de «psychanalyse sauvage» et concluait: «Si l'hostilité de Sartre aux 'salauds' et au pouvoir bourgeois n'est que l'expression de son agressivité anale, il n'y a plus à se demander si cette hostilité est légitime»[21]. Pour les sartriens traditionnels, l'application de la psychanalyse semble être acceptable dans la mesure où elle ne se prétend pas système d'explication exclusif (ou «totalitaire»[22]).

    16. Le titre de son livre, qui représente une version abrégee de sa thèse, est cité dans la note 12. L'auteur présente sa thèse dans *Information littéraire* 30 (1978) 5, pp. 212-214.
    17. *Sartre au miroir*, p. 71.
    18. Cf. *Information littéraire, art. cit.*, p. 214.
    19. Cf. G. Idt, „«La 'réception'de Sartre, ici et maintenant», dans Actes de Cerisy, *op. cit.*, p. 323 (les discussions n'ont pas été reproduites).
    20. Dans *Sartre et la mise en signe* (actes d'un colloque tenu en 1978), *op. cit.*, pp. 114 sqq.
    21. Dans son compte rendu du livre de J. Pacaly dans *Le Monde*, 20 févr. 1981, p. 18.
    22. Cf. aussi le compte rendu engagé de Christina Howells, présente à Cerisy, dans *French Studies* 38 (1984) pp. 92 sq. La preuve qu'il ne s'agit pas d'une hostilité de principe à la psychanalyse est que Michel Contat et Geneviève Idt, les deux préfaciers des *Œuvres romanesques* de la Pléiade, signalent que les textes se prêtent particulièrement bien à des interprétations psychanalytiques (pp. XIV et XXV n.).

Sartre artiste

Pour accéder aux fantasmes cachés par le texte, le critique freudien identifie et interprète les modes d'expression de l'inconscient tels que Freud les a distingués dans *L'Interprétation des rêves* (déplacement, condensation, etc.). C'est ainsi que le regard se dirige sur la rhétorique des textes qui, dans l'ancien paradigme de lecture, étaient seulement considérés comme véhicules d'un message philosophico-idéologique. Par ce changement de perspective, l'écrivain et l'artiste - longtemps caché derrière le philosophe et l'idéologue - accédait au premier plan. Contrairement à ce qu'on pourrait penser, Sartre lui-même ne ressentit pas cette nouvelle approche comme récupération et réduction au silence de l'idéologue prononçant des vérités incommodes: dès les années soixante, il s'était de plus en plus distancié de la conception étroite de littérature engagée[23]; *Les Mots* révélèrent que sa vocation première était l'imaginaire; il préférait, enfin, obtenir l'immortalité en tant qu'écrivain et non comme philosophe[24]. Ce faisant, il appuyait, de manière indirecte, la relecture «non idéologique» qu'avait recommandée Roland Barthes[25].

Cette relecture mettant en valeur les qualités formelles de l'œuvre a été aussi faite indépendamment de l'optique psychanalytique. Ainsi Geneviève Idt a-t-elle défendu la thèse selon laquelle les romans de Sartre correspondent, dans leur polyphonie, à l'esthétique du carnaval selon Mikhaïl Bakhtine: non seulement ils bouleversent des contraires et renversent des hiérarchies, mais ils confondent, dans leur écriture, les voix, les styles et les genres[26]. Elle découvre en Sartre

---

23. Dans des textes et des interviews produits à partir des années soixante, il étend sur la littérature entière le concept de polysémie réservé, dans *Qu'est-ce que la littérature?*, à la seule poésie. Cf., par exemple, l'interview de 1975 avec Michel Contat, reprise dans *Situations, X*. Gallimard, 1976, p. 137.
24. C'est ce qu'il répondit à la question que lui posait Simone de Beauvoir dans l'interview de 1974 reproduite dans *La Cérémonie des adieux*, Gallimard, 1981, p. 201. On sait, du reste, que Sartre, à la fin de sa vie, se réjouit de paraître dans la Pléiade qu'il avait tenue auparavant pour une pierre tombale.
25. Propos rapportés par Michael Issacharoff dans *Sartre et la mise en signe*, *op. cit.*, (p. 8), ouvrage critique qui se place dans cette orientation.
26. Cf. *Œuvres romanesques*, p. XXXI. Voir également son étude «Les chemins de la liberté, Les toboggans du romanesque», *Obliques* n°s 18-19 (1979) p. 91.

un auteur baroque[27]. Cette opinion a été partagée par J.-M.-G. Le Clézio, selon lequel Sartre est moins l'héritier de Zola que celui de Rabelais[28]. Avant Le Clézio, un autre «nouveau romancier» avait déjà mis l'accent sur l'écriture sartrienne: Alain Robbe-Grillet. Tout en rejetant l'engagement de la littérature comme notion périmée[29], il signala, à la fin des années cinquante, que *La Nausée* met les normes romanesques traditionnelles en cause[30]. En 1979, à Cerisy, il revendiqua l'œuvre comme précurseur du nouveau roman[31]. Selon lui, c'est surtout par l'emploi libre des temps que *La Nausée* dépasse le roman du XIXᵉ siècle[32]. Le premier roman de Sartre apparaît aujourd'hui comme l'un des textes qui ont poussé les principes traditionnels du genre jusqu'à leur limite extrême[33]. Dans le domaine du théâtre, on attribue à *Huis clos* la même fonction: Jacques Truchet considère la pièce comme «signe avant-coureur de l'anti-théâtre»[34]. Sartre fait ainsi figure d'auteur de transition, de charnière entre deux époques dans l'histoire du roman et du théâtre français[35].

---

27. «une œuvre baroque dans le foisonnement de ses récits, dans ses rythmes, dans ses images surtout» (*Œuvres romanesques*, p. XXXII).
28. Cf. *Le Monde*, 22 janv. 1982, p. 11. Voir aussi sa contribution au numéro spécial de *L'Arc* (n° 30, 1966) où il dément l'image de Sartre vulgarisateur de sa propre philosophie (pp. 6 sq.).
29. «Sur quelques notions périmées» (1957). In Alain Robbe-Grillet, *Pour un nouveau roman*. Minuit, 1963, pp. 38 sq.
30. «Nature, humanisme, tragédie» (1958). *Ibid.* 58-61.
31. «Sartre et le nouveau roman», Actes de Cerisy, *op. cit.*, pp. 67-75. Cf. aussi sa réaction à la parution des *Œuvres romanesques* dans la Pléiade, *Le Monde*, 22 janv. 1982. - Claude Simon considère, par contre, Sartre comme jdanovien (*Le Nouvel Observateur*, 6 déc. 1985, p. 39).
32. «'La Nausée' est un roman dont le temps est libre [...] Cela signifie que le temps perd toute son influence structurante et qu'il n'y a plus cette temporalité avec ses normes transmises par le XIXᵉ siècle [...] avec sa causalité, son irréversibilité et sa continuité.» (Actes de Cerisy, *op. cit.*, pp. 72 sq.) Pour d'autres éléments, par lesquels *La Nausée* met en question l'œuvre close, cf. la communication de Gerald Prince dans le même volume.
33. Cf. G. Idt dans la préface des *Œuvres romanesques*, p. XXIV.
34. Cf. son étude dans Jean Jacquot (éd.), *Le théâtre moderne*. T. 2. Paris 1967, pp. 29-36.
35. A l'égard de la fonction transitoire de *Huis clos*, cf. aussi notre *Le théâtre de Jean-Paul Sartre devant ses premiers critiques*. T. 1, Tübingen/Paris 1986, pp. 252- 255.

Sartre metteur en signe

Si, dans le cas de Geneviève Idt par exemple, l'application de nouvelles méthodes à l'analyse des textes narratifs de Sartre n'est jamais stérile, mais produit, au contraire, toujours des résultats intéressants, c'est qu'elle fait, sans être éclectique, une «lecture plurielle» peu orthodoxe: la pratique de l'analyse structurale ne l'empêche pas de transgresser la clôture du texte vers la réalité qui l'alimente, la recherche de fantasmes ne lui défend pas de tenir compte des intentions manifestes de Sartre[36]. Il n'en est pas de même pour la plupart de ceux qui ont tenté une «lecture non idéologique» du théâtre sartrien. L'un des premiers à ne pas «négliger le dramaturge au profit du penseur» et à considérer les pièces de Sartre comme «théâtre tout court» fut Robert Lorris[37]. Après avoir étudié l'action, les personnages, le temps, le discours et l'effet que ses pièces sont censées exercer sur le spectateur, il arrive à la conclusion que «les changements intervenus dans la dramaturgie de Sartre suivent l'évolution de la pensée et ne témoignent pas d'une recherche de l'auteur dans la maîtrise de son art»[38]. Si Lorris visait la théâtralité des pièces, il ne se plaçait pas encore dans une perspective critique plus particulièrement définie. Les contributions consacrées au théâtre dans *Sartre et la mise en signe* se situent, en revanche, expressément dans une optique sémiotique[39]. Michael Issacharoff surtout a excellé dans la sémiotique théâtrale de Sartre[40]. Dans sa con-

---

36. Cf. par exemple son livre sur les nouvelles du *Mur Techniques et contexte d'une provocation*. Larousse, 1972 (coll. «thèmes et textes»). Voir aussi l'étude citée n. 26.
37. Dans son livre *Sartre dramaturge*. Nizet, 1975 (Phil. Diss. Univ. de Chicago 1972).
38. *Ibid*. 352.
39. Michael Issacharoff: «Espaces mimétiques, espaces diégétiques: pour une sémiotique des 'Mouches'»; Jean Alter: «'Les Mains sales' ou La Clôture du Verbe»; Wladimir Krysinski: «Sartre et la métamorphose du cercle pirandellien». Nous avons cité le livre n. 14. - Une analyse sémiotique des romans de Sartre a été tentée par André Helbo dans *L'Enjeu du discours. Lecture de Sartre*. Bruxelles, 1978 (Ed. Complexe).
40. Dans des articles dispersés, il a analysé *Les Mouches, Huis clos, Les Mains sales, Nekrassov* et *Les Séquestrés d'Altona*. Cf. son livre *Le spectacle du discours*. Corti, 1985.

tribution au volume mentionné, il étudie les quatre «lieux mimétiques» (la place d'Argos, la plate-forme dans la montagne, la salle du trône et le temple d'Apollon) et trouve qu'il s'y manifeste «un système chromatique ternaire» où figurent le rouge, le noir et le blanc, couleurs qui, après l'abolition de la tyrannie en Argos, changent de signification ou de fonction ou bien disparaissent complètement. Seuls Oreste et Electre qui se révoltent transgressent les quatre lieux clos. Certes, la terminologie précise permet une description exacte des opérations scéniques qu'on a longtemps négligées et de leurs significations, mais notre intelligence du texte a-t-elle augmenté dans la même proportion que l'important appareil terminologique déployé?

Si l'étude d'Issacharoff est, tout compte fait, défendable, celle de Jean Alter consacrée aux *Mains sales* paraît tout à fait injustifiable. Elle montre où peut en arriver l'explication de la fortune d'une œuvre quand on relègue les circonstances de l'époque à la «petite histoire» qui ne «concerne pas» le sémioticien. Alter constate que *Les Mains sales*, dès leur création, n'ont guère été reprises. Selon lui, la raison en est l'absence d'ambiguïté qui ne laisse au metteur en scène aucun espace pour s'approprier l'œuvre. Car «Hoederer a absolument raison» et à partir de là, tout se dispose avec rigueur[41]. Mais alors on ne comprend pas pourquoi le Parti Communiste se sentait mis en cause à travers ce personnage ni comment Sartre a pu croire que la pièce lui échappait tant et si bien qu'il en a défendu la représentation. Vu ce résultat, il n'était pas exagéré de juger que l'œuvre de Sartre, privée de sa dimension historique, reste amputée[42]. On peut se demander quels aspects du théâtre sartrien va privilégier Jean-Jacques Roubine (élève de Bernard Dort) dans l'édition de la Pléiade qu'il prépare actuellement, étant donné que le brechtisme, norme adoptée depuis le milieu des années cinquante par les gens de théâtre engagés, est en train de perdre sa légitimité[43].

---

41. *Sartre et la mise en signe, op. cit.*, p. 79.
42. Comme l'a fait Karl Kohut dans son compte rendu paru dans *Romanische Forschungen* vol. 95 (1983) n°s 1/2, p. 213.
43. Cf. la mise en cause de Brecht par Guy Scarpetta, *Brecht ou le Soldat Mort*. Paris, 1979. - J.-J. Roubine étant décédé, les éd. Gallimard ont confié la Pléiade à Michel Contat et Geneviève Idt. (Note de l'auteur pour la reprise en volume.)

Sartre esthéticien

L'optique qui métamorphosa l'auteur engagé en artiste transforma aussi le théoricien de la littérature engagée en esthéticien. Certes, les réflexions sur l'esthétique développées, entre autres, dans *L'Imaginaire*, *Qu'est-ce que la littérature?* ou *Saint Genet* ont toujours été l'objet d'analyses. Mais obéissant à ce que Sartre lui-même signalait comme innovation de sa théorie littéraire, les critiques s'intéressaient, dans une première période de la réception, bien plus à l'engagement de la littérature qu'à l'esthétique au sens plus restreint[44]. En 1969, un ouvrage comme *Sartre and the Artist*[45] pouvait encore avoir l'air exotique; la parution de *L'Idiot de la famille* et la redécouverte des fragments sur Mallarmé[46] et Le Tintoret[47] ont sans doute contribué à déplacer l'accent du militant vouant la littérature à sa cause vers le théoricien de l'art. Le promoteur le plus important de cette nouvelle image est Michel Sicard, éditeur des deux numéros spéciaux d'*Obliques* dont le deuxième a pour titre «Sartre et les arts»[48]; il est significatif que Sandro Briosi proposa, dans ce numéro, une nouvelle lecture de *Qu'est-ce que la littérature?* qui, selon lui, n'est pas le manifeste de la littérature engagée (pour lequel on le prit longtemps), mais un «manifeste du désengagement»[49]. Traugott König plaide, lui aussi, en faveur d'une lecture du même texte comme «première ébauche d'une théorie du discours lyrique moderne». Selon lui,

---

44. Cf. les titres significatifs des textes critiques suivants traitant la théorie littéraire de Sartre: Th. W. Adorno, «Zur Dialektik des Engagements», *Neue Rundschau* 73 (1962) 93-110; Karl Kohut, *Was ist Literatur? Die Theorie der «littérature engagée» bei Jean-Paul Sartre*. Marburg 1965.
45. George H. Bauer, *Sartre and the Artist*. Chicago and London 1969 (University of Chicago Press).
46. «L'engagement de Mallarmé», in *Obliques* n°s 18-19 (1979) 169-194.
47. «Saint-Marc et son double (Le Séquestré de Venise)», in *Obliques*, «Sartre et les arts», 1981, pp. 171-202.
48. Cf. aussi ses articles «Regards sur l'esthétique et les arts plastiques». In: *Actes de Cerisy*, *op. cit.*, pp. 77-91; «Esthétiques de Sartre». In: *Obliques* (1981) pp. 139-154; «Figures de l'esthéticien», *La Quinzaine littéraire*, 16-30 avril 1982.
49. *Obliques* (1981), pp. 47-54.

même *L'Etre et le Néant* peut se comprendre en grande partie comme «poétique moderne»[50].

II. Les Sartre des intellectuels

Symbole de l'erreur politique

Les raisons qui motivent le changement d'orientation qu'a subi la critique sartrienne et dont nous avons montré quelques tendances sont sans doute multiples. Nous avons déjà signalé que la préférence donnée aux approches psychanalytique, structurale et sémiotique correspond à un changement de paradigme survenu dans la critique littéraire française au cours des années soixante. Nous avons aussi souligné que Sartre lui-même favorise ce tournant par ses propres écrits et manifestations. En outre, on ne peut pas non plus lire infiniment les œuvres de fiction d'un auteur à la lumière de ses propres textes théoriques: un jour, les provisions sont épuisées. *Last not least*, ce n'est certainement pas un hasard si l'abandon de ses écrits comme système de décodage se fait à un moment où sa pensée est de plus en plus dévalorisée par les intellectuels. Si cette pensée a toujours été une pierre d'achoppement pour ses adversaires idéologiques, elle l'est aussi, depuis les années soixante-dix, pour d'anciens partisans: rétrospectivement, beaucoup parmi ceux qui se sont longtemps identifiés à lui jugent que ses positions idéologiques étaient fausses. Pour une partie des intellectuels français, Sartre est devenu le symbole de l'erreur politique.

Pour comprendre la déception voire l'amertume que beaucoup ressentaient et ressentent toujours, il faut remonter à la Libération. Après les deux coups de théâtre successifs dans l'histoire de la

---

50. «Zu Sartres Phänomenologie des neuzeitlichen lyrischen Diskurses». In: Helene Harth/Volker Roloff (eds.): *Literarische Diskurse des Existentialismus.* Tübingen 1986, p. 9. - Il va de soi (mais rappelons-le quand même) que nous ne prétendons pas épuiser ici la réception de l'esthétique sartrienne; il nous importe seulement, comme dans les paragraphes précédents et suivants, de signaler la métamorphose de l'image sartrienne en nous appuyant sur des textes qui nous paraissent symptomatiques. La longueur des paragraphes ne traduit pas forcément l'importance (qualitative ou quantitative) de la réception dans un domaine.

France, bon nombre de ceux qui, en 1945, avaient environ vingt ans, étaient désorientés. Une partie des jeunes intellectuels qui, sous l'Occupation, avaient joint la Résistance, étaient entrés au Parti. A ceux qui, tout en partageant l'espoir socialiste, tenaient à conserver leur liberté personnelle, l'engagement propagé par Sartre dans *Les Temps modernes* et promettant une synthèse d'individualisme et de socialisme, devait apparaître comme système idéal. Pour ce groupe de jeunes, Sartre devint le maître à penser[51].

Après des querelles importantes au cours de l'après-guerre, Sartre se rapprocha, comme on sait, dans la situation de la Guerre Froide de plus en plus du P.C.F. De 1952 à 1956, il exerça la fonction de «compagnon de route». Même après la répression de l'insurrection hongroise par les troupes soviétiques, qu'il condamna publiquement, il conservait sa solidarité de principe avec l'U.R.S.S. Pendant que la contestation du marxisme se faisait de plus en plus importante, Sartre déclara encore en 1960 qu'il le considérait comme «l'indépassable philosophie de notre temps»[52]. Il appuyait, avec son autorité, la Révolution cubaine et se rendit, de 1962 à 1966, tous les ans en U.R.S.S. C'est seulement après mai 1968 et l'intervention soviétique en Tchécoslovaquie qu'il se détacha définitivement des communistes et se tourna vers les maoïstes. A la même époque, il condamna l'action des Etats-Unis au Vietnam comme génocide; en 1974, il intervint en faveur des membres emprisonnés de la «Bande à Baader». Tout cela, beaucoup de ses anciens partisans le lui reprochent aujourd'hui. Pourquoi?

C'est que, dans les années soixante-dix, les intellectuels français accomplirent un revirement fondamental dans l'appréciation du communisme. Surtout après la parution de *L'Archipel du goulag* de Soljénitsyne en 1974, le camp socialiste entier apparaît comme goulag immense où l'on viole les droits de l'homme de manière systématique. L'opposition «droite vs. gauche» a perdu pour beaucoup sa validité; ils la remplacent par celle de «totalitaire vs. antitotalitaire». Les régimes socialistes sont désormais identifiés au fascisme hitlérien. La notion de «Résistance» pourvue des connotations historiques de l'Occupation a été récupérée pour désigner la résistance au socia-

---

51. Cf. notre livre cité n. 35, pp. 320 pp.
52. *Critique de la raison dialectique*. T. 1. Gallimard, 1960, p. 9.

lisme réalisé⁵³. L'oppression n'est plus considérée comme accident, mais comme inévitable car découlant du système. Il n'y a qu'en renonçant aux utopies qu'elle semble pouvoir être bannie⁵⁴. Les anciens progressistes professent aujourd'hui la démocratie libérale comme idéal. L'individualisme, dénoncé auparavant comme petit-bourgeois, est à son apogée⁵⁵.

Un père assassiné

C'est à partir de cette nouvelle position que l'on critique aujourd'hui Sartre en faisant valoir qu'il aurait trop longtemps cautionné le socialisme, avec son prestige de conscience du monde occidental, et ainsi guidé ceux qui suivirent son exemple sur une fausse route. Ses «erreurs politiques» prédominaient aussi dans une partie des articles nécrologiques. L'invasion des troupes soviétiques en Afghanistan avait confirmé, peu avant, à ses détracteurs la pertinence de leur position politique; les événements survenus en Pologne devaient le faire peu après.

L'une des analyses les plus lucides au sujet de l'attitude politique de Sartre et de son influence exercée sur les jeunes fut rédigée, à l'époque, par Paul Thibaud, directeur de la revue catholique de gauche *Esprit*. Il lui reproche:

> au lieu d'accoucher des vérités sur le «socialisme réalisé» qui, de la mort de Staline à la scission maoïste, demandaient qu'on les prît en charge avec courage, Sartre les a sans cesse repoussées ou neu-

---

53. Ainsi l'«Internationale de la Résistance» se composant de représentants de la droite, de l'extrême-droite, mais aussi d'anciens communistes, exhorta le Congrès américain, dans une lettre ouverte publiée dans *Le Monde* du 21 mars 1985, à «reconduire l'aide à la Résistance nicaraguayenne», c'est-à-dire à accorder les 100 millions de $ demandés par le gouvernement de Reagan pour soutenir les «contras» antisandinistes.

54. Cette situation fait comprendre pourquoi *Le Quotidien de Paris* a pu qualifier de ridicule l'affaire Flick comparée au danger totalitaire émanant, selon ce journal, des Verts en R.F.A. (30 oct. 1984).

55. Cf. le dossier «L'individualisme à son apogée» dans *Esprit*, juillet-août 1984, pp. 63-93. Pour une histoire succincte des intellectuels français de 1945 à nos jours cf. Michel Winock, «L'âge d'or des intellectuels», *L'Histoire*, nov. 1985, pp. 20-34. Voir également *Les intellectuels en France de l'Affaire Dreyfus à nos jours* de Pascal Ory et J.-F. Sirinelli (Armand Colin, 1986).

tralisées, par volonté de maintenir la légende révolutionnaire à laquelle il s'était voué. Les gens de mon âge ont d'abord connu ce Sartre-là qui non seulement les a fourvoyés mais leur a tourné la tête par sa manière de sophiste prodigieux, flattant chez le lecteur un rêve de maîtrise intellectuel qui a fait beaucoup de «petits cancres savants» [...][56].

Pour désigner les règlements de compte paraissant alors, on employa aussi le terme de «parricide»: les «fils déçus» liquident le père intellectuel puissant. Cette image se prête particulièrement bien au livre d'Olivier Todd *Un fils rebelle* paru un an après la mort de Sartre. Todd, né en 1929, n'avait fait la connaissance de Sartre qu'en 1948: il allait épouser la fille de Paul Nizan dont Sartre était le parrain et tomba sous son influence politique. Ce n'est qu'au moment où il fit des reportages sur la guerre du Vietnam qu'il commença à douter des analyses politiques de Sartre: il quitta *Le Nouvel Observateur* progressiste et entra à *L'Express* conservateur. Dans son livre, il passe en revue toutes les erreurs de Sartre qui, selon lui, l'emportent sur le reste. Avec la distance, il lui paraît comme «un utopiste enragé doublé d'un anarchiste tranquille, l'un tourmentant l'autre»[57]. Todd compte parmi les fondateurs du Comité *Un Bateau pour le Vietnam*.

Un autre disciple converti profita du climat propice, après la mort du mauvais maître, aux bilans de l'époque. Michel-Antoine Burnier, né en 1942, publia en 1982 le testament imaginaire que Sartre lui-même n'aurait plus été en mesure d'écrire[58]. «Furieusement sartrien à vingt ans»[59], il avait présenté en 1963 un mémoire au diplôme de l'Institut d'Etudes Politiques qui portait sur *Les Temps modernes* et dont la version publiée servit quelque temps d'ouvrage de référence[60]. Dans l'autocritique que son Sartre imaginaire prononce à la première personne, il passe en revue les événements et les textes qu'il avait commentés à l'époque avec enthousiasme et les fait résumer dans un style simplificateur par un Sartre qui «avoue tout» et qui

---

56. «Jean-Paul Sartre. Une traversée du siècle», *Esprit*, juillet-août 1980, pp. 15 sq.
57. Olivier Todd, *Un Fils rebelle*. Grasset, 1981, p. 249.
58. Michel-Antoine Burnier, *Le Testament de Sartre*. Olivier Orban, 1982.
59. Selon la couverture du livre.
60. *Les Existentialistes et la politique*. Gallimard, 1966 (coll. «idées»).

conclut, contrairement à l'auteur des *Mots*, que sa névrose n'était pas morte avec la découverte du matérialisme dialectique: elle n'avait fait que changer d'objet[61]. Comme le livre de Todd auparavant[62], celui de Burnier a été acclamé par la droite traditionnelle comme «démystification»[63].

Les gagnants du revirement intellectuel en France sont ceux qui, avant la grande désillusion des années soixante-dix, étaient censés avoir tort contre Sartre: Camus et Aron. Comment, par exemple, Claudie et Jacques Broyelle, anciens gauchistes qui avaient milité en faveur des Vietcong, ne se seraient-ils pas souvenus de la fameuse querelle entre Sartre et Camus au moment où ils fondaient le Comité *Un bateau pour le Vietnam* destiné à repêcher ceux de l'océan qui avaient pris la fuite devant le régime dont les militants avaient auparavant souhaité la victoire? Ils étaient passés eux-mêmes de la position de Sartre qui tolérait la violence si elle était employée à supprimer la violence à celle de Camus qui la considérait comme injustifiable[64]. Dans leur livre *Les Illusions retrouvées*[65] publié après la prise du pouvoir par la gauche en mai 1981 qui porte le sous-titre ironique *Sartre a toujours raison contre Camus*, ils contestent Sartre qui, selon eux, a préparé les voies au Parti socialiste et à sa «collaboration» avec les communistes. Tous ceux dont l'idéal dépasse celui qui est désormais le leur («travailler moins, gagner plus et vivre mieux»[66]) sont suspects de totalitarisme.

---

61. *Le Testament de Sartre, op. cit.*, p. 197.
62. Cf. le compte rendu de François Nourissier dans *Figaro Magazine*, 7 févr. 1981, pp. 74 sq.
63. «On pouvait croire, depuis quelque temps, que la 'démystification' de Sartre était en bonne voie. Des pamphlets brillants et pleins de verve lui tenaient lieu de testament.» (Pierre de Boisdeffre dans *La Revue des deux mondes*, avril-juin 1983, p. 666)
64. Pour une appréciation de la controverse entre Sartre et Camus qui, contrairement à celle des Broyelle, tient compte du contexte de 1952, voir l'article de Jean Daniel paru le 21 avril 1980 dans *Le Nouvel Observateur*.
65. Grasset, 1982.
66. *Ibid.* 283. - Rupert Neudeck, fondateur du Comité *Cap Anamour* (entreprise analogue à celle d'*Un bateau pour le Vietnam* en R.F.A.) polémique également contre Sartre, parfois d'ailleurs avec une ignorance étonnante (cf. son compte rendu de *La Cérémonie des adieux* paru dans *Frankfurter Hefte*, oct. 1982, pp. 72-74). Ancien novice des jésuites, il préfère lui aussi Camus à Sartre

L'autre grand gagnant après le retour de la pensée libérale parmi les intellectuels français était Raymond Aron. L'antimarxiste par principe, qui avait critiqué l'engagement progressiste de Sartre[67] et s'était lui-même toujours limité à analyser le *statu quo* sans concevoir d'alternatives, apparaît dans beaucoup de textes qui dénigrent Sartre comme celui qui a toujours eu raison[68]. Les deux penseurs, jadis «petits camarades», ont pu incarner, selon Michel Contat, «les deux pôles entre lesquels se tend jusqu'au déchirement le débat intellectuel du siècle»[69], l'utopie socialiste et le réalisme. Mais actuellement, c'est ce dernier qui domine en France, et «l'intelligentsia de gauche dont il fut si longtemps le repoussoir» s'est découverte «aronienne ou presque»[70]. Ainsi Aron a-t-il pu rassembler en 1978 conservateurs et progressistes repentis pour fonder sous le signe du libéralisme une nouvelle revue, *Commentaire*[71], qui se porte bien - même après la mort de son fondateur en 1983 - alors qu'il est douteux que *Les Temps modernes*, après la disparition de Sartre et de Simone de Beauvoir, survivent[72].

Quelles sont les générations d'intellectuels supposées être tombées sous l'influence de Sartre? L'importance qu'il a eue pour quelques générations de jeunes dans l'après-guerre semble incontestable. Quant aux soixante-huitards, il y a controverse. Paul Thibaud prétend que pour des leaders tels que Benny Lévy, Alain Geismar ou

---

(cf. son compte rendu du livre de Burnier paru dans *Frankfurter Hefte*, mars 1983), comme il l'avait déjà fait dans sa thèse *Die politische Ethik bei Jean-Paul Sartre und Albert Camus*. Bonn, 1975 (Bouvier).

67. Dans *L'Opium des intellectuels* (1955) et *Histoire et dialectique de la violence* (1973). Le dernier livre cité est une analyse de la *Critique de la Raison dialectique*.

68. Cf. *Libération*, 18 oct. 1983, p. 2.

69. C'est ce qu'il écrit dans son compte rendu des entretiens télévisés *Le Spectateur engagé* réalisés par Jean-Louis Missika et Dominique Wolton avec Raymond Aron, cité d'après les *Mémoires* d'Aron (Julliard, 1983) p. 725.

70. *Ibid.*

71. Dans le comité de patronage figurent côte à côte, entre autres, Raymond Barre et Emmanuel Le Roy Ladurie, dans le comité de rédaction Jean-François Revel et Annie Kriegel.

72. Cf. l'article de Josyane Savigneau, «Que deviennent 'Les Temps modernes'?», *Le Monde des livres*, 1er avril 1983.

Serge July, il fut plutôt un «grand-père compréhensif»[73]; mais le témoignage de certains acteurs de 68 contredit son opinion[74].

L'influence de Sartre est aussi controversée quant à ses effets réels. Aron par exemple, qui affiche une modestie surprenante quand il s'agit de comparer la valeur de ses textes à celle des œuvres de Sartre, prétend que celui-ci n'a eu aucune influence sur la politique française, contrairement à lui-même qui publia des éditoriaux dans *Le Figaro* pendant trente ans[75]. Quant à l'impact qu'a eu la pensée de Sartre sur les jeunes, des esprits plus fins que les journalistes de *L'Aurore*[76] jugent qu'il a moins péché par action que par omission: «Il apporta sa caution prestigieuse à une psychose paranoïaque collective, il ne la suscita pas»[77]. Mais on aurait peut-être tort de sous-estimer l'effet de cette caution. Jean-Edern Hallier, fondateur, après 68, de *L'Idiot international* patronné par Simone de Beauvoir, aujourd'hui passé dans les rangs de la «Nouvelle droite», prétendit que celui pour qui l'erreur était «mythologiquement constitutive» aurait attiré les intellectuels à ce point parce que, grâce à lui, non seulement leurs prises de position, mais encore leurs propres erreurs devenaient géniales[78].

Bouc émissaire de la gauche

Il y a aussi des voix qui prennent la défense de Sartre. Selon Denis Roche, par exemple, Sartre n'a eu aucune influence, mais il est un emblème: «Emblème de la *faute*, générale et collective, que fut le

---

73. *Esprit*, juillet-août 1980, p. 7.
74. Cf. par exemple celui de Daniel Lindenberg: «Je reste persuadé que sans la lecture [de la préface d'*Aden Arabie* et des *Chemins de la liberté* - I.G.], Mai 68 n'aurait pas eu le même visage. [...] Oui, Sartre fut notre éducateur.» (*Les Nouvelles littéraires*, 17 avril 1980, p. 29) Voir aussi les générations auxquelles appartiennent les «assassins de père» cités *supra* ainsi que l'analyse de Mai 68 par Epistémon [= Didier Anzieu]: *Ces idées qui ont ébranlé la France*. Fayard, 1968, p. 336.
75. Cf. l'interview reproduite dans *Libération*, 18 oct. 1983, pp. 3 sq.
76. Cf. Jacques Guillemé-Brulon, «L'intellectualisme dévoyé», *Aurore*, 17 avril 1980.
77. Jeanyves Guérin, «Un dissident de la onzième heure», *Esprit*, juillet-août 1980, p.23.
78. «Sartre pourquoi cette gloire?» *Paris-Match*, 2 mai 1980, p. 119.

marxisme, et emblème du *rêve*, le rêve gauchiste qui l'a travaillé plus que personne»[79]. En accusant cet emblème, on se disculpe soi-même: des sartriens et sartriennes tels que Michel Contat et Jeannette Colombel, mais aussi des promoteurs de la désillusion actuelle tels qu'André Glucksmann ont dévoilé la fonction de bouc émissaire que Sartre exerce pour l'ancienne gauche convertie[80]. «A côté de Voltaire et de Rousseau, écrit Alain Finkielkraut, il y a désormais un 'c'est la faute à Sartre' qui permet d'échapper à la responsabilité de sa propre bêtise»[81]. L'engagement politique de Sartre fut-il dicté par la bêtise? Replacées dans leurs situations historiques respectives, ses options semblent moins erronées si l'on tient compte des alternatives qu'il y avait à l'époque, écrit Bernard Kouchner, animateur de *Médecins du Monde*[82]. Et des mentalités conditionnées par l'histoire, ajoute Jean-Marie Domenach, ancien directeur d'*Esprit*, lui aussi au pilori pour avoir trop longtemps sympathisé avec le stalinisme: «Dans une France matraquée par le désastre de 40, nous avons dû faire du surinvestissement idéologique [...] il nous a fallu du temps pour nous en remettre»[83]. Seuls ceux qui ne s'engagent pas, tel Aron, ne peuvent jamais se tromper, a-t-on encore dit. D'où le slogan créé par Bernard-Henri Lévy, autre «nouveau philosophe»: «plutôt se tromper avec Sartre qu'avoir raison avec Aron»[84]. L'idéal de l'engagement ne semble donc pas aboli - sauf que l'engagement se situe aujourd'hui ailleurs. Lévy compte parmi les rares intellectuels qui, dans le climat actuel, ne mettent pas l'accent sur la soumission de Sartre au communisme, mais sur son attitude critique vis-à-vis du P.C.F. qui, selon lui, est due à son instinct fondamentale-

---

79. *Les Nouvelles littéraires*, 17 avril 1980, p. 21.
80. Michel Contat, *Le Monde*, 17 avril 1981, p. 19; Jeannette Colombel, *Sartre*. T. 1: *Un homme en situations*. Le Livre de poche, 1985 (coll. «textes et débats»), p. 133; André Glucksmann, interview publiée dans *Le Monde Dimanche*, 30 mars 1980, pp. XVI sq.
81. «Sartre parmi nous», *Le Nouvel Observateur*, 13 avril 1981.
82. «Après tout, c'était quoi le contraire de l'erreur à chaque période de cette histoire?» *Libération*, 17 avril 1980, p. 20.
83. Compte rendu du livre des Broyelle, *L'Express*, 5 mars 1982, p. 26.
84. Cf. les *Mémoires* de Raymond Aron, *op. cit.*, pp. 720 sq.

ment antifasciste[85]. Pierre Daix, dissident du P.C.F., va aussi à contrecourant de l'opinion dominante: selon lui, Sartre est celui qui, par sa critique, a «le mieux incité [le P.C.F.] à la déstalinisation»[86].

Un converti imaginaire

On n'a pas manqué de confronter Sartre lui-même, de son vivant, au retard qu'il avait mis pour se détourner définitivement des communistes. C'est que, dès la fin des années quarante, on eut connaissance, en France, de l'existence des camps de concentration en U.R.S.S. et, à partir de là, certains tirèrent, déjà à l'époque, les conclusions qui aujourd'hui, en France, sont communément admises parmi les intellectuels. L'un de ces mouvements précurseurs fut *Socialisme ou Barbarie* fondé, entre autres, par Claude Lefort, collaborateur des *Temps modernes*. Pendant la période du compagnonnage de Sartre, celui-ci et Lefort engageaient une polémique dans la revue[87]. Dans son interview de 1975, Michel Contat demanda à Sartre si *Socialisme ou Barbarie*, en défendant dès les années cinquante la position du socialisme libertaire que Sartre ne joignit qu'en 1968, n'avait pas gagné du temps. A quoi Sartre répondit que le groupe avait peut-être raison rétrospectivement, mais pas alors car: «Les vérités sont 'devenues' et ce qui compte c'est le chemin qui y mène, le travail qu'on fait sur soi et avec les autres pour y arriver»[88]. Claude

---

85. Cf. «Réflexions sur la question Sartre», *Le Matin*, 1er déc. 1981, p. 13. Rappelons à ce propos la thèse controversée soutenue par Lévy dans son livre *L'Idéologie française*, Grasset, 1981: il existe un fascisme originairement français, un «pétainisme transhistorique» qui se manifestait non seulement à Vichy, mais dont est également pétri le P.C.F. - La défense de Jean Pouillon, selon qui Sartre pouvait se permettre un compagnonnage temporaire avec le P.C.F. parce que ce compagnonnage s'inscrivait dans le cadre d'une «opposition irréductible», étonne moins que celle de Lévy puisque Pouillon, depuis les années quarante, est membre de la rédaction des *Temps modernes* (cf. «Sartre et la politique», Actes de Cerisy, *op. cit.*, pp. 121-137).
86. *Le Quotidien de Paris*, 17 avril 1980, p. 25.
87. Pour une documentation succincte commentée de cette polémique cf. Jeannette Colombel, *Sartre. T. 2: Une œuvre aux mille têtes*. Le Livre de poche, 1986 (coll. «textes et débats») pp. 535-543. Lefort évoque lui-même ses problèmes au sein des *Temps modernes* dans son analyse de *L'Archipel du goulag, Un Homme en trop*. Seuil, 1976, pp. 13-19.
88. Jean-Paul Sartre: *Situations, X*. Gallimard, 1976, pp. 183 sq.

Roy, lui-même successivement dissident de *L'Action Française* et exclu du P.C.F., a probablement cette réplique en tête quand il prétend admirer Sartre pratiquant «l'autocritique non critique, celle où l'on démontre qu'on a peut-être eu tort, mais raison d'avoir eu tort, parce qu'à l'époque où on avait tort on avait en face de soi des sales gens qui avaient tellement tort de prétendre avoir raison» etc.[89]. Paul Thibaud reprend la même réplique pour affirmer que Sartre ne réfère pas ses prises de position à l'histoire, mais à sa propre biographie. Il ne s'agirait pas, pour Sartre, de sa responsabilité historique, mais de la continuité de ses bonnes intentions[90].

Si on applique cette thèse à la prise de conscience survenue, selon lui-même, pendant la guerre, la fameuse conversion qui fit de l'individu apolitique un intellectuel engagé, le mythe fondamental de Sartre se trouve détruit. Dès la Libération, Sartre a souvent évoqué ce «vrai tournant de [sa] vie»[91] et Simone de Beauvoir, dans ses Mémoires, l'a amplement analysé[92]. Dans ces textes, la conversion de Sartre apparaît comme provoquée par l'irruption de l'Histoire dans la vie d'un individu qui apprend ainsi «la force des choses»[93]. Dans un livre conçu avant la mort de Sartre, Denis Hollier avait déjà formulé ses doutes par rapport à la conversion de l'an quarante; par l'analyse des textes, il avait montré que ce que Sartre, en 1940, tint pour un réveil était en réalité la prolongation d'un rêve[94]. Les écrits posthumes semblent suggérer, eux aussi, que le rôle actif était moins à l'Histoire qu'à Sartre ou, pour parler cyniquement, la guerre vint

---

89. Dans son article nécrologique de Simone de Beauvoir, *Le Nouvel Observateur*, 18 avril 1986, p. 98.
90. *Esprit*, juillet-août 1980, pp. 5 sq.
91. Cf., par exemple, l'interview citée avec Michel Contat, *Situations, X*, p. 180.
92. Au début de *La Force des choses*. Gallimard, 1963.
93. Cf. le titre précité.
94. *Politique de la prose. Jean-Paul Sartre et l'an quarante*. Gallimard, 1982. Pour d'analyses de ce livre, parfois difficile d'accès (malgré son allure ludique), cf. Jean-François Lyotard, «Un succès de Sartre», *Critique* 39 (1983) pp. 177-189, et Alexander Leupin, «A New Sartre», *Yale French Studies* («Sartre after Sartre»), n° 68 (1985) pp. 226-238. - Josette Pacaly mit en doute, elle aussi, la conversion réelle de Sartre dans l'optique qui est sienne (*Sartre au miroir*, *op. cit.*, p. 451).

au bon moment pour lui permettre de passer, dans sa biographie, de la jeunesse à la maturité. Depuis la mort de Sartre, la critique souligne en effet de plus en plus que son entreprise fondamentale était la construction, par sa vie, de sa propre biographie d'écrivain, la fabrication de sa propre légende[95]. Dans les entretiens menés en 1974 avec Simone de Beauvoir et publiés après sa mort, il reconnut que l'idée de l'engagement politique lui était venue de ce qu'il s'identifiait à la vie des écrivains:

> La vie de l'écrivain était présentée avec une jeunesse, une partie moyenne qui était la réalisation de ses œuvres, et une partie plus tardive où il s'engageait dans la politique en tant qu'écrivain, et où il intervenait dans les affaires du pays[96].

L'un des passages les plus cités des *Carnets de la drôle de guerre* est celui où il avoue avoir été «très conscient d'être le jeune Sartre, comme on dit le jeune Berlioz ou le jeune Goethe»[97]. La guerre lui tint lieu de «grande circonstance» pour faire peau neuve; c'est la raison pour laquelle il rédigea un journal intime[98]. La plupart du temps, on y cherche en vain une réflexion sur ce qui se passe dans l'histoire; on trouve, au contraire, des analyses de son passé, envisagé dans la perspective biographique[99]. Son «destin», c'est écrire et «aucun grand épouvantail collectif», fût-ce la guerre, ne doit l'y faire renoncer[100]. Il appartiendra aux futurs biographes de déterminer dans quelle mesure Sartre, au lieu de se faire «métamorphoser» par la guerre[101], ne métamorphosa pas, au contraire, celle-ci en étape décisive de sa biographie[102].

---

95. Cf. par exemple Geneviève Idt, «Préhistoire de Sartre biographe d'après 'Les Cahiers de la drôle de guerre'.» In: Harth/Roloff (eds), *op. cit.* (n. 50), p. 66.
96. Simone de Beauvoir, *La Cérémonie des adieux*, pp. 474 sq.
97. Jean-Paul Sartre, *Carnets de la drôle de guerre*. Gallimard, 1983, p. 97.
98. *Ibid.* 175.
99. *Ibid.* 95 sqq.
100. C'est ce qu'il écrivit le 27 mai 1940 dans une lettre à Simone de Beauvoir, cf. *Lettres au Castor et à quelques autres*. T. II, Gallimard, 1983, p. 251.
101. Comme on peut le lire encore dans des interprétations naïves, par exemple dans la biographie d'Annie Cohen-Solal, *Sartre*. Gallimard, 1985. Cf. le

Un vieillard détourné

Quant à sa dernière conversion qui, paraît-il, s'est manifestée dans les entretiens avec Benny Lévy publiés juste avant sa mort[103], celle-ci fut-elle une vraie métamorphose? Tout le monde connaît la photo du dernier Sartre, celle où, réuni avec Aron et appuyé par Glucksmann, il fait une démarche à l'Elysée en faveur des *Boat People*; quelques mois avant sa mort, il s'élève contre l'assignation à résidence d'Andréï Sakharov et prend position pour le boycott des Jeux Olympiques de Moscou. Il est donc prêt à s'allier avec des ennemis idéologiques pour défendre les droits de l'homme et pour demander une aide en faveur des opprimés sans tenir compte de l'opinion politique de ceux-ci. Un retour à la «morale de Croix-Rouge» que *Les Temps modernes* avaient reprochée en 1952 à Camus? Les dernières interviews suggèrent effectivement un revirement de ce genre. Sartre, interrogé par Benny Lévy alias Pierre Victor, son dernier secrétaire, l'ancien gauchiste converti au judaïsme, n'y maintient plus sa thèse de l'altérité ineffaçable des consciences, mais il affirme leur réciprocité:

> Toute conscience me paraît actuellement, à la fois comme se constituant elle-même comme conscience et, dans le même temps, comme conscience de l'autre et comme conscience pour l'autre. Et c'est cette réalité-là, ce soi-même se considérant comme soi-même pour l'autre, ayant un rapport avec l'autre, que j'appelle la conscience morale[104].

A partir de cette position, il peut envisager, contrairement à la *Critique de la raison dialectique*, une fraternité *sans* terreur comme fin de l'histoire, fin qui ne se réalise plus par la révolution, comme il le

---

chapitre qui couvre la période de 1939-1945 «Une métamorphose dans la guerre».

102. Pour l'attitude de Sartre face à la guerre telle qu'elle se traduit dans les lettres, cf. en particulier le compte rendu de Michel Crouzet (il est vrai extrêmement hostile) «Sartre et ses masques» paru dans la revue aronienne *Commentaire* vol. 7 (automne 1984) n° 27, p. 504.

103. «L'Espoir, maintenant», *Le Nouvel Observateur*, n^{os} du 10, 17 et 24 mars 1980.

104. N° du 10 mars 1980, p. 60.

pensait avant, mais à travers un lent progrès. Face au désespoir régnant, il souligne la nécessité de l'espoir:

> le monde semble laid, mauvais et sans espoir. Ça, c'est le désespoir tranquille d'un vieux qui mourra là-dedans. Mais justement, je résiste, et je sais que je mourrai dans l'espoir, mais cet espoir, il faut le fonder[105].

Réciprocité, fraternité sans terreur, progrès et espoir: cette conversion a étonné. On a pu parler d'«espérance vaguement social-démocrate»[106] et, face à l'intérêt de Sartre pour le monothéisme juif suscité par son entourage, les tenants de la religion - soit juive soit chrétienne - ont fait des tentatives de récupération[107]. Qu'en fut-il vraiment?

Ceux qui connaissaient Sartre depuis longtemps n'ont pas cru à la conversion: ils ont contesté les entretiens. Dans l'émission télévisée *Apostrophes* consacrée à la mort de Sartre, Raymond Aron affirma que les interviews n'appartenaient pas à l'œuvre sartrienne[108]. Selon un jugement répandu, Benny Lévy était arrivé à prêter à un Sartre physiquement et psychiquement réduit ses propres propos, ce pour quoi Olivier Todd trouva la formule du «détournement de vieillard»[109]. Simone de Beauvoir expliqua que Sartre, toujours tendu vers l'avenir, avait trouvé en Benny Lévy une sorte de «prolongation» de lui-même: douter de Lévy, c'était douter de Sartre, une raison pour ce dernier d'affirmer avec d'autant plus d'obstination sa position nouvelle. Mais aveugle, il n'avait pas pu relire le texte avant sa publication: l'étendue de ses affirmations lui avait, selon elle, échappé[110]. Que retenir? Peut-être que dans ces entretiens s'annonçait «un pro-

---

105. N° du 24 mars 1980, dernière page.
106. Michel Contat dans *Le Monde* du 23 nov. 1984, p. 20.
107. L'annexion pour le judaïsme a été tentée par Benny Lévy lui-même devenu entre temps rabbin, dans son livre *Le Nom de l'Homme. Dialogue avec Sartre*. Verdier, 1984. Du côté chrétien, le pasteur protestant Wolfgang Böhme a prétendu à tort que Sartre, dans ces interviews, aurait évoqué la possibilité de la résurrection des morts. Cf. W. Böhme (éd.), *Jean-Paul Sartre - ein Atheist?* Karlsruhe, 1981, avant-propos.
108. Cf. la prise de position plus détaillée dans ses *Mémoires*, pp. 717-720.
109. *Un fils rebelle, op. cit.*, p. 15.
110. *La Cérémonie des adieux, op. cit.*, pp. 150-152.

gramme de pensée, plus qu'une pensée nouvelle»[111] et que Sartre, prenant une dernière fois le contrepied de l'idéologie dominante, ne donne pas dans la désillusion générale, mais nous incite, comme l'a compris Edgar Morin, à repenser tout[112].

Arriviste sous la botte

Le changement du climat intellectuel en France survenu dans les années soixante-dix contribua à la démythification de la Résistance[113]. Bien que celle-ci comportât des représentants d'idéologies diverses, ce fut, dans l'ensemble, un phénomène de gauche[114]: les communistes, notamment, constituaient la force la plus importante de la Résistance intérieure. A la Libération, la légitimité et tous les espoirs se situaient à gauche. Avec le déclin de la pensée progressiste auprès des intellectuels, la Résistance perdit sa position inattaquable. Actuellement, il semble qu'on s'intéresse, en France, plus aux crimes qu'à la gloire des maquisards[115].

L'image de Sartre en tant qu'auteur résistant a été tributaire de cette évolution. Le prestige dont il jouit à la Libération était dû, en grande partie, à la renommée que lui avaient conférée ses pièces. Dans la presse libérée, *Les Mouches*, dénigrées par les critiques collaborationnistes et encensées dans l'organe des intellectuels résistants, apparurent comme l'exemple même du théâtre de la Résis-

---

111. Selon Michel Contat, *Le Monde*, 17 avril 1981, p. 19.
112. *Libération*, 17 avril 1980. - Pour une analyse plus détaillée des rapports entre Sartre et Benny Lévy cf. Manfred Flügge, «Der verlorene Vater. Anmerkungen zum Verhältnis Sartre-Benny Lévy», *lendemains* n° 42 (1986) pp. 70-78.
113. Pour les «lectures» de la Résistance depuis la guerre cf. Henry Rousso, «La Résistance entre la légende et l'oubli», *L'Histoire*, janv. 1982, pp. 100 sq.
114. Cf. l'interview d'Henri Michel, historien de la Résistance, par Wolfgang Asholt, *lendemains*, n° 33 (1984) p. 68.
115. Ainsi la préparation du procès Barbie a-t-elle ranimé l'intérêt pour le dénonciateur de Jean Moulin supposé venir des propres rangs des résistants (cf. l'interview avec Lucie Aubrac parue dans *Die Zeit*, 6 déc. 1985). - Un autre exemple qui a eu un grand retentissement est l'affaire Manouchian qui occupa les médias français pendant l'été 1985. D'anciens membres d'un groupe d'immigrés au sein de la Résistance communiste prétendirent, dans le film documentaire *Les terroristes à la retraite*, que les responsables du P.C.F. les avaient sciemment envoyés à la mort pour occulter la participation étrangère en faveur d'une «tricolorisation» du Parti. Cf. *Le Monde*, 2 et 3 juillet 1985.

tance. Sartre devint, comme l'écrit Herbert R. Lottman à juste titre[116], le symbole de la Résistance intellectuelle tout court. A cette époque-là, seuls des ennemis idéologiques, surtout d'anciens collaborateurs, le mirent en cause[117].

A partir des années soixante-dix, les auteurs étiquetés auparavant «résistants» apparaissent de plus en plus comme s'étant, aprés tout, confortablement installés sous le régime de l'Occupation, en tout cas dans des publications françaises[118]. Ce qui fondait, en 1944, le prestige de Sartre le rend aujourd'hui suspect:

> Il est de bon ton de dire, écrit Jean-Jacques Brochier, que Sartre s'est finalement bien accommodé de l'Occupation - puisqu'il fit représenter *Les Mouches*, sans autre scrupule[119].

Si, en 1945, Louis Parrot l'avait exalté pour avoir pratiqué la clandestinité en pleine lumière et mené vis-à-vis des autorités collaborationnistes un jeu d'une dangereuse subtilité[120], on lui reproche aujourd'hui d'avoir soumis la pièce à la Censure allemande et de s'être fait acclamer par la critique collaborationniste et les représentants des autorités occupantes dans un théâtre dont le nom avait été aryanisé par un régime qui pratiquait l'holocauste.

Contrairement à l'après-guerre, ses détracteurs appartiennent aujourd'hui, en général, à des générations qui n'ont pas vécu consciemment les événements de l'Occupation. Outre certains parmi les «par-

---

116. *La Rive gauche*. Seuil, 1981, p. 262.
117. Pour une analyse plus détaillée et des références cf. notre livre cité n. 35, pp. 186 sqq.
118. Il est peut-être significatif que des livres traitant la Résistance intellectuelle d'un œil complaisant ou se proposant une approche objective ont, ces derniers temps, surtout paru à l'étranger, soit aux Etats-Unis (James D. Wilkinson, *The Intellectual Resistance in Europe*, Harvard University Press, 1981), soit en R.F.A. (Karl Kohut (éd.), *Literatur der Résistance und Kollaboration in Frankreich*. 3 t. Wiesbaden/ Tübingen 1982 el 1984), soit en Angleterre (Roderick Kedward et Roger Austin (éds), *Vichy France and the Resistance*. London/Sydney, 1985). Parmi les 19 contributions du dernier livre cité, seuls 4 traitent de la Résistance.
119. *magazine littéraire*, déc. 1985, p. 8.
120. *L'Intelligence en guerre*. La Jeune Parque, 1945, pp. 257 sq.

ricides»[121], il s'agit d'historiens, de journalistes ou de publicistes qui n'ont apparemment aucune motivation personnelle pour mettre Sartre en cause. Parmi eux, l'historien Jean-Pierre Azéma occupe une position modérée en mettant simplement *Les Mouches* sur le même plan qu'*Antigone* et *La Reine Morte*: selon lui, on a vu certaines allusions à l'actualité dans ces pièces parce qu'elles étaient dans l'air du temps[122]. Son jugement ne tient compte ni des intentions ni de l'attitude politique des auteurs dont le public contemporain avait connaissance et qui détermina, en partie, sa façon de comprendre les pièces[123]. André Halimi, selon qui les Français ont «chanté» sous l'Occupation, met lui aussi la nature résistante des *Mouches* en cause et présente le témoignage de contemporains attestant la présence massive d'officiers allemands dans la salle[124]. Plus récemment, c'est surtout Pierre Assouline qui n'a manqué aucune occasion pour mettre Sartre au pilori. Dans sa biographie de Gaston Gallimard, il lui reproche d'avoir préféré «le porte-plume d'intellectuel à la mitraillette du maquisard, bien que ce dernier engagement ait au moins le mérite de n'être pas équivoque»[125]. Pour justifier la représentation des *Mouches*, Sartre a toujours fait valoir que celle-ci avait été autorisée auparavant par le *Comité National des Ecrivains*, l'organisation résistante des intellectuels[126]. Simone de Beauvoir, dans un autre

---

121. Par exemple Jean-Edern Hallier: «Il fit jouer son théâtre pendant la guerre quand d'autres refusaient de publier sous la férule allemande.» (*Paris-Match*, 2 mai 1980, p. 145).
122. *De Munich à la Libération. 1938-1944.* Seuil, 1979, p. 153 n. 1. Cf. notre article «'Les Mouches', pièce résistante?» *lendemains*, n° 42 (1986) p. 43.
123. Anouilh publia des articles compatibles avec l'esprit de Vichy dans des journaux collaborationnistes (cf. Manfred Flügge, *Verweigerung oder Neue Ordnung. Jean Anouilhs 'Antigone' im politischen und ideologischen Kontext der Besatzungszeit 1940-1944.* Rheinfelden, 1982. T. 1, pp. 218 sqq.). Quant à Montherlant, ceux qui avaient lu *Le Solstice de juin* ne considéraient certainement pas *La Reine morte* comme pièce contestataire, malgré la réplique «En prison se trouve la fleur du royaume».
124. André Halimi, *Chantons sous l'occupation.* Paris, 1976, pp. 179 sqq., 228 et 277.
125. Pierre Assouline, *Gaston Gallimard. Un demi-siècle d'édition française.* Balland, 1984, p. 309.
126. Cf., par exemple, l'interview avec Claudine Chonez parue dans *Libération*, 21 sept. 1959.

contexte, se réfère également à une décision du *C.N.E.*[127] Or, Assouline dévalorise l'argument en y opposant le témoignage suivant de Vercors: «Au *C.N.E.*, on s'autorisait beaucoup de choses verbalement, entre membres du comité, comme ça...»[128] Il est évident que Sartre et Simone de Beauvoir n'ont plus aucun crédit. En revanche, Assouline, dans ses affirmations, se fonde, entre autres, sur le témoignage de Lucien Combelle, ancien directeur de l'hebdomadaire collaborationniste *Révolution Nationale*[129]. Il prend aussi fait et cause pour les éditeurs Grasset et Denoël qui, ayant publié des pamphlets antisémites et des écrits pro-allemands, furent poursuivis à la Libération par les épurateurs[130]. Ceux qui passaient après la guerre en France pour collaborateurs apparaissent chez Assouline comme victimes de leurs confrères qui s'arrogeaient à tort le droit de s'ériger en juges: Sartre en fait partie[131]. Les quatre années d'Occupation auraient été «un tremplin inespéré» pour sa notoriété[132] (ce qui est exact). A la Libération, il aurait usé de son «activisme supposé» pour confirmer sa carrière. Sartre fait donc figure d'arriviste à qui l'épuration a servi de prétexte pour s'affirmer dans la société[133].

Voilà donc, point par point, les arguments qu'on avait pu lire, quelque temps après la Libération, sous la plume d'anciens collaborateurs. Ils ont été repris par un journaliste habile qui connaît l'opinion et sait ce que le public demande à lire[134]. Il revalorise aussi les occupants. Alors que, sous l'Occupation, les opposants tinrent la Censure pour «bornée»[135], celle-ci garantit à Assouline l'absence

127. *La Force de l'âge*. Gallimard, 1960, coll. folio, p. 640.
128. *Gaston Gallimard, op. cit.*, p. 353.
129. *Ibid.*
130. *Ibid.* 388-396.
131. Selon Assouline, Sartre en tant que membre du Comité de l'épuration de l'édition usait surtout de sa fonction pour blanchir Gaston Gallimard, son éditeur, donc pour ménager ses propres intérêts (cf. *ibid.* 371-373, 384 sq.).
132. *Ibid.* 352.
133. Cf. Pierre Assouline, *L'Epuration des intellectuels*. Bruxelles, 1985, Ed. Complexe, p. 140. Assouline met la résistance de Sartre également en cause dans «Les trahisons ordinaires des écrivains français», *L'Histoire*, n° 80, p. 79.
134. Assouline a travaillé, entre autres, comme reporter pour *France-Soir*.
135. Selon une formule devenue célèbre, «la censure fut pour la plupart du temps aveugle ou bornée, mais le peuple ne se trompa jamais» (préface au *Silence de la mer*, Alger, juin 1943, citée d'après *Lettres*, 15 nov. 1944, p. 89).

d'intentions contestataires dans *Les Mouches*: si elles y avaient été, les officiers de la Propaganda-Staffel s'en seraient rendu compte[136]. Cette revalorisation se fait à un moment où l'on réserve, en France, l'accueil le plus chaleureux depuis la fin de la guerre à Ernst Jünger qui, membre de l'armée occupante, passait ses après-midi dans les salons des milieux collaborationnistes avant de noter, avec le sang-froid de l'entomologiste, dans son journal ce qu'il avait observé dans Paris occupé[137].
Si l'accusation vient des victimes de l'Occupation, il faut y prêter plus d'attention. Vladimir Jankélévitch, philosophe juif relevé de ses fonctions de professeur par l'Etat Français, dit dans une interview publiée après sa mort:

> L'engagement de Sartre après la guerre a été une espèce de compensation maladive, un remords, une recherche du danger qu'il n'avait pas voulu courir pendant la guerre. Il a tout investi dans l'après-guerre, il courait des dangers - qui n'en étaient plus, ça ne remplaçait pas, et il le sentait. Braver les flics au cours d'une manifestation, c'est bien, c'est mieux que rien, mais quand on avait l'âge de Sartre, l'âge de faire son devoir pendant la guerre, pourquoi avoir attendu? Mais Simone de Beauvoir l'a dit, elle raconte comment, au moment de la Libération, Sartre parcourait les barricades pour avoir des sensations fortes, pour voir comment ça se passait, mais il continuait à ne rien faire, il représentait *Les Mouches*[138].

Après cette interview, d'anciens membres du groupe *Socialisme et Liberté* rappelèrent, dans une lettre commune adressée au *Monde*, que Sartre, dès son retour du camp de prisonniers au printemps 1941, avait pris l'initiative de fonder la revue clandestine du même

---

136. *Gaston Gallimard, op. cit.*, p. 354.
137. Cf. Ernst Jünger, *Strahlungen*. Tübingen, 1949. Pour la réception enthousiaste de Jünger en France, cf. par exemple Lucette Finas, «Ernst Jünger à Paris (1941-1945)», *N.R.F.*, oct. 1982, pp. 86-92. L'auteur allemand qui, selon certains, a aidé dans l'entre-deux-guerres à rendre le nazisme acceptable en Allemagne, est actuellement une de sources de la «Nouvelle droite» en France.
138. *Libération*, 10 juin 1985, p. 35.

nom[139]. Il supprima cependant le groupe à l'automne de la même année faute d'avoir pu nouer des contacts avec d'autres groupes: le risque couru lui parut en disproportion avec l'efficacité[140].

On a pu s'étonner que Michel Contat, qui dans la plupart de ses prises de position s'était révélé sartrien fidèle (sans manquer d'esprit critique), ait épousé l'optique de Jankélévitch. Reprenant un paradoxe signalé par Michel Foucault, il oppose à Sartre (et à Merleau-Ponty) les philosophes Cavaillès et Canguilhem. Ces derniers, selon Foucault, ont reçu la phénoménologie husserlienne de façon à en faire «une philosophie du savoir, de la rationalité et du concept» contrairement aux premiers qui en ont tiré «une philosophie de l'expérience, du sens, du sujet»[141]. Et voici le paradoxe:

> à l'heure de la Résistance, c'est la philosophie apparemment la plus éloignée des interrogations existentielles, morales et politiques immédiates qui participe physiquement au combat. Canguilhem résiste, Cavaillès est fusillé, tandis que Sartre et Merleau-Ponty écrivent et poursuivent leur carrière universitaire, sans un acte de protestation contre la révocation de leurs collègues juifs.

Contat conclut que «Sartre et Merleau-Ponty ont manqué à leur simple devoir d'homme quand les choix cruciaux s'imposaient aux intellectuels qui défendaient la liberté dans leurs écrits»[142].

A cette mise en cause importante vu son auteur, les proches de Sartre ont répliqué. Dans une lettre adressée au *Monde*, Simone de Beauvoir, Jacques-Laurent Bost et Jean Pouillon reprochèrent à Contat de regretter plus ou moins que Sartre n'ait pas été fusillé. Selon eux, les exigences de Contat ne tiennent pas compte de la réalité de l'époque:

---

139. «Après la dernière interview de Jankélévitch. Remous», *Le Monde*, 15 juin 1985, p. 15. Pour d'autres témoignages sur *Socialisme et Liberté*, cf. Annie Cohen-Solal, *Sartre*. Gallimard, 1985, pp. 224-244.
140. Selon Simone de Beauvoir, *La Force de l'âge, éd. cit.*, p. 573.
141. Michel Foucault, «La vie: l'expérience et la science», *Revue de métaphysique et de morale*, janv.-mars 1985, p. 4.
142. «Les philosophes sous l'occupation», *Le Monde*, 28 juin 1985.

protester publiquement contre tout ce qui se passait alors, signer des pétitions [...]. C'est imaginer la vie intellectuelle et littéraire sous l'Occupation d'après ce qu'elle est devenue après la Libération[143].

Il reste pourtant que Sartre, au moment de sa rentrée de captivité au printemps 1941, fit preuve de la même attitude sévère que Contat: il blâma Simone de Beauvoir, désorientée par «la raideur de son moralisme», pour avoir signé le papier affirmant qu'elle n'était ni franc-maçonne ni juive[144]. Si on voulait continuer à enseigner, il fallait signer, écrit-elle: «il n'y avait aucun moyen de faire autrement»[145]. Sartre lui-même, qui reprit également son poste au lycée, a sans doute fait la même signature. Ses actes ne se plient donc effectivement pas à sa morale sévère, comme l'écrit Contat. Que lui serait-il arrivé s'il avait refusé de signer? Il aurait perdu son poste ou pire. Peut-on l'exiger? Au nom de la morale sartrienne: oui; au nom d'une morale «réaliste»: non (qui partage aujourd'hui de son propre gré son poste avec un chômeur?).

Reste, pour l'essentiel, le problème de l'écrivain et du dramaturge. Si on peut défendre Sartre, en faisant abstraction de sa propre morale, d'avoir continué à enseigner dans les conditions données, rien ne le forçait pourtant à se faire publier et représenter. L'attitude authentique des écrivains sous l'Occupation telle qu'elle apparaît aujourd'hui à travers les publications consacrées à ce sujet était le silence[146] ou la publication clandestine car toute publication régulière qui se servait des institutions établies confirmait la légalité de celles-ci, donc appuyait le régime. Or, les écrits posthumes nous ont révélé que Sartre n'entendait pas se laisser détourner de son «destin» qui était écrire[147]. Il convient peut-être de rappeler qu'en 1941/42 tout donnait à penser que le nazisme allait l'emporter: renoncer à écrire pouvait paraître, à cette époque-là, non seulement comme décision provisoire mais définitive. Une publication clandestine n'était pas possible dans le cas de *L'Etre et le Néant* vu l'épaisseur du livre. Celui-ci était pourtant l'aboutissement d'une réflexion qui durait plus

---

143. «Les philosophes sous l'occupation», *Le Monde*, 26 juillet 1985.
144. *La Force de l'âge*, éd. cit., p. 549.
145. *Ibid.* 532.
146. Cf. Henri Michel, *Paris allemand*. Albin Michel, 1981, p. 346.
147. Cf. *supra* p. 144.

de dix ans et qui avait pu être mise au point pendant les vacances imposées de la drôle de guerre. Fallait-il laisser tomber le texte pour d'autres, plus facilement publiables dans la clandestinité?[148] Sartre a donc accepté des compromis, aussi en se faisant représenter au théâtre. L'idée d'écrire des pièces était née au stalag avec *Bariona*; à Paris, les sœurs Kosakiewicz, avec qui il était lié, lui demandaient de créer des rôles pour elles. Il composa *Les Mouches* qui, Jean-Louis Barrault s'étant désisté, furent finalement représentées dans un théâtre auquel les autorités occupantes avaient enlevé son nom juif. C'est peut-être le reproche le plus grave qu'on puisse faire aujourd'hui à Sartre, comme c'est le cas de Michel Contat qui répondit à la lettre de Beauvoir/Bost/Pouillon que Sartre lui-même «regrettait de n'avoir pas senti que représenter *Les Mouches*, en 1943, dans un théâtre auquel on avait retiré son nom de Sarah-Bernhardt parce qu'il était juif, montrait de l'indifférence aux persécutions dont les juifs étaient les victimes». Et il conclut: «L'homme qui voulait devenir dramaturge et faire jouer des amis a eu moins le souci des juifs que de sa carrière et de ses proches»[149].

Même chez Contat, Sartre fait donc figure d'arriviste. Effectivement, rien n'excuse le manque de sensibilité envers les concitoyens persécutés, même s'il faut croire qu'il était assez généralement répandu à l'époque[150]. Toujours est-il que la faute qu'a commise Sartre en se faisant jouer dans un théâtre aryanisé parut plus grave à Michel Contat qu'à Claude Lanzmann, juif lui-même, membre du comité de rédaction des *Temps modernes* et auteur du film *Shoah* - donc certainement pas suspect d'indifférence vis-à-vis du problème. Dans une interview parue quelques mois après l'affaire Jankélévitch et le débat suscité par lui, il défendit Sartre, au moment où il venait

---

148. Rappelons que Sartre publia des articles clandestins dans *Les Lettres françaises*, l'organe du *Comité National des Ecrivains*.
149. *Le Monde*, 26 juillet 1985.
150. Jusqu'aux premières rafles de juifs en été 1942, même la Résistance n'était pas exempte de réflexes antisémites. Après, on refoulait le problème du génocide, car il gênait le combat militaire. La Résistance - communiste et gaulliste - ne s'est jamais fixé pour objectif d'empêcher les départs des convois de déportés raciaux. Cf. l'article cité d'Henry Rousso, *L'Histoire*, janv. 1982, pp. 110 sq.

de terminer son film[151]. Il rappelle aussi la nature des textes que Sartre publia sous l'Occupation, sujet qui, dans les mises en causes actuelles, est rarement abordé. Selon lui, «la publication, en 1943, de *L'Etre et le Néant* avait un caractère à la fois libérateur et subversif»; c'est en tout cas ainsi qu'il l'aurait lu à l'époque[152]. Une pensée centrée sur la liberté comme point de départ et but à réaliser et s'insurgeant contre toute valeur préétablie visait forcément l'idéologie dominante sous l'Occupation. De la même manière, les jeunes furent fascinés par la tonalité de refus émanant des *Mouches*, sans nécessairement être en mesure de décoder l'appel à la résistance sur le plan rationnel[153]. Les textes et les spectacles de Sartre, par la fascination excercée sur les jeunes, ont eu la fonction d'une contremystification face aux slogans de Vichy. Aujourd'hui, beaucoup d'«anciens jeunes» considèrent que le pouvoir de Sartre était au bout de son stylo[154]. Mais ce pouvoir n'était pas anodin: il renforçait leur attitude de refus.

Arriviste ou résistant: que conclure? Gardons-nous de classifications schématiques et restituons à Sartre sa complexité.

Un pacha dans un harem

Résistant et maître à penser des intellectuels engagés: deux mythes démolis. Un troisième s'y ajoute: celui du couple modèle de la gauche non-conformiste. Il était dès le début associé au phénomène du sartrisme. Dans la mesure où, aux yeux des conservateurs, l'union libre avec Simone de Beauvoir vécue au vu et au su de tout le monde renforçait l'immoralisme supposé de Sartre, les jeunes intellectuels à la recherche d'une alternative au mariage bourgeois y découvrirent une nouvelle formule, celle d'un couple qui s'aime «sans institution, sans mariage dans une liberté mutuelle et dans le souci de transluci-

---

151. Claude Lanzmann, «Sartre: le courage et la lucidité dans l'engagement», *Les Temps modernes*, nov. 1985, pp. 417-421.
152. *Ibid.* 417.
153. Cf. notre livre cité (n. 35), pp. 181 sqq. et 191 sq.
154. Cf. le témoignage d'Alexandre Astruc dans *Figaro-Magazine*, 19 avril 1980, p. 85. Voir aussi Jeanyves Guérin, *Esprit*, juillet-août 1980, p. 24.

dité»[155]. Bertrand Poirot-Delpech considère qu'«au moins deux générations s'y sont reconnues et ont rêvé de les prolonger»[156].

Depuis la mort de Sartre, les voix se multiplient qui contestent ce qui est désormais démasqué comme «image d'Epinal»[157]. Les écrits posthumes ont permis «de soulever le voile, de pénétrer les coulisses»[158]. On croit découvrir quels étaient les vrais rapports entre Sartre et Simone de Beauvoir en tenant compte surtout de la manière dont le couple a vécu les «triangles» (ou parfois polygones) avec les nombreuses maîtresses de Sartre. A cet égard, on sait par les Mémoires de Simone de Beauvoir que Sartre, dès le début de leur liaison, lui avait déclaré ne pas être fait pour la monogamie. Ils avaient donc conclu que leur relation devait leur permettre de nouer d'autres liaisons. Celles-ci n'auraient cependant que le rang d'«amours contingents» vis-à-vis de leur amour «nécessaire». Ils conclurent aussi de ne jamais se mentir et de ne rien se dissimuler[159].

Même avant la parution des écrits posthumes, Olivier Todd, «fils rebelle», avait donné son opinion sur le couple modèle. Simone de Beauvoir, face à Sartre, évoquait pour lui, dans les années cinquante, «l'épouse parfaite du couple bourgeois au XIXe, acceptant toutes ces comètes féminines autour de son mari, parce qu'elle savait qu'elle survivrait à toutes»[160]. Interrogé par lui sur la façon dont il était parvenu à «naviguer sur ses eaux polygames», Sartre aurait prétendu mentir à toutes les femmes, surtout à Simone de Beauvoir[161].

A la parution de *La Cérémonie des adieux*, un premier soupçon s'empara aussi de certains critiques. Celui des *Nouvelles littéraires* signala l'accusation de «machisme» qui, selon lui, rôdait autour de l'entretien de 1974 que Simone de Beauvoir avait publié dans ce li-

---

155. Jeannette Colombel, *Sartre*. T. 1. 1985, p. 75.
156. *Le Monde*, 23 sept. 1983, p. 11.
157. Cf. Annie Cohen-Solal, «Notre image d'Epinal», *Le Matin*, 27 nov. 1981.
158. *Ibid.*
159. Simone de Beauvoir, *La Force de l'âge*, éd. cit., pp. 28 sq.
160. *Un fils rebelle*, *op. cit.*, p. 116.
161. *Ibid.* 117.

vre contenant le récit des dix dernières années de la vie de Sartre[162]. Celui de *Times Literary Supplement* se demanda quelle était la nature exacte des relations que les nombreuses femmes défilant dans le livre avaient entretenues avec Sartre; quant à Simone de Beauvoir, elle lui parut comme «supportive, commonsensical sister, almost a mother-figure, as if she were the senior wife in a harem»[163]. En France, les récepteurs du livre étaient trop préoccupés par la manière jugée indigne dont Simone de Beauvoir avait décrit la défaillance physique de Sartre pour aborder les relations féminines évoquées.

Celles-ci étaient, en revanche, au centre de l'intérêt dans l'accueil fait aux *Lettres au Castor et à quelques autres* publiées par Simone de Beauvoir en 1983. Ces lettres ont choqué la critique par «les histoires de cœur, et de corps, que Sartre raconte par le menu à Simone de Beauvoir, où il la mêle inextricablement»[164]. Elles ont pu évoquer le souvenir des *Liaisons dangereuses*. Selon Michel Crouzet, même les «thuriféraires du couple modèle et légendaire» étaient dans l'embarras.

> Vraiment, écrit-il, était-ce cela, le couple sans tabous, les fondateurs de rapports nouveaux, les réinventeurs de l'amour? Un «macho» peu délicat, qui faisait justement de la vérité la contrepartie de sa liberté et un moyen assez hypocrite de ne pas tenir compte de sa «compagne»: lui avouer tout, c'était la compter pour rien[165].

La translucidité, saluée auparavant pour avoir remplacé l'hypocrisie du mariage bourgeois, peut donc paraître aujourd'hui comme preuve d'indifférence voire de brutalité vis-à-vis de celle pour laquelle Sartre se fait transparent. Michel Crouzet ajoute: «Sartre avoue tranquillement que ses relations avec les autres sont calculées et tru-

---

162. Claude Jannoud, «Même Sartre a connu le naufrage de la vieillesse», *Les Nouvelles littéraires*, 26 nov. 1981, p. 36.
163. John Weightman, «The end of the affair», *Times Literary Supplement*, 25 déc. 1981, p. 1482.
164. Selon Jean-Jacques Brochier, *magazine littéraire*, nov. 1983, p. 15.
165. «Sartre et ses masques», *Commentaire*, n° 27 (automne 1984) p. 495.

quées. Et avec Simone?»[166] Selon lui, ces lettres forment «un singulier dossier pour la genèse du féminisme»[167].

Les féministes ont effectivement réagi, en partie, avec déception voire indignation à la publication des lettres. Bien que souvent soupçonnée d'avoir censuré les lettres plus qu'elle ne l'avoue[168], Simone de Beauvoir a eu le courage de ne pas supprimer le plus ancien billet conservé de Sartre dans lequel celui-ci lui demande de donner son linge à la blanchisseuse[169]. Ce billet a, selon Michèle Le Dœuff, suscité de l'émotion dans les milieux qui touchent, de près ou de loin, au féminisme et «qui avaient cru jusqu'alors que le mode de relation entre Simone de Beauvoir et Sartre se différenciait d'un mariage»[170]. Mais le reproche que fait la féministe à Sartre est plus grave: elle l'inculpe d'immoralité, pas dans le sens conventionnel que les critiques avaient cru trouver dans le récit de ses relations sexuelles, mais dans la manière dont il traite autrui. Selon elle, Sartre s'est arrogé des droits qu'il n'accordait pas aux autres. L'exemple-clé est l'«affaire Martine Bourdin»: Sartre, racontant par le menu à Simone de Beauvoir et à d'autres ses relations sexuelles avec cette étudiante très courtisée par les philosophes autour de 1940, se fâcha lorsque celle-ci fit de même (ce qui risquait de faire craquer le système des liaisons amoureuses que Sartre avait soigneusement établi)[171]. Elle en déduit que Sartre a heurté les principes de réciprocité et de reconnaissance mutuelle, fondements de toute morale, en se posant «unique sujet parlant»[172]. Or Simone de Beauvoir n'a pas caché que c'étaient les tiers qui payaient les frais du pacte existant entre elle et

166. *Ibid*. 498.
167. *Ibid*. 502.
168. Dans son avant-propos, Simone de Beauvoir précise qu'elle ne s'est «pas senti le droit» de faire paraître les lettres dans leur intégralité, mais qu'elle n'a «pas modifié un iota de ce qui concerne [ses] rapports avec Sartre». Pour ne pas gêner certains tiers ou leurs proches, elle aurait supprimé des passages et changé des noms.
169. *Lettres au Castor*. T. 1, p. 40.
170. «Sartre l'unique sujet parlant», *Esprit*, mai 1984, p. 182.
171. Cf. *Lettres au Castor*, T. 2, pp. 88 sqq. Voir aussi t. 1, pp. 184 sqq.
172. *Art. cit.*, pp. 187 et 185.

Sartre[173]. Cependant Michèle Le Dœuff, comme d'autres avant et après elle, ne lui accorde plus une position privilégiée. «Puisque Sartre s'est conduit en tyran littéraire à l'égard de Martine Bourdin, conclut-elle, rien n'interdit de penser qu'il s'est également conduit de la sorte avec Simone de Beauvoir»[174]. Alors que beaucoup de critiques regrettaient que celle-ci n'ait pas publié en même temps les lettres qu'elle avait envoyées à Sartre pour qu'on ait une image plus complète de leurs rapports[175], Michèle Le Dœuff y décèle une logique interne: «Si Sartre tenait à être l'unique sujet parlant, témoignant de sa vie, l'absence des réponses était nécessaire pour que l'ensemble de ces lettres achève de se constituer en texte»[176]. Annette Lavers juge, elle aussi, que l'«impression of his imperialism» se trouve ainsi accrue[177]. La conclusion finale que tire Michèle Le Dœuff est la démystification la plus radicale du «phénomène Sartre» qu'on puisse imaginer. Si la pensée de Sartre a pu «occuper la scène collective comme aucune philosophie ne l'avait fait auparavant», c'est qu'elle était «loin de déplacer le moindre schème des modes de rapports sociaux». Elle a seulement «reconduit la quintessence subjective de ces modes dans un langage où ils sont méconnaissables, - partant à nouveau éligibles». L'opposition «amour nécessaire vs. amours contingents» n'est qu'une nouvelle version du proverbe vulgaire «il y a la sérieuse et les marrantes, celles qu'on sort et celle qu'on épouse». La question que pose la lecture des *Lettres au Castor* est, selon elle, celle-ci: «N'y a-t-il pas une traductibilité radicale des énoncés sartriens dans la langue de l'idéologie petite-bourgeoise?»[178]

A côté de cette démolition complète du mythe du couple et du mythe Sartre, d'autres interrogations ne peuvent paraître que modé-

---

173. Cf. par exemple l'interview de 1973 avec Alice Schwarzer reproduite dans ead. (éd.), *Simone de Beauvoir heute. Gespräche aus zehn Jahren.* Reinbek, 1983, p. 49.
174. *Art. cit.*, p. 188.
175. En juillet 1986, au moment de la rédaction de cet article, on ne savait encore rien du destin du fonds de textes que Simone de Beauvoir avait laissé à sa mort survenue en avril 1986 et dont Sylvie Le Bon, sa fille adoptive, est l'héritière (communication de Michel Contat).
176. *Art. cit.*, p. 188.
177. *Times Literary Supplement*, 11 mai 1984, p. 512.
178. *Art. cit.*, p. 191.

rées. Ainsi la psychanalyste et féministe Margarete Mitscherlich-Nielsen, qui avait déjà relevé, dans son compte rendu de *La Cérémonie des adieux*, la cruauté inconsciente dont Sartre faisait preuve vis-à-vis de Simone de Beauvoir[179], souligne-t-elle, à propos des *Lettres*, des points qui s'apparentent à ceux abordés par Michèle Le Dœuff. Selon M. Mitscherlich, Sartre se trouvant indéniablement au centre de leur correspondance fait figure de pacha. Il se sert de Simone de Beauvoir comme moyen censé vivre tout ce qui le touche. Sartre reproche à «Tania» - qui, selon la féministe était pour lui une sorte d'«épouse capricieuse» - de mentir alors que c'est à elle qu'on ment constamment. Simone de Beauvoir a répondu, d'après M. Mitscherlich, aux besoins intellectuels et narcissiques de Sartre: elle était la mère lui pardonnant tout et le défendant toujours, mais représentant en même temps pour lui une instance de critique et de force. Elle conclut:

> Beauvoir et Sartre, le couple émancipé par excellence pour ma génération? Ou quand même pas plus, au fond, que la «répartition du travail» sado-masochiste entre les sexes qui est si typique pour notre société, mais qui leur reste eux-mêmes cachée à l'aide d'idéalisations réciproques?[180]

Après tant de critiques qui ramènent toutes le couple plus ou moins à la relation traditionnelle mari/femme ou fils/mère, il appartenait à Alain Buisine de proposer une interprétation plus originale. Il ne se contente pas non plus du pacte de translucidité, mais se demande quelles sont les raisons profondes pour lesquelles Sartre fait assister Simone de Beauvoir, dans ses lettres, si intimement à ses activités sexuelles. S'inspirant peut-être de *L'Idiot de la famille*[181], il suggère que chaque fois qu'il lui communique une défloration ou une pénétration, il assume sa part de féminité comme elle assume sa

---

179. «Liebe lebenslänglich», *Emma*, févr. 1983, pp. 30 sq.
180. «Paschas mit und ohne Fell», *Zeitmagazin*, 10 mai 1985, p. 8. Cf. aussi les réflexions plus détaillées du même auteur «Sartre/Beauvoir: Traumpaar oder das Ende einer Legende?» *Emma*, sept. 1985, pp. 16-21.
181. Cf. par exemple T. 2, p. 706 (coll. TEL).

part de virilité[182]. Sartre est, de telle sorte, le «porte-sexe»[183] de Simone de Beauvoir: elle couche, pour ainsi dire, avec la maîtresse de Sartre par personne interposée.

Si tel était le cas, elle l'a fait de manière inconsciente, du moins à en croire ses déclarations: comme Sartre, elle avouait que son éducation bourgeoise l'avait programmée, en dépit de toute émancipation, pour l'hétérosexualité[184]. Elle démentit également l'image dominatrice de Sartre dont nous avons rendu compte en soulignant qu'elle avait eu, elle aussi, des liaisons[185]. Cependant tout n'a pas été dit: quand on l'invite, par exemple, à décrire ses réactions émotionnelles face aux liaisons amoureuses de Sartre, ses réponses apparaissent un peu trop catégoriques[186]. En 1978, elle fit à Alice Schwarzer l'aveu significatif qu'elle aurait aimé faire le bilan de sa propre sexualité si elle avait dû récrire ses Mémoires. Elle ajouta qu'elle avait sous-estimé l'importance de la sincérité subjective à cet égard, mais qu'elle ne pourrait plus reprendre le sujet parce que cette sorte d'aveu concernait également des proches[187]. On peut donc supposer que des écrits posthumes, si jamais il en paraissait, nous apporteront d'autres lumières sur le couple intellectuel du siècle.[188]

En attendant, il faut constater que c'est surtout la publication des Lettres qui a porté un coup dur à l'authenticité attribuée auparavant aux Mémoires de Simone de Beauvoir. Ces Mémoires réputées en

---

182. «Ici Sartre (dans les 'Lettres au Castor et à quelques autres')», *Revue des Sciences humaines*, juillet-sept. 1984, p. 193.
183. *Ibid.*
184. Dans une interview de 1982 avec Alice Schwarzer, reprise dans le recueil précité, p. 118.
185. C'est pour cette raison qu'elle confia à ses biographes Claude Francis et Fernande Gontier sa liaison longtemps ignorée avec Jacques-Laurent Bost. Cf. le désaveu de cette biographie dans *Le Matin*, 5 déc. 1985, p. 27.
186. Cf. l'interview citée de 1982, p. 112.
187. Cf. *ibid*. 87.
188. Les lettres de Beauvoir à Sartre parues en 1990 ont révélé, comme on sait, que Beauvoir eut des relations physiques avec des femmes, cf. Ingrid Galster, «'Une femme machiste et mesquine'. La réception des écrits posthumes de Simone de Beauvoir dans la presse parisienne.» *lendemains* N° 61 (1991) pp. 53-62. (Note ajoutée par l'auteur pour la reprise en volume.)

particulier pour leur sincérité[189] ont été longtemps employées dans la recherche sartrienne comme source quasiment officielle pour des informations sur la vie de Sartre[190], et cela d'autant plus qu'il était notoire que Sartre et Simone de Beauvoir critiquaient mutuellement leurs écrits: les Mémoires passaient donc pour biographie approuvée de Sartre. Au plus tard à la parution de *La Cerémonie des adieux*, un soupçon se fit entendre: si Simone de Beauvoir mit tant l'accent sur les manifestations de la défaillance physique de Sartre, ne réglait-elle pas un compte avec lui?[191] A la parution des lettres, on a pu s'étonner sur la quantité de maîtresses dont il n'avait jamais été question dans les Mémoires[192] supposant à tort que Simone de Beauvoir aurait prétendu y dire tout[193]. Selon Michel Crouzet, les lettres «démentent les pieuses constructions des Mémoires»[194]. Michèle Le Dœuff prétend que, face aux «documents bruts»[195] des lettres, les Mémoires font figure de «discours *officiel*», un «discours censuré ou auto-censuré»[196]. Surtout en évoquant ses rapports avec Sartre, Simone de Beauvoir raconte, selon elle, l'histoire «comme il convient»[197]. Beauvoir a-t-elle construit leur couple comme Sartre a construit sa biographie? Même les «bien intentionnés», qui ne se sentent pas personnellement bernés, admettent aujourd'hui que les Mémoires de Simone de Beauvoir ne représentent qu'un point de vue parmi d'autres sur Sartre[198].

---

189. Ainsi pouvait-on encore lire dans un compte rendu de *La Cérémonie des adieux* que Simone de Beauvoir n'avait «jamais su farder la vérité» (*magazine littéraire,* janv. 1982, p. 60).
190. Les auteurs des *Ecrits de Sartre* (Gallimard, 1970) s'en servent constamment.
191. Cf. les extraits des comptes rendus que reproduit Geneviève Idt dans son étude «'La Cérémonie des adieux'de Simone de Beauvoir: rite funéraire et défi littéraire», *Revue des Sciences humaines*, oct.-déc. 1983, en particulier p. 15.
192. Michel Crouzet, *Commentaire*, n° 27, automne 1984, p. 501.
193. G. Idt rappelle utilement que ce n'est pas le cas, cf. le prologue de *La Force de l'âge, éd. cit.*, p. 10.
194. *Art. cit.*, p. 504.
195. *Esprit, art. cit.*, p. 181.
196. *Ibid.*
197. *Ibid.* 189.
198. Cf. l'étude de Hazel E. Barnes «Simone de Beauvoir's Autobiography as a Biography of Sartre» parue dans *The French Review*, vol. 55, special issue

III. Perspectives

La biographie en question

Le travail le plus urgent à accomplir semble donc être, pour l'instant, la biographie de Sartre. Celle-ci devrait dissoudre et réduire à leur fond de vérité les images actuelles qui n'ont fait que remplacer les clichés anciens. Certes, en 1985 a paru la grande biographie d'Annie Cohen-Solal chez Gallimard. Celle-ci n'a cependant pas pu répondre aux exigences de la critique sartrienne: c'est essentiellement une compilation de faits sans perspective ni méthode (même si les faits sont, en partie, nouveaux)[199]. Une table ronde «La biographie en question» animée par Geneviève Idt en juin 1986 lors de la réunion annuelle du Groupe d'Etudes sartriennes n'a pas eu les résultats espérés: les experts réunis[200] se sont retenus vis-à-vis de l'auteur de la biographie pour ne pas avoir l'air d'un tribunal. Cependant, au moins trois biographies se trouvent actuellement en chantier ou attendent leur publication: celle de John Gerassi annoncée depuis longtemps[201] ainsi que celles de Michel Contat[202] et de Michel Rybalka[203]. Un numéro spécial de *French Review*[204] a soulevé les problèmes pratiques et méthodologiques relevant d'une bio-

---

«Sartre and Biography», n° 7, Summer 1982, où elle écrit notamment: «the limitations of a single point of view are evident» (p. 79). Dans le même fascicule, Michel Rybalka dit, lui aussi: «[...] the writings of Simone de Beauvoir present just one point of view on Sartre, and [...] several others have to be considered.» (p. 10)

199. Cf. notre compte rendu dans *lendemains* n° 42 (1986), pp. 127sq.

200. A part Geneviève Idt et Annie Cohen-Solal ont participé: Michel Contat, Serge Doubrovsky, Philippe Lejeune et Josette Pacaly.

201. John Gerassi, fils du peintre Fernando Gerassi (le modèle de Gomez dans *Les Chemins de la liberté*) a enregistré au debut des années soixante-dix d'importants entretiens avec Sartre dont les éditeurs des *Œuvres romanesques* dans la Pléiade ont déjà pu profiter. Son livre, *Jean-Paul Sartre, Hated Conscience of his Century. T. 1: Protestant or Protester?* a été publié en 1989 par University of Chicago Press. (Note ajoutée pour la reprise en volume.)

202. Michel Contat envisage de publier une biographie qui s'arrête en 1940 (conférence à l'Université d'Eichstätt du 28 juin 1985).

203. Cf. Michel Rybalka, «Towards a Biography of Sartre», *French Review*, spec. issue cité, p. 7.

204. Cité n. 198.

graphie de Sartre. Le modèle idéal, dont Sartre suggéra lui-même en 1975 l'applicaiton à Michel Rybalka et dont semblent s'inspirer les biographies mentionnées, est sa propre étude sur Flaubert[205].

Ceux qui envisagent une biographie de Sartre ne peuvent donc pas renoncer à s'intéresser à Sartre biographe, non seulement pour repérer, dans *L'Idiot de la famille*, la mise en pratique de la méthode progressive-regressive comprenant l'individu comme «universel singulier», mais pour démêler, aussi dans les autres biographies d'écrivains dont il est l'auteur, les éléments d'une autobiographie masquée[206]. Nous avons déjà mentionné l'étude de Josette Pacaly soumettant les écrits biographiques de Sartre à une lecture psychanalytique; d'autres ouvrages parus depuis la mort de Sartre sont consacrés aux mêmes textes[207]. Les sartrologues ont de plus en plus tendance à envisager les écrits de Sartre sous l'angle autobiographique: selon Michel Rybalka, il aurait même été question, à Cerisy, de considérer la *Critique de la raison dialectique* comme «autobiography in the abstract»[208].

Réception et succès

Alors que les tentatives biographiques, dans la mesure où elles ne s'intéressent pas exclusivement à l'auteur, devraient plutôt mettre l'accent sur la genèse de l'œuvre sartrienne[209], Geneviève Idt, s'inspirant aussi bien de la réflexion de Sartre que des travaux de l'école de Constance, suggéra à Cerisy de nouvelles perspectives critiques relevant toutes du domaine de la réception. Elle signala quatre sujets d'étude distincts et qui se contaminent: la théorie sartrienne de la ré-

---

205. Cf. *ibid*. 8.
206. Selon Geneviève Idt, non seulement Baudelaire, Mallarmé, Genet et Flaubert, à qui Sartre consacra des textes importants, mais encore Gorz, Nizan, Merleau-Ponty, Kierkegaard, Nietzsche et Freud sont «tous des doubles de l'auteur» («Les vies illustres de Sartre», *magazine littéraire*, févr. 1983, p. 26).
207. Douglas Collins, *Sartre as biographer*. Harvard University Press, Cambridge and London, 1980, et Michael Scriven, *Sartre's Existential Biographies*. Macmillan, London, 1983. Cf. G. Idt, «Préhistoire» (étude citée n. 95) p. 57.
208. *Art. cit.*, p. 7.
209. La reconstruction de la genèse de l'œuvre sartrienne sera aussi la tâche d'un groupe de chercheurs dirigé par Michel Contat au sein de l'*Institut des textes et manuscrits modernes* (C.N.R.S.).

ception, à reconstruire à partir des textes dispersés; la programmation, dans le texte sartrien, de ses «effets de lecture» (public implicite[210] ou explicite, stratégie face aux destinataires[211]); la réception effective de l'œuvre et du personnage de l'auteur; la pratique sartrienne de la réception, autrement dit les relations intertextuelles de son œuvre[212]. Entre temps, des travaux ont été entamés dans les sections différentes. En mars 1985, un colloque international s'est tenu à Lyon sous le titre «Sartre aujourd'hui - Sartre lecteur - Sartre lu»: c'est surtout l'intertextualité qui a été le sujet des communications[213]. Geneviève Idt a montré elle-même comment Sartre, dans *Les Chemins de la liberté*, «brasse» les idées de son époque: il reprend des «modèles d'écriture» supposés connus du lecteur pour les transformer et récrire, produisant ainsi un effet de «déjà lu et de pourtant neuf»[214]. Dans cette stratégie, elle voit une des conditions de son succès. D'autres critiques ont, eux aussi, essayé de dégager, par des analyses sérieuses, les raisons du succès de Sartre qui a été longtemps l'objet de spéculations. Anna Boschetti, appliquant la méthode sociologique de Pierre Bourdieu, a retracé la stratégie du succès que Sartre suivit à l'intérieur du champ intellectuel: sa thèse principale est qu'il a réuni en sa personne le philosophe et l'écrivain qui, auparavant, étaient dissociés[215]. Douglas Collins, quant à lui, a montré que l'entreprise biographique de Sartre participe à la logique de

---

210. Signalons que Henning Krauss a déjà dégagé le public défini dans *Qu'est-ce que la littérature?* dans les œuvres publiées de 1938 à 1948. (*Die Praxis der «littérature engagée» im Werk Jean-Paul Sartres 1938-1948.* Heidelberg, 1970)
211. Ce que Wolfgang Iser entend par «lecteur immanent» (cf. *Der implizite Leser*. München, 1972).
212. Geneviève Idt, «La 'réception' de Sartre ici et maintenant», Actes de Cerisy, *op. cit.*, pp. 316 sq.
213. Cf. Claude Burgelin (éd), *Lectures de Sartre*. Presses universitaires de Lyon, 1986. (Note ajoutée pour la reprise en volume.)
214. «Les modèles d'écriture dans 'Les Chemins de la liberté'», *Etudes sartriennes* I (*Cahier de Sémiotique textuelle* 2), 1984, pp. 75-92. Cf. *Œuvres romanesques*, p. XIX.
215. Anna Boschetti, *Sartre et 'Les Temps modernes'*. Minuit, 1985.

l'ideologie du capitalisme, d'où son succès[216]. Dans un cadre plus limité, l'auteur de ces lignes a commencé à analyser, à l'appui de documents, l'accueil des pièces de théâtre au moment de leur création[217].

Dans la mesure où les sciences évoluent et se répercutent sur la critique littéraire, l'œuvre de Sartre se prête et se prêtera à de nouvelles lectures. Si les intellectuels manifestent aujourd'hui leur déception, les philosophes leur indifférence[218] et les étudiants leur ignorance[219] vis-à-vis de Sartre et de son œuvre, rien ne prouve que la conjoncture historique, dans l'avenir, ne lui soit à nouveau favorable. En attendant, les sartrologues continueront à explorer les dimensions inconnues de son œuvre et à lui poser de nouvelles questions.

---

216. Douglas Collins, *Sartre as biographer, op. cit.* Cf. aussi son article «When Biography Becomes the World», *French Review*, spec. issue (cit.) pp. 57-67.
  217. L'ouvrage a été cité n. 35.
  218. Cf. les contributions dans *Le Débat*, n° 35, mai 1985 («Sartre, cinq ans après»).
  219. Selon deux sondages, les jeunes, aujourd'hui, connaissent peu Sartre et ne se sentent pas concernés par lui. A la rigueur, on s'intéresse à ses critiques littéraires (cf. *Les Nouvelles littéraires*, 25 févr. 1982, p. 45, et *Le Monde des livres*, 25 oct. 1985, p. 20).

Sartre et Aron
A propos du livre de Jean-François Sirinelli

Sur la scène intellectuelle française, Sartre et Aron ont incarné de façon exemplaire, on le sait, deux versants opposés, deux manières différentes de se comporter face à la réalité politique. Il était donc quasiment obligatoire, en ces temps de bilans, de consacrer une étude à la comparaison de leurs trajectoires parallèles.[1] Jean-François Sirinelli était bien armé pour le faire. Il a publié plusieurs ouvrages sur l'histoire des intellectuels, notamment sa thèse (couronnée par l'Académie française) qui porte sur la génération des khâgneux et des normaliens de l'entre-deux-guerres, précisément celle de ses deux personnages. L'ouvrage, qui suit la chronologie, est divisé en trois parties dont l'avènement du fascisme et la guerre constituent les pivots. Déjà à l'Ecole Normale, Sartre et Aron, nés la même année, produits du même terreau intellectuel, adoptent des positions politiques différentes. Alors que Sartre reste apolitique, Aron, influencé par Alain, se définit pacifiste et socialisant. Sirinelli accorde avec raison une importance particulière aux séjours successifs des «petits camarades» en Allemagne. Dès 1930-31, Aron, lecteur à l'université de Cologne, sent la montée du nazisme et commence à abandonner son pacifisme. Quelques années plus tard, il aura adopté le point de vue qui restera le sien: «prendre le monde tel qu'il est et non tel qu'il devrait être» (109). Sartre, par contre, qui passe l'année universitaire 1933-34 à Berlin, continue à être indifférent face à l'Histoire. Celle-ci, selon une opinion courante, le saisit subitement au moment où la guerre éclate. Sirinelli corrige ce qu'il considère comme une «vulgate» en montrant que la conversion de Sartre s'était déjà amorcée dans l'avant-guerre. Une lecture attentive des Mémoires de Simone de Beauvoir (que l'auteur discrédite -

---

1. Jean-François Sirinelli, *Deux Intellectuels dans le siècle, Sartre et Aron.* Paris: Fayard, 1995.

souvent à tort - en tant que source) aurait conduit au même résultat. Beauvoir souligne, en effet, que Sartre et elle se sentaient concernés par la guerre civile espagnole et les accords de Munich. Contrairement à ce que prétend Sirinelli, elle ne campe pas, dans son autobiographie, un Sartre résolument antimunichois; elle montre, en réalité, le déchirement entre «sa pensée politique et ses élans intimes».

Le chapitre consacré à la guerre et à l'Occupation allemande révèle que l'auteur suit une tendance toujours actuelle, celle de dénoncer comme fiction la «prétendue» résistance de Sartre. Certes, sa formation d'historien le préserve de procéder de la même manière que Gilbert Joseph, mais la teneur de ces pages ne diffère pas essentiellement du livre publié en 1991 par l'ancien maquisard du Vercors irrité par le succès de Sartre et de Beauvoir. Ainsi le témoignage de Nathalie Sarraute (apporté quarante-neuf ans après les événements) suffit pour minimiser l'importance du groupe opposant «Socialisme et Liberté». Deirdre Bair, biographe de Beauvoir en général assez mal informée, est portée garante pour dévoiler les liens véritables entre Sartre et l'éditeur de l'hebdomadaire collaborationniste *Comœdia*. Les autorités de Vichy auraient regardé Sartre d'un œil complaisant puisqu'il fut promu professeur de khâgne alors qu'un grand nombre de ses collègues étaient rétrogradés. Sartre publie et prospère pendant qu'Aron, qui a rejoint la Résistance extérieure à Londres où il travaille comme secrétaire d'une revue, se trouve sur la liste Otto et que d'autres normaliens de sa promotion passent à l'action directe et sont déportés. Il s'ensuit que «le surengagement politique de Sartre après 1945 et pratiquement jusqu'à sa mort doit probablement beaucoup au remords présumé d'une avant-guerre ensommeillée et d'une guerre sans éclat particulier» (p. 199).

On ne contredira pas forcément ce diagnostic prononcé déjà par Vladimir Jankélévitch (qui n'est pas cité) et publié après sa mort, en 1985. Il faut cependant faire quelques remarques sur la méthode de l'historien. Celui-ci, selon une déclaration plusieurs fois répétée par l'auteur, n'a pas à juger ses personnages, mais à présenter à ses contemporains les pièces d'un dossier qui doit leur permettre de juger, s'ils le souhaitent. Encore faut-il que les pièces sélectionnées soient représentatives de l'ensemble. Pour la période de l'Occupation, le choix nous paraît peu équilibré: Sirinelli a largement préféré les pièces à charge contre Sartre et négligé celles à décharge. Ainsi, parmi les témoignages concernant le groupe «Socialisme et Liberté», il aurait été souhaitable de retrouver, à côté de celui de Nathalie Sarraute, ceux que cite Annie Cohen-Solal dans sa biographie. Quant à la carrière de Sartre dans l'enseignement secondaire, pourquoi ne retenir que sa promotion et la rétrogradation de ses collègues sans mentionner que le recteur de l'Université de Paris, dans la lettre où il demande (avec succès) la suspension de Beauvoir, demande aussi celle de Sartre? Est-ce la faute de ce dernier si l'Education Nationale ne s'est pas conformée à cette proposition? Pourquoi ne pas dire qu'André Castelot, dans le journal collaborationniste *La Gerbe*, émit lui aussi des doutes sur l'aptitude de Sartre au professorat? Pourquoi signaler seulement de façon sommaire que Beauvoir fut relevée de ses fonctions «pour des raisons d'ordre privé» (p. 179) au lieu de préciser ces raisons qui avaient beaucoup de rapport avec le «vertuisme» vichyssois et donc, en fin de compte, étaient de nature idéologique puisque la plainte déposée par Mme Sorokine pour incitation de mineure à la débauche aboutit à un non-lieu? Privé de ce contexte, sur lequel Sirinelli insiste par ailleurs en théorie de manière quasiment obsessionnelle, le travail que Beauvoir accepta par la suite à Radio-Vichy ne peut plus être rattaché à la situation complexe dans laquelle il était placé. On ne comprend pas non plus pourquoi Sirinelli omet de signaler que Sartre était disposé à monter des opérations de sabotage quand on le lui demanda et que Beauvoir, après le Débarquement, s'est déclarée prête à agir comme agent de liaison. Les témoignages en question se trouvent tous dans les livres qu'il a amplement consultés, en partie même aux pages qu'il a citées lui-même.

Pour la période d'après la Libération, une «guerre de trente ans» entre les deux antipodes, l'image de Sartre n'est pas plus nuancée. Pour des raisons qu'on a vues, il dénonce la démocratie parlementaire, souhaite l'«accomplissement du marxisme-léninisme» (p. 364) et fait l'éloge du «réalisme socialiste» (p. 365). Bien que la dernière citation s'appuie sur un témoignage, on regrette ici que Sirinelli ait délibérément renoncé à analyser les soubassements philosophiques et esthétiques de son sujet. Même une «pensée mise en acte» (p. 18) mérite d'être résumée correctement.

Le livre de Sirinelli, nous l'avons dit, n'est pas dépourvu de réflexions méthodologiques. Au début, l'auteur rappelle toute une gamme de précautions à prendre. Il sait, par exemple, qu'à force de fréquenter trop longtemps des auteurs, par sources interposées, on est victime de «sympathies et d'antipathies qu'il s'agit d'assumer et de neutraliser» (p. 16). Or, dans ses «Vies parallèles» de Sartre et d'Aron, Sirinelli a de l'empathie, même de l'admiration pour le second, alors que le premier est observé avec une distance critique et souvent réductrice. Cette distribution de faveurs est fort représentative de l'opinion majoritaire parmi les intellectuels parisiens qui, après le grand revirement des années 70, découvrirent qu'Aron, dénigré auparavant pour avoir appuyé le *statu quo*, avait toujours eu raison et décrétèrent que Sartre, maître-à-penser désavoué, s'était souvent trompé. Simple coïncidence? Quoi qu'il en soit, le livre de Sirinelli apporte aux intellectuels parisiens la certitude précieuse que leurs vues actuelles sont scientifiquement fondées.

Sartre à Francfort: un congrès (1987)

Entre 900 et 1200 auditeurs assistaient aux communications présentées au début du mois de juillet 1987 au Congrès International sur Sartre à Francfort, congrès organisé par l'Université Goethe et les éditions Rowohlt, qui publient l'œuvre complète de Sartre en Allemagne. En 1983, le congrès Adorno n'avait pu attirer qu'à peine deux fois moins de monde, et ce dans la patrie même de la Théorie Critique; on s'interrogea donc sur les raisons de cette attractivité. Suivant une première hypothèse, la jeune génération des Verts s'est lassée de l'irrationalisme sommaire dominant ainsi que des jeux cyniques du postmodernisme; la théorie communicationnelle de Habermas ne l'aide pas non plus à assumer la réalité. C'est pourquoi les jeunes intellectuels se tourneraient vers un questionnement existentiel radical.[1] Une autre supposition veut que, dans une époque marquée par l'absence de repères, on recoure au sujet, l'élément constitutif de la philosophie de Sartre. Quoi qu'il en soit, en France, dans le climat intellectuel ambiant et compte tenu du dédain que la plupart des intellectuels ressentent en ce moment pour Sartre, semblable congrès aurait été inconcevable.[2]

L'idée fondamentale du congrès organisé par le sociologue Iring Fetscher et Traugott König, le traducteur de Sartre, avait été de réunir des philosophes, des sociologues, des politologues et des critiques littéraires qui ne soient pas spécialistes de Sartre et qui pourraient ainsi jeter un regard neuf sur son œuvre. En réalité, il s'avéra qu'il n'y avait presque aucun des 24 intervenants qui n'eût déjà publié auparavant sur lui. Les grands représentants de la philosophie française et allemande - entre autres Paul Ricœur - n'avaient pu se

---

1. Cf. Michel Contat dans son rapport du congrès paru dans *Le Monde* du 16 juillet 1987.
2. Pour l'attitude actuelle des intellectuels français face à Sartre, cf. mon article «Images actuelles de Sartre», *Romanistische Zeitschrift für Literaturgeschichte/Cahiers d'Histoire des Littératures romanes* (Heidelberg) N° 1/2 (1987) pp. 215-244.

résoudre à participer; l'absence d'intérêt des philosophes contrastait singulièrement avec l'attractivité de Sartre pour le public. Parmi les philosophes allemands de réputation mondiale, seuls Hans-Georg Gadamer et Jürgen Habermas étaient présents. Ce dernier dirigea une section: bien qu'ayant lu avec ses étudiants la *Critique de la raison dialectique*, il ne se sentait pas assez familiarisé avec la pensée de Sartre pour faire une conférence.

Le congrès s'étendit sur deux jours. Pour la veille du premier jour, on avait organisé une table ronde autour du sujet «'Condamnés à la liberté.' Liberté, responsabilité et engagement.» Traugott König tenta en vain de lancer une discussion parmi les cinq intellectuels réunis. Apparemment, il visait à opposer le concept sartrien de «liberté» à la liberté réalisée en Europe, la «liberté» douteuse de la consommation et de l'autodestruction menaçante. Mais le sujet ne passa pas la rampe, ce qui montre que Sartre, aux yeux des intellectuels d'âge moyen de la RFA, appartient au passé et que ses idées n'interviennent plus de manière productive pour penser le présent. Seules les féministes (Silvia Bovenschen, Margarete Mitscherlich-Nielsen, Alice Schwarzer) se manifestèrent avec force, vu que le rôle de Sartre dans le «couple idéal» qu'il formait avec Simone de Beauvoir et qui servit de modèle à plusieurs générations d'intellectuels est de plus en plus contesté.[3]

Le congrès se voulait aussi confrontation entre la postérité de l'Ecole de Francfort et Sartre. Selon le philosophe Manfred Frank - qui, en tant que spécialiste de Sartre, ne présenta pas de communication, conformément à la finalité du congrès[4] -, l'Ecole de Francfort a toujours traité Sartre avec arrogance et ignorance. Herbert Schnädelbach, philosophe formé à Francfort, en chercha les raisons. Selon lui, le seul à s'être confronté vraiment avec la pensée de Sar-

---

3. Cf. mon article précité, pp. 236-241.
4. Manfred Frank, qui succéda à Walter Schulz à la chaire de Tübingen, est l'un des rares philosophes allemands de quelque réputation qui se confrontent aujourd'hui sérieusement avec Sartre. Dans sa thèse d'Etat *Das individuelle Allgemeine* (L'universel singulier), publiée en 1977 à Francfort, il insère le Sartre de la *Critique de la raison dialectique* et de *L'Idiot de la famille* dans la tradition herméneutique de Schleiermacher. Dans des publications ultérieures, il défend la philosophie sartrienne du sujet face au poststructuralisme (voir par ex. M.F.: *Die Unhintergehbarkeit von Individualität*. Francfort 1986).

tre est Herbert Marcuse, qui analysa en 1948 *L'Etre et le Néant*.[5] Il écrivit à l'époque: «L'analyse existentielle de Sartre est strictement philosophique dans la mesure où elle fait abstraction des facteurs historiques qui constituent la réalité concrète et empirique: cette dernière ne fait qu'illustrer les conceptions métaphysiques et métahistoriques de Sartre. Dans la mesure où l'existentialisme est une doctrine philosophique, il est idéaliste: il transforme, en les réifiant, les conditions historiques spécifiques de l'existence humaine en caractères ontologiques et métaphysiques. De cette manière, l'existentialisme participe de l'idéologie qu'il conteste, et son radicalisme est trompeur.»[6]

La critique de Marcuse resta la norme pour le jugement de Sartre par d'autres philosophes de l'Ecole de Francfort: Adorno la présuppose quand, dans son étude sur l'engagement ou dans la *Dialectique Négative*, il se réfère à l'existentialisme.[7] Lui-même semble d'ailleurs n'avoir guère lu Sartre dans l'original: son analyse n'est donc pas exempte d'erreurs. Le terme d'«existentialisme» fut mis à l'*index verborum prohibitorum* de Francfort: il sentait la pensée anhistorique et la 'Eigentlichkeit'.[8] Les philosophes de Francfort ne se rendirent pas compte que la pensée de Sartre évolua après *L'Etre et le Néant*. Schnädelbach prétendit que la Théorie Critique aurait pris une autre direction si on avait lu à Francfort la *Critique de la raison dialectique*. Si on ne le fit pas, c'est aussi parce que la pensée de Sartre et celle des philosophes de Francfort évoluèrent en direction inverse, car Sartre commence avec la philosophie pure pour finir comme philosophe social, alors que chez Horkheimer et Adorno c'est le contraire. En effet, Adorno se rapproche, dans la *Dialectique Négative*, de nouveau de Husserl et de Kierkegaard, qui sont aussi les points de départ de Sartre. Selon Schnädelbach, Sartre et Adorno puisent aux mêmes sources, c'est-à-dire dans le Schelling de la dernière période, dont leur réception passe par Kierkegaard. C'est

---

5. «Existentialism», in: *Philosophy and Phenomenological Research*, 1948.
6. Citation selon la version allemande publiée dans H.M., *Kultur und Gesellschaft 2*. Francfort 1977. 9e éd., p. 52. La traduction est de nous.
7. «Zur Dialektik des Engagements», in: *Neue Rundschau* 73 (1962) pp. 57 sq.
8. Il est vrai que le livre *Jargon der Eigentlichkeit* d'Adorno (Francfort 1964) est dirigé contre la philosophie de l'existence allemande, essentiellement contre Heidegger.

pourquoi ils enseignent l'un et l'autre la contingence métaphysique du monde et de l'histoire, ils critiquent tous deux la métaphysique de l'essence et l'idéalisme, ils sont tous deux antinaturalistes et n'abandonnent pas le théorème de l'aliénation. Sur la base de ces points communs, il vaudrait la peine, selon Schnädelbach, de rapprocher Sartre et l'Ecole de Francfort pour tirer du nouveau à partir du contraste, et cela dans trois domaines: l'anthropologie, la *praxis* et la dialectique.

Alors qu'à Francfort, le mot «anthropologie» figurait également, comme notion anhistorique, sur l'*index verborum prohibitorum*, le Sartre de la dernière période peut parler sans scrupules d'«anthropologie marxiste»: ils ne visent pas la même chose quand ils se servent de cette notion. C'est que l'anthropologie de Sartre, on s'en doute, ne s'occupe pas de l'essence de l'homme, mais cherche les conditions de possibilité de l'homme en tant qu'être social et pas seulement naturel. C'est pourquoi Sartre peut fonder la philosophie marxiste de l'histoire sur une anthropologie structurale en recourant au sujet de la théorie, alors que la dialectique des lumières, en tant que philosophie de l'histoire négative, ne peut pas rendre compréhensible sa propre possibilité. Schnädelbach prétendit que la Théorie Critique devrait écouter Sartre, à cet égard, pour compenser son déficit épistémologique, qui continue à exister, selon lui, après le tournant communicationnel, car, poursuivit-il, réfléchir sur les conditions subjectives de l'intersubjectivité ne signifie pas automatiquement tomber dans un solipsisme méthodique, la subjectivité devant être comprise non seulement comme *résultat*, mais aussi comme *condition* de l'intersubjectivité.

En outre, la réception de la notion sartrienne de la *praxis* devrait aider l'Ecole de Francfort à compenser certains déficits de la Théorie Critique moins récente quant à la théorie de l'action et à trouver ainsi un appui argumentatif dans la confrontation avec la théorie des systèmes. Enfin on devrait, selon Schnädelbach, comparer les dialectiques de Sartre et d'Adorno. Ce faisant, on trouverait que la *Dialectique Négative* pourrait être lue comme métacritique anticipée de la *Critique de la raison dialectique*. De cette manière, on pourrait lire chez Adorno les raisons de l'échec de Sartre, puisque «la dialectique spéculative et la mémoire post-idéaliste de *individuum est ineffabile*» ne sauraient coexister. Sartre et l'Ecole de Francfort pourraient se rencontrer en comprenant que ce qui reste de la dialectique est une «herméneutique critique de l'individuel sans réductionnisme».

Après cette conférence d'ouverture, les communications se répartirent en cinq sections en partie parallèles, intitulées «Subjectivité et intersubjectivité», «Sartre et le structuralisme», «Philosophie de l'histoire et de la société», «Sartre en tant qu'intellectuel» et «L'esthétique de Sartre». Dans la première section, Axel Honneth, assistant de Habermas, analysa la théorie sartrienne de l'intersubjectivité. Cependant la fécondation réciproque souhaitée par Schnädelbach ne se fit pas: Honneth se contenta, dans une large mesure, de constater que les présupposés ontologiques de Sartre ne permettent pas d'autre interprétation des relations avec autrui que celle de l'échec, moyennant quoi il retomberait dans un système pré-hégélien. A partir de la perspective habermasienne du discours sans domination et de la communication réciproque, il objecta qu'il y a non seulement des regards aliénants, mais aussi motivants. Le tout dernier Sartre se serait orienté vers cet idéal de la communication sans contraintes. Assurément, Honneth se rendit la tâche trop facile - et cela pouvait paraître symptomatique de la manière dont on approche Sartre à Francfort - en opposant à la théorie «fausse» de Sartre la «vraie» de Francfort. Dans la discussion qui suivit la communication, quelqu'un remarqua pertinemment qu'on ne saurait compenser par une philosophie de la gentillesse le fait que Sartre avait fait marche-arrière par rapport à Hegel. Si les philosophes de Francfort ne se confrontent pas sérieusement avec Sartre, il se pourrait avérer le pronostic d'un journaliste: «Presque banni d'Allemagne à cause de Heidegger, Sartre ne retournera pas en Allemagne à cause d'Adorno et de Habermas.»[9]

Les communications de la section «Sartre et le structuralisme» confrontèrent le philosophe avec Georges Bataille, Michel Foucault et Claude Lévi-Strauss. Etant donné que des représentants du structuralisme, du néostructuralisme et du postmodernisme se réfèrent en partie à Bataille pour développer des contre-positions face à Sartre, Traugott König s'était demandé dans quelle mesure ces contre-positions pouvaient se déduire à partir des écrits de Bataille. Il aboutit à la conclusion que les systèmes des deux penseurs se cor-

---

9. *Frankfurter Allgemeine Zeitung*, 13 juillet 1987.

respondaient plutôt qu'ils ne s'opposaient dans leurs structures respectives. Le philosophe belge Pierre Verstraeten compara les théories de Sartre et de Foucault sous l'aspect de l'interprétation qu'elles font de la fonction de la folie pour la société, et du point de vue de l'altérité, de la réception du marxisme et de la notion de vérité: il trouva des divergences, mais aussi des convergences et des complémentarités. Les deux communications semblent être typiques de la réception actuelle de Sartre dans la mesure où l'on cherche moins aujourd'hui, à partir d'une certaine distance dans le temps, ce qui distingue les systèmes que ce qui les rapproche: la communication de Schnädelbach en était aussi une preuve. Par contre, Alfred Schmidt montra, en confrontant Sartre avec la critique de Claude Lévi-Strauss, l'antagonisme entre scientisme positiviste et dialectique.

Les communications philosophiques qui ne se référaient pas au structuralisme étaient consacrées aux *Carnets de la drôle de guerre* posthumes (1983), qui contiennent les linéaments d'éléments importants de la théorie de *L'Etre et le Néant*, aux *Cahiers pour une morale* également posthumes (1983), dans lesquels Sartre ébauche l'Ethique annoncée à la fin de *L'Etre et le Néant*, et enfin à la philosophie de l'histoire de Sartre. Dans le domaine de la morale, la réception continuera: 600 pages de manuscrit rédigées en 1963/64 attendent toujours d'être publiées. Il s'agit de brouillons de conférences prévues pour les Etats-Unis, que Sartre, finalement, ne tint pas en raison de la guerre du Vietnam. Le philosophe Gerhard Seel de Neuchâtel a eu l'occasion de les consulter pour ses réflexions sur ce qu'aurait pu être la philosophie morale de Sartre. Il distingue trois moments dans l'évolution de sa pensée morale. La première étape comprend, selon lui, *L'Etre et le Néant*, *L'Existentialisme est un humanisme* et les *Cahiers pour une morale* (conçus de 1947 à 1949). Il oublie cependant que *L'Etre et le Néant* et *L'Existentialisme est un humanisme* sont incompatibles vu que l'impératif catégorique postulé dans ce dernier écrit ne peut pas s'ériger sur la base ontologique de *L'Etre et le Néant*. Le Sartre des années 60 - celui de la seconde étape - critiqua après son revirement marxiste sa première philosophie morale comme idéaliste et mystifiante. Ce Sartre comprend qu'une morale ne sera possible qu'une fois surmontée la situation de la rareté dans le monde. Une dernière phase paraissait s'annoncer selon Seel dans les années 70 lorsque Sartre, presqu'aveugle, envisageait, sous le titre *Pouvoir et Liberté*, le projet d'un livre sous forme de dialogues. Cependant le philosophe de Neuchâtel renonça à reconstruire cette phase puisque l'authenticité des sources les plus importantes - les interviews avec Benny Lévy de 1980 - est contestée.[10]

Contrairement à Seel, le philosophe genevois Marc Hunyadi s'appuya sur ces interviews. Lui aussi distingue trois moments dans l'évolution de la morale sartrienne, mais le découpage n'est pas le même. A partir des interviews avec Lévy, dans lesquelles Sartre considère l'obligation comme une dimension de la conscience[11], Hunyadi établit l'opposition extrême avec la philosophie de *L'Etre et le Néant* où la liberté est la seule structure constitutive de la conscience. La transition entre ces deux positions se trouve, selon lui, dans les *Cahiers pour une morale*, dans lesquels Sartre essaie de fonder une philosophie morale en se servant de la notion d'appel, qu'il définit comme «reconnaissance d'une liberté personnelle en situation par une liberté personnelle en situation»[12]. Ceux qui connaissent la théorie littéraire de Sartre verront que l'auteur de *Qu'est-ce que la littérature?* (écrit à la même époque) définit la relation entre auteur et lecteur également par l'appel; ce texte devrait donc être pris en compte dans des tentatives futures de reconstruire la philosophie morale de Sartre. Le recours à l'appel n'est cependant pas un remède pour sortir de l'aporie de l'intersubjectivité dans *L'Etre et le Néant* puisqu'il est toujours possible de rejeter l'appel et, ce faisant, de réifier la conscience qui émet l'appel. Ce n'est que dans les interviews avec Benny Lévy publiées en 1980 que Sartre admit que, dans *L'Etre et le Néant*, il avait «laissé chaque individu trop indépendant»[13], moyennant quoi il n'avait pu penser l'intersubjectivité qu'en termes conflictuels. Si l'on prend ces dernières interviews au sérieux, Sartre évolue effectivement vers l'idéal de la communication sans contraintes, comme Honneth l'avait soutenu. Cependant il n'a pas dit comment il entendait la fonder.

10. Cf. mon article cité dans la note 2, pp. 229 sq.
11. *Le Nouvel Observateur*, 10 mars 1980, p. 59.
12. *Cahiers pour une morale*, Gallimard, 1983, p. 285.
13. *Le Nouvel Observateur*, 10 mars 1980, p. 60.

Plusieurs intervenants ont souligné l'actualité de la pensée de Sartre. Le philosophe Vincent von Wroblewsky (Berlin-Est) retraça le chemin que parcourut Sartre de la critique de l'humanisme métaphysique à un humanisme concret et historique, et l'opposa à la philosophie des Derrida, Foucault, Deleuze, Lyotard, etc., actuellement dominante en France, qu'il appela un «antihumanisme»[14]. Selon lui, il y a aujourd'hui encore des leçons à tirer des réflexions sur la guerre que Sartre nota dans les *Carnets de la drôle de guerre* ainsi que de son engagement pour la paix dans l'après-guerre. Le philosophe hollandais Leo Fretz soutint la même idée pour la *Critique de la raison dialectique* et la théorie de la rareté et de la violence qu'il y expose. Selon lui, la théorie sartrienne de la violence va plus loin que celles d'Engels et de Lénine qui considéraient la guerre comme le produit de facteurs économiques et de l'exploitation capitaliste. Pour Sartre, la violence dérive de la rareté en tant que constante anthropologique (du moins tant que la société communiste idéale, dans laquelle chacun participe selon ses besoins au produit social, n'existe pas). En outre, la rareté déclenche, selon Sartre, la contre-finalité de la matière: celle-ci augmente à mesure que se complexifie et s'opacifie la structure sociale, et cela aussi bien dans des sociétés capitalistes que socialistes. La crise écologique, qui n'a menagé aucun des deux systèmes, en est une preuve évidente. Malgré un jugement plus critique des changements que Sartre fit subir à la pensée marxiste, le sociologue Iring Fetscher de Francfort recommanda également la lecture de la *Critique de la raison dialectique*, surtout aux marxistes désireux de surmonter les dogmes stériles. On aimerait bien savoir si, sous les auspices de la *perestroïka* et de la *glasnost*, les philosophes soviétiques prendront connaissance du Sartre marxisant.

Vu la grande quantité et aussi l'hétérogénéité des communications, il est impossible de donner une idée de toutes les contributions. Mentionnons cependant celle de Georges-Arthur Goldschmidt puisque son sujet reçut quelques mois après le congrès une actualité inattendue. Le titre de sa communication était «Communauté ou société - Heidegger ou Sartre». Sans risquer de trop la réduire, on peut résumer la thèse de Goldschmidt par l'affirmation que le nazisme de

---

14. Avec Luc Ferry et Alain Renaut, les auteurs de *La pensée soixante-huit: essai sur l'anti-humanisme contemporain*, Gallimard, 1986.

Heidegger se montre déjà dans *Etre et Temps* par le fait que son auteur ne prend guère d'êtres humains comme exemples, alors que dans l'œuvre de Sartre, qui est considéré comme antifasciste, il y aurait presque 300 personnes. D'où la conclusion: «Pour Sartre, il s'agissait d'inventer l'homme, pour Heidegger, de le rejeter.» L'automne suivant parut le livre du Chilien Victor Farías, enseignant à l'Université Libre de Berlin, sous le titre *Heidegger et le nazisme. Morale et politique*, dans lequel Heidegger est presque promu au rang de philosophe officiel du nazisme. En raison de l'importance de Heidegger pour la philosophie française contemporaine, la publication suscita un scandale dans les médias français, d'où il gagna les médias et séminaires philosophiques d'Europe. On se demanda si, vu les faits publiés par Farías, qui montrent Heidegger beaucoup plus engagé dans le nazisme que lui et ses apologistes n'avaient voulu l'admettre après la guerre, il était encore justifiable de lire et de commenter les textes du philosophe.[15]

Même si les spécialistes de Heidegger connaissaient déjà depuis longtemps la plupart des faits exposés par Farías[16], le livre du Chilien - jugé, depuis, rudimentaire au point de vue philosophique et sujet à caution au point de vue méthodologique - a eu en tout cas pour effet qu'on se pose aujourd'hui plus sérieusement la question du rapport entre l'attitude politique et la philosophie de Heidegger. Si elle fut longtemps négligée, c'est aussi la faute de Sartre: lorsque les communistes, pendant l'Occupation allemande et à la Libération, l'étiquetèrent «disciple de Heidegger» et «par conséquent» partisan du nazisme, il s'était défendu en disant que la faiblesse de caractère de Heidegger ne disqualifiait pas automatiquement sa philosophie[17];

---

15. Cf. par ex. *Le Nouvel Observateur*, 6 nov. 1987, p. 170.
16. Une documentation réunie autour de 1960 par Guido Schneeberger ne trouva pas en R.F.A. le climat propice à la réception et dut être publiée par l'auteur en Suisse où elle resta assez inaperçue. Plus connues sont les études de l'historien de Fribourg Hugo Ott qui a annoncé pour l'automne 1988 un livre sur le sujet. Cf. son compte rendu du livre de Farías dans la *Neue Zürcher Zeitung* du 27 nov. 1987, p. 39, ainsi que le dossier dans *Die Zeit* (Hambourg) du 29 janvier 1988, pp. 13-16. Selon Ott, Farías a identifié de nouvelles sources dans certaines archives de R.D.A. pratiquement inaccessibles aux chercheurs de R.F.A., mais ces sources ne changent pas beaucoup l'état de nos connaissances.
17. *Action* (Paris), 29 déc. 1944, p. 11.

Les Temps modernes servirent ensuite de tribune pour l'apologie de Heidegger.[18]

Comme une partie des communications présentées dans la section sur l'esthétique de Sartre, la conférence finale était consacrée à *Saint Genet comédien et martyr*. On l'avait confiée à Klaus Dörner, médecin ouest-allemand connu pour sa participation dans le mouvement antipsychiatrique. Dörner souligna que l'œuvre de Sartre était la première à subjectiver la marginalité alors que, traditionnellement, on avait réduit les 'outlaws' à l'état d'objets puisqu'ils servaient à un ensemble de personnes à se définir comme groupe. Il se demanda quelles seraient les conséquences pour une civilisation si celle-ci renonce aux marginaux qui confèrent aux groupes leur cohésion.

Le point culminant indiscuté du congrès a été, au soir du premier jour, la conférence de Hans-Georg Gadamer, âgé de 87 ans, le seul parmi les grands philosophes allemands dont on ait pu obtenir la participation active. Tous les auditeurs avaient sans doute l'impression d'assister à un événement historique lorsque le philosophe de Heidelberg évoqua, dans un amphithéâtre comble, presque deux heures durant sa lecture, en 1946, de *L'Etre et le Néant*: il s'était servi à l'époque de l'exemplaire que son maître Heidegger lui avait offert et qui était coupé jusqu'à la page 40. Gadamer s'est attaché à décrire la situation qu'occupait, à l'intérieur de la philosophie allemande, le groupe auquel il appartenait avec Ludwig Landgrebe et Eugen Fink et qui était dominé par l'influence de Husserl et de Heidegger. Il rappela que la communication entre la philosophie allemande et française n'était pas sans problèmes puisque les deux écoles avaient des traditions différentes: la française aurait été guidée par l'idéal de la clarté, l'allemande par la «trouble profondeur» de la tradition romantique de Hamann à Heidegger, en passant par Herder et Hegel. Mais sa communication prouva le contraire: avec une clarté exemplaire il retraça, dans un discours sans notes, la manière dont Sartre avait adapté Hegel, Husserl et Heidegger. Le public enthousiasmé lui fit une ovation frénétique.

Il n'est pas facile de faire le bilan du congrès. La qualité des communications, leurs présupposés et leurs objectifs étaient trop diffé-

---

18. Cf. A. de Towarnicki, «Visite à Martin Heidegger», *Les Temps modernes*, 1946.

rents. Dans le débat final, un auditeur observa que la plupart des intervenants n'avaient pas dit pourquoi il vaudrait la peine de pénétrer plus avant dans la pensée de Sartre. Les propositions les plus concrètes avaient été faites par Herbert Schnädelbach: si les philosophes de Francfort les adoptent et se décident à faire une appropriation critique de la philosophie sartrienne, le congrès aura été plus qu'un événement universitaire parmi d'autres.[19]

---

19. Les actes du congrès ont paru entre temps aux éditions Rowohlt, ed. par Traugott König: *Sartre. Ein Kongreß* (Reinbek bei Hamburg 1988).

Sartre, dix ans après sa mort

Pour le dixième anniversaire de la mort de Sartre, un congrès international devait se tenir à la Bibliothèque Nationale. Faute de fonds, il a été reporté à 1992 ainsi que l'édition d'une bibliographie portant sur les années 1980 à 1991. Les sartriens n'ont pas pour autant laissé passer l'événement sans le célébrer: la réunion annuelle du Groupe d'Etudes Sartriennes (G.E.S.), qui s'est tenue comme tous les ans le troisième week-end de juin, était l'occasion qui se prêtait de manière naturelle à cette commémoration.

La réunion du Groupe d'Etudes Sartriennes

Le colloque qui eut lieu à la Vidéothèque était doublé par la projection de treize films sur Sartre ou tirés de ses œuvres. Pour la première fois, le groupe se réunissait dans un cadre extra-universitaire (ce qui n'a toutefois pas contribué à augmenter considérablement le nombre des auditeurs). Autre nouveauté: Geneviève Idt ayant été élue en 1989 présidente de l'association, l'organisation et l'animation étaient assurées par les nouveaux secrétaires Jean-François Louette (Paris) et Juliette Simont (Bruxelles) respectivement chargés de la littérature et de la philosophie.

Les huit communications du premier jour étaient regroupées autour du sujet «Sartre et la philosophie allemande». Pour commencer, Maurice de Gandillac, camarade d'études de Sartre dès l'hypokhâgne[1] et professeur honoraire de philosophie en Sorbonne, parcourut et commenta un à un les passages où il est question, dans *L'Etre et le Néant*, de Leibniz. Une auditrice rappela que Simone de Beauvoir, au moment de la préparation de l'oral de l'agrégation en été 1929, avait exposé le *Petit discours de métaphysique* au clan des

---

1. «Pierre Clairaut» dans les Mémoires de Simone de Beauvoir.

«petits camarades» (Sartre la remercia galamment par un dessin «Leibniz au bain avec les monades»).

Pierre Verstraeten (Bruxelles) se consacra aux rapports entre Sartre et Hegel, notamment à la lutte des consciences dans la version hégélienne que Sartre critiqua parce que, selon lui, elle est fondée sur un optimisme épistémologique et ontologique. D'où, dans *L'Etre et le Néant*, comme on sait, l'échec des relations avec autrui, situation qui, selon Verstraeten, ne change pas essentiellement avec la *Critique de la Raison dialectique* (malgré le groupe en fusion). Certains auditeurs y opposèrent le «nous» apparaissant, entre autres, dans les textes de théorie théâtrale de Sartre (qui cependant relève plus de sa bonne volonté que d'un fondement philosophique); Michel Contat objecta que Verstraeten n'avait pas tenu compte de ce qu'il considère comme le texte-clé de Sartre dans sa confrontation avec Hegel, celui qui porte sur l'«universel singulier»[2].

Vincent von Wroblewsky (Académie des Sciences de la R.D.A.) avait choisi «Sartre et Marx» comme sujet de sa communication. Il tenta, entre autres, d'expliquer pourquoi l'auteur de *Questions de méthode* avait pu encore en 1957 déclarer le marxisme comme «indépassable philosophie de notre temps» alors que tout dans la réalité démentait déjà ce constat. C'est que Sartre aurait toujours fait la distinction entre deux marxismes: celui de Marx et celui des marxistes sclérosés. Il cita le communiste est-allemand Robert Havemann qui avait durement critiqué Sartre sans cependant l'avoir lu[3], ce qu'il avoua plus tard dans une autocritique. Interrogé par un auditeur,

---

2. Cf. *Situations, IX*. Gallimard, 1972, pp. 152-190. Il s'agit d'une communication de 1964 à un colloque sur Kierkegaard.
3. Wroblewsky, lui, l'avait lu. Dans un livre publié en 1977, il reprit avec zèle tous les clichés du marxisme-léninisme face à Sartre intellectuel petit-bourgeois et fustigea les tentatives de définir un «socialisme à visage humain» nécessairement hostiles au «socialisme effectivement en voie de développement» *(Jean-Paul Sartre. Theorie und Praxis eines Engagements*. Frankfurt/Main 1977, Verlag Marxistische Blätter, coll. Zur Kritik der bürgerlichen Ideologie, p. 16). Il est regrettable que l'auteur omît, dans sa conférence et ailleurs (cf. *infra)*, de se situer par rapport à son jugement antérieur, démenti largement dans ses prises de position actuelles. Claude Lanzmann connaissait-il le livre quand il confia à Wroblewsky l'article devant figurer en tête du dossier «Des Allemands de l'Est parlent» publié dans le n° d'avril 1990 des *Temps modernes*, article dans lequel Wroblewsky se montre, du reste, assez complaisant envers lui-même?

Wroblewsky répondit qu'on ne peut pas encore dire aujourd'hui ce que la *Critique de la Raison dialectique* a apporté pour le développement de la théorie marxiste. Pour la tentative d'une synthèse de l'existentialisme et du marxisme, Michel Contat renvoya aux écrits d'André Gorz[4].

Monika Schulten (R.F.A.), auteur d'une thèse récente sur *L'Idiot de la Famille* soutenue à Göttingen[5], procéda à une comparaison entre la conception compréhensive de la biographie chez Dilthey et la conception dialectique de la biographie chez Sartre. Selon elle (et en dépit de l'opinion contraire de Raymond Aron qui ne jugea pas innovatrice la théorie exposée dans *Questions de méthode*), Sartre biographe de Flaubert réalise, par l'application de sa méthode régressive-progressive, les aspirations de Dilthey qui avait tenté en vain, dans sa biographie de Schleiermacher, de montrer la réciprocité entre individu et histoire: il n'était parvenu qu'à une juxtaposition figée. Pour Monika Schulten, le livre sur Flaubert constitue bien un modèle.

Jean-Toussaint Desanti (Paris), élève de Merleau-Ponty à l'Ecole Normale et membre du groupe clandestin «Socialisme et Liberté» fondé par Sartre en 1941, s'attaqua au sujet «Sartre et Husserl». En expliquant la radicalisation de l'ego transcendental husserlien par Sartre ainsi que sa conception de la temporalité, d'autrui et de la hylé, il prononça souvent le mot «impasse».

C'est seulement après avoir compris Husserl que Sartre, selon Desanti, fut capable d'entrer dans la pensée de Heidegger. Guy Haarscher (Bruxelles) analysa les rapports entre ce dernier et Sartre. De la même manière que Heidegger part du *Dasein*, Sartre partira dans *L'Etre et le Néant* de l'homme en situation. Mais alors que celui-ci s'arrache constamment, par le pouvoir néantisant de la conscience, du monde, le *Dasein* heideggerien ne peut pas s'en émanciper. C'est précisément cela que Sartre reproche à Heidegger: selon Haarscher, de par sa conception d'un pour-soi néantisant l'en-soi, il

---

4. Dernier livre publié (et controversé): *Métamorphose du travail. Quête du sens.* Galilée, 1988. Cf. *Esprit,* mars-avril 1990, pp. 93 sqq.
5. *Jean-Paul Sartres 'Idiot de la Famille' - ein methodisches Modell der Dichterbiographie.* Bern 1990 (Ed. Lang).

se trouve d'une certaine manière aux antipodes du philosophe allemand.

Amparo Ariño Verdú (Valence/Espagne) et Léo Fretz (Delft) se consacrèrent encore, dans une communication commune, à la relation qu'entretient la philosophie de Sartre avec celles de Husserl et de Heidegger. Leur propos était de montrer que Sartre, sous l'influence de Heidegger, abandonna sa conception du cogito préréflexif impersonnel, précisément celle qui était découlée de sa radicalisation de la théorie husserlienne. Or, c'est la personnalisation du cogito (que les auteurs appellent «la Kehre» de Sartre) qui est à l'origine de l'impossibilité d'une morale. Il n'y a qu'en retournant à la position épistémologique antérieure que Sartre peut créer une situation favorable à l'élaboration d'une éthique de la solidarité. C'est l'opuscule *Vérité et Existence* publié en 1989 dont le texte date de 1948 que les auteurs considèrent comme une étape importante vers ce but: il s'agit d'une réaction à la conférence «Vom Wesen der Wahrheit» de Heidegger, parue en 1948 en traduction française, dans laquelle Sartre continue ses recherches pour parvenir à une Morale[6]. Les deux premiers de la dizaine des cahiers qu'il remplit à partir des années 1947/48 en vue de ce but ont été publiés en 1983 sous le titre *Cahiers pour une Morale*.

La dernière communication de la première section avait pour titre «Sartre et le marxisme des années 60». C'était le témoignage d'un ancien soixante-huitard, Emmanuel Terray qui, tout en ayant subi l'influence de Sartre et en s'étant senti proche de sa conception du «groupe en fusion», avait préféré, à l'époque, comme ses camarades, le marxisme d'Althusser parce que la rupture avec la pensée bourgeoise lui était parue plus radicale. Bien qu'il se considère toujours comme althussérien (selon lui, il y a actuellement trop d'intellectuels en France qui démentent leurs positions antérieures), il attribue plus de chances de survie au marxisme de Sartre qu'à celui d'Althusser.

La deuxième partie du colloque regroupant sept communications sous le titre «Sartre et les arts du spectacle» débuta par la lecture de 34 scènes d'un scénario dans lequel Manfred Flügge (Université Li-

---

6. Cf. aussi le compte rendu de Michel Contat dans *Le Monde* du 22 sept. 1989, p. 46, et celui d'Hélène Védrine dans *Politis* du 5 oct.1989 («Sartre-Heidegger: un allègre parricide»).

bre de Berlin) a adapté *Bariona*, la pièce que Sartre composa en captivité pour Noël 1940. S'inspirant des *Chemins de la Liberté*, Flügge a construit une intrigue dont l'action se passe surtout au stalag et dont le ressort principal est constitué par les divergences entre membres du PCF clandestin sur la ligne à suivre. Il y a des résistants, un collaborateur tué par ces derniers, un prêtre nommé Marius et un Mathieu-Sartre auteur de la pièce («un petit type avec des lunettes, on dirait de loin qu'il louche») qui se convertit du scepticisme à l'engagement...[7] Alors que les intellectuels français sont en train de démythifier (même un peu trop) l'image de Sartre répandue après la guerre, le scénario de Flügge qui mélange fiction et réalité (ou ce qu'on était convenu de considérer comme telle) risque fort de créer de nouveaux mythes. C'est cette réserve que nous nous sommes permis d'exprimer après la communication. En tout cas, il y a peu de chances pour la réalisation du projet étant donné que l'œuvre de Sartre n'est pas dans le domaine public et que son héritière semble peu disposée à lever l'interdiction qui pèse sur la représentation de *Bariona*.

Jacques Lecarme (Paris-Villetaneuse) proposa une analyse politique de *Nekrassov*. Il réserva quelques surprises à ses auditeurs car il avait pu se servir de documents déposés par Wanda Kosakiewics et Michelle Vian à la Bibliothèque Nationale où on peut les consulter désormais. Les cartons en question contiennent non seulement des coupures de presse, mais aussi le texte original de la pièce dont la version que nous connaissons est amplement mutilée: la publication du texte intégral (que nous verrons sans doute un jour dans la Pléiade) réhabilitera cette pièce souvent négligée par les critiques à cause de sa qualité discutable. Lecarme proposa, entre autres, un certain nombre de clés pour les personnages en partie à peine déguisés dans cette espèce de revue qu'il désigna aussi comme «jeu de massacre sur l'ensemble de l'idéologie anticommuniste». L'un des cartons contient d'ailleurs le début d'une pièce (2 tableaux) sur le maccarthysme.

Pascal Ayoun (Paris) analysa «l'inspiration boulevardière dans le théâtre de Sartre». Partant d'une définition courante du Boulevard, il

---

7. Voir la version allemande publiée dans Rainer E. Zimmermann (ed.), *Jean-Paul Sartre*. Cuxhaven 1989 (Junghans-Verlag), pp. 24-35.

apporta une foule d'exemples pour montrer que le théâtre de Sartre lui aussi est un théâtre du langage, qu'il utilise des moyens tels qu'expressions relâchées, tics de langage à la mode, quiproquos et cachettes et que l'intrigue de ses pièces a le plus souvent un caractère privé. Reste la question de savoir pourquoi il avait recours à cette forme. Réponse principale: Sartre devait tenir compte du public pour lequel il écrivait, et c'était (à partir de 1946) un public de rive droite à qui il offrait ce qu'il aimait, «non sans le déstabiliser profondément, mais en restant absolument accessible - quitte à provoquer des malentendus». Ayoun proposa de faire ressortir dans les mises en scène ce que le théâtre de Sartre doit aux genres traditionnels, soit pour en jouer, soit pour s'en démarquer, et de trouver ainsi moyen de récupérer et de dépoussiérer ses pièces. Cette communication nous est parue suggestive et en même temps caractéristique d'une tendance actuelle consistant à relever les aspects formels des œuvres de fiction, après l'épuisement de l'ancien paradigme de lecture dans lequel les textes de Sartre en langage conceptuel servaient à décoder sa fiction[8]. L'approche d'Ayoun nous semble d'autant plus valable qu'elle prend en considération les circonstances concrètes de la production, le public en l'occurrence, nécessité que souligna aussi Michel Contat: selon lui, l'écriture de Sartre dépendait de manière très étroite des situations, la conception des rôles féminins, par exemple, était tributaire des femmes pour lesquelles il écrivait ses pièces.

Jeannette Colombel (Lyon) étudia la conception de l'acteur selon Sartre. Après avoir relevé dans *L'Imaginaire* et les *Cahiers pour une Morale* les définitions de l'imaginaire comme négation du réel et de la création comme don, puis signalé l'omniprésence du «je» comme «jeu» dans *Les Mots*, elle insista sur les pages que Sartre, dans *L'Idiot de la Famille*, consacre à l'acteur et où il redéfinit «le paradoxe sur le comédien» de Diderot[9]. L'intérêt particulier de sa conception réside dans le fait que, dans sa philosophie, le sujet est défini

---

8. Cf. «Images actuelles de Sartre», *Romanistische Zeitschrift für Literaturgeschichte/Cahiers d'Histoire des littératures romanes* N°s 1/2 (1987) pp. 216 sqq. «Les Sartre de la critique».
9. Les extraits figurent dans *Un théâtre de situations* (ed. Michel Contat et Michel Rybalka), coll. idées, 1973, pp. 195 sqq.

par la non-coïncidence avec lui-même: chacun joue, selon Sartre, à être ce qu'il est. L'acteur est donc d'une certaine manière le symbole par excellence du sujet. Il y a cependant la différence essentielle que l'acteur professionnel (tel Kean) ne joue précisément pas à être ce qu'il est: il joue, au contraire, à être ce qu'il n'est pas, d'où son statut particulier[10]. La communication de Jeannette Colombel a montré que la reconstruction de la théorie théâtrale de Sartre (qui reste à faire) ne peut pas se limiter à l'analyse des textes explicitement consacrés à la théorie dramatique, mais doit tenir compte de la philosophie sartrienne du sujet en tant que théorie de rôles[11].

Shuji Morita (Japon) exposa une théorie globale sur «Sartre et le cinéma». Se basant sur de nombreux textes, en particulier *Les Mots*, il montra l'influence fondamentale du septième art sur la vie et l'œuvre de Sartre. En effet, Poulou sortant du cinéma se sent «de trop» et découvre la contingence face à la nécessité de l'art. La névrose (auto-diagnostiquée) de Sartre découle, selon Morita, de son platonisme profond: puisqu'il avait saisi les choses d'abord par les mots et les images, il lui fallut un difficile apprentissage du réel. La théorie exposée est complètement inédite, en tout cas, elle impute (avec de bonnes raisons) surtout au cinéma ce que l'on s'était habitués à mettre sur le compte de la littérature. Une réserve que l'on pourrait cependant formuler est d'avoir utilisé *Les Mots* comme document brut et d'avoir parfois un peu trop cru sur parole l'autobiographe Sartre. Le sujet «Sartre et le cinéma» fera couler sans doute encore beaucoup d'encre une fois édités les scénarios de films écrits entre 1943 et 1945 pour Pathé.

Michael Scriven (Grande-Bretagne) retraça, sur la base de nombreux témoignages, les circonstances de l'échec auquel aboutit le projet d'une série télévisée sur l'histoire de la France du XXe siècle vue par Sartre qui fut commandée par Antenne 2 au milieu des années 70. Parmi les raisons retenues figurent l'hostilité de Jacques

---

10. Pour plus de précisions cf. l'anthologie commentée de Jeannette Colombel, *Sartre*, coll. textes et débats, le livre de poche, t. 2, 1986, pp. 711 sqq., où l'on trouve un certain nombre d'idées développées dans la communication.

11. C'est ce qu'a déjà bien vu Volker Roloff dans sa communication au congrès de Francfort «Existentielle Psychoanalyse als 'theatrum mundi'. Zur Theatertheorie Sartres», in Traugott König (ed.), *Sartre. Ein Kongress*. Frankfurt, 1988, pp. 93-106.

Chirac (alors premier ministre), la réticence du Président Giscard d'Estaing (favorable au projet mais redoutant la rupture avec le R.P.R.), une situation financière précaire, la participation d'amateurs dans l'équipe de travail constituée par Sartre, l'incompatibilité entre les ambitions de Sartre et celles des responsables (qui désiraient un «objet culturel»), l'absence complète de De Gaulle dans le synopsis, etc. La série, si elle avait vu le jour, aurait été, selon Scriven, une contre-histoire de la France. L'échec du projet n'en est pas moins significatif des relations entre Sartre et les institutions de l'Etat.

La dernière à parler était Marina Arías (Académie des Sciences, Moscou) venue pour renseigner les auditeurs sur la réception de Sartre en U.R.S.S. En effet, on pouvait supposer que la réorientation actuelle ne reste pas sans influencer l'appréciation d'auteurs tels que Sartre; c'est ce soupçon qui avait conduit l'auteur de ces lignes à proposer la communication. En fait, on a exclusivement assisté à la description de l'état précédant le changement qui est effectivement en train de se faire; quant à la réception par les marxistes-léninistes orthodoxes, on la connaissait déjà. Pour plusieurs raisons, Marina Arías n'a pas pu terminer son exposé; ainsi les auditeurs sont-ils partis sans savoir que *Huis clos*, auparavant considéré comme reflet du monde capitaliste agonisant, est l'une des pièces les plus jouées actuellement, ils n'ont pas appris qu'on a publié récemment *La Nausée*, *Le Mur*, *Qu'est-ce que la littérature?* et d'autres textes en traduction russe alors que tout ce que le grand public pouvait lire avant, c'était un recueil de six pièces (tiré à 15 000 exemplaires, donc une rareté), et ils ignorent que certains commentateurs soviétiques donnent une nouvelle lecture de l'œuvre sartrienne et en soulignent l'actualité face aux problèmes que la société soviétique affronte en ce moment[12].

La réunion annuelle est aussi le moment pour l'association de tenir son assemblée générale et d'entendre le rapport moral et financier des responsables. Ce rapport était plutôt sombre: l'association ne vit que de cotisations, et actuellement il n'y a que 70 cotisants.

---

12. Ces informations s'appuient sur des entretiens avec Marina Arías ainsi que sur une bibliographie (inédite) rédigée et commentée par elle qui porte sur les principaux travaux sur Sartre parus entre 1980 et 1989 en U.R.S.S.

Les recettes servent surtout à couvrir les frais causés par la fabrication du bulletin publié tous les ans et comportant une bibliographie, des comptes rendus et des informations indispensables quand on désire être au courant de la recherche sartrienne. La cotisation annuelle donne droit au service du bulletin.

Pour un certain nombre de chercheurs, la langue constitue un obstacle qui les empêche de prendre connaissance de travaux importants qui ne sont pas publiés en français. Pierre Verstraeten proposa de remédier à cet inconvénient par la création, chez Gallimard, d'une collection «Les Temps modernes» exclusivement consacrée à publier des œuvres critiques sur Sartre en traduction française. L'un des initiés vit cependant très peu de chances pour que Gallimard accepte cette proposition, le critère exclusif de la maison d'édition semblant être la rentabilité. C'est en fonction de ce critère que Gallimard a décliné, par exemple, la publication en traduction française des actes du congrès de Francfort. Il faudrait, pour réaliser de tels projets, de fortes subventions apparemment difficiles à obtenir en France.

La commémoration proprement dite eut lieu à la fin du colloque. Pendant quelques minutes, la salle écouta la voix de Sartre présentant *Huis clos*. Ensuite, des comédiens, metteurs en scène et journalistes livrèrent leurs souvenirs. François Périer, créateur de Hugo, évoqua sa première rencontre avec Sartre: en 1948, à deux heures du matin, il lui avait récité *Les Mains sales* avec une interprétation erronée de la fin («Non: récupérable!»). Michel Vitold se rappela les répétitions de *Nekrassov* en 1955: comme on effectuait constamment des coupures, il avait decidé d'abandonner le rôle, ne pouvant plus mémoriser le texte. Sartre le faisait chanter pour éviter le chômage de la troupe: on finit par lui marquer ses répliques sur le plancher! Claude Régis prit part à la création de *Morts sans sépulture* et de *La Putain respectueuse* en 1946. Après Chauffard, il incarna le garçon de café dans *Huis clos*. En 1990, c'est lui le metteur en scène de la pièce à la Comédie Française: il expliqua sa mise en scène «métaphysique» s'appuyant sur la porte d'où la place de celle-ci au milieu de la scène. Michel Mitrani, qui adapta *Huis clos* pour la télévision dans une mise en scène «charnelle», exprima sa conviction que le théâtre de Sartre, contrairement à l'opinion courante, est plus qu'un véhicule d'idées. Roger Planchon, quant à lui, avoua que ses rapports avec Sartre furent ambigus. Il avait subi son influence à travers *Les Temps modernes*, mais pour le brechtien qu'il était, Sartre en tant que dramaturge ne comptait pas. Les idées: oui; mais l'esthétique? Selon lui, les comédiens ne pouvaient pas s'épanouir dans les rôles que Sartre composait pour eux. La majorité des témoignages se rapportaient à la petite histoire, à l'élément anecdotique, sans pour autant oublier de relever la générosité de Sartre et la confiance en soi qu'il inspirait; très peu parmi ceux réunis à la table animée par Jeannette Colombel et Sandra Teroni, table où se trouvaient, en outre, Claude Lanzmann et Michel Contat, établirent un rapport entre lui et l'actualité de notre époque. Pourtant Bertrand Poirot-Delpech souligna que l'audition de la voix de Sartre lui avait montré de façon évidente qu'il «manque aujourd'hui quelqu'un qui essaie de comprendre». C'est lui aussi qui proposa de lire l'œuvre sartrienne à partir de la situation du présent, par exemple *L'Enfance d'un chef* comme prophylaxie contre la montée de la Nouvelle Droite.

L'anniversaire dans les médias

Mis à part ce colloque et le festival de cinéma qui l'accompagnait, comment Paris a-t-il célébré l'anniversaire de la mort de Sartre?

Nous avons déjà mentionné son entrée solennelle au répertoire de la Comédie Française, le 5 mai 1990, avec *Huis clos* dans une mise en scène s'inscrivant d'une certaine manière dans la tradition du plateau nu de Jacques Copeau, inaugurée précisément au Théâtre du Vieux Colombier où la pièce fut créée fin mai 1944. La représentation s'étendant sur presque deux heures et demie sans entr'acte a été jugée plutôt ennuyeuse par ceux qui l'ont vue. Elle donna l'occasion, pour la Comédie Française, de publier un numéro spécial somptueux[13].

---

13. Comédie Française. *Huis clos. Jean-Paul Sartre*. N° spécial 185, mai 1990. Voir aussi les pages parues dans *Le Monde* du 3 mai 1990 (pp. 37-39) ainsi que le pastiche délectable de Michel-Antoine Burnier faisant commenter l'événement par Racine, Molière, Corneille et d'autres grands du Théâtre Français (*L'Evénement du jeudi*, 12-18 avril 1990).

Bien sûr, les médias n'ont pas manqué de se manifester. Antenne 2 réunit au café de Flore, pour son émission «Sartre, une vie» diffusée le 15 avril, de nombreux invités censés fournir un témoignage sur «Sartre intime», «Sartre et la politique» et «La philosophie de Sartre»[14]. On a pu lire des articles commémoratifs dans les journaux[15]. *Lire* publia un sondage qui prétend révéler la manière dont Sartre est entré dans la conscience collective des Français[16]. Un numéro spécial sur Sartre que *Les Temps modernes* annoncent depuis des années doit finalement voir le jour à la fin de l'année 1990. D'après Claude Lanzmann, il comportera 1000 pages et n'aura «rien d'hagiographique»[17]. La liste envoyée aux collaborateurs pressentis comporte 126 noms dont ceux de François Mitterrand, Valery Giscard d'Estaing, Jacques Derrida et Jean-François Lyotard. Le numéro reproduira, par ailleurs, une sélection des communications présentées au G.E.S.

Libération s'est adressé à des penseurs français et étrangers en leur posant la question «Que reste-t-il de Sartre?» Le dossier qui comporte vingt réponses a été publié dans le numéro des 23 et 24 juin 1990, au moment donc où se tint le colloque. Le bilan est plutôt positif. Parmi les philosophes, il n'y a qu'André Comte-Sponville pour considérer Sartre comme «philosophe de second plan». Jean-Luc Marion et Pierre Guenancia l'apprécient pour avoir été l'un des

---

14. Cf. la notice dans *Libération*, 14 et 15 avril 1990, p.21.
15. Relevons *Télérama*, 11 avril 1990 (avec un témoignage très personnel de Michel Contat «Pourquoi je l'aimais», le souvenir de Benny Lévy et la fameuse lettre d'amour de Françoise Sagan); *L'Humanité*, 14 avril 1990 (avec, entre autres, un article d'Arnaud Spire «Un pèlerin de la liberté» et un texte de Lucien Sève qui juge que Sartre «serait aujourd'hui un compagnon de route critique mais enthousiaste du gorbatchévisme»); *Libération*, 14 et 15 avril 1990 (Robert Maggiori, «Jean-Paul Sartre, dix ans de purgatoire?»); *Le Monde*, 15 et 16 avril 1990 (Michel Contat, «L'enterrement de Sartre»); *La France catholique*, 4 mai 1990 (Jean-Marie Domenach, «La solitude et l'errance»); *Paris-Match*, 12 mai 1990 (Gilles Martin-Chauffier, «Le crépuscule du Dieu Sartre»).
16. *Lire*, avril 1990 (Malraux incarne mieux que lui l'intellectuel français du XXe siècle; le livre de Sartre que les interrogés préfèrent est *La Peste* [sic], etc.).
17. *Le Monde*, 1er juin 1990. Depuis la mort de Simone de Beauvoir, Claude Lanzmann est le seul directeur de la revue tirée à 6000 exemplaires et publiée par Gallimard; le comité de rédaction a été très élargi.

premiers à introduire la phénoménologie husserlienne dans la philosophie française. Jean-Pierre Faye lui sait gré d'avoir renoué, en 1943, avec le Heidegger d'avant (et non d'après) 1933, Pascal Engel se prononce en faveur de Sartre et contre Foucault, Pierre Verstraeten choisit lui aussi le camp de Sartre pour être le plus convaincant «dans sa synthèse toujours aventurée de liberté et de rationalité». On ne trouve que George Steiner et Michel-Antoine Burnier pour signaler ses erreurs en politique, erreurs évidemment pour avoir cautionné trop longtemps le socialisme et non pas, comme le suggère Henri Lefebvre dans le même numéro, pour ne pas s'être *assez* engagé et avoir reculé devant le marxisme orthodoxe! Félix Guattari, quant à lui, justifie les options politiques de Sartre car à l'époque de la Guerre froide «on pouvait être parfaitement informé sur l'existence des goulags, on pouvait dénoncer le régime soviétique, et cependant prendre en compte la balance des rapports de forces internationaux». Il prévoit qu'au sortir de décennies de formalisme, de structuralisme et de postmodernisme une reprise en compte de Sartre s'impose vu que toutes les références au social ont été dévastées. On ne s'étonnera pas de lire que pour Jeannette Colombel, la théorie sartrienne de «liberté en situation» est toujours opératoire; comme exemples, elle cite les dissidents de l'Est face au totalitarisme et les malades atteints du sida qui peuvent se convertir en acteurs sociaux. La preuve est fournie par Vincent von Wroblewsky lui aussi interrogé par *Libération*: il affirme que la pensée de Sartre était très présente en R.D.A. dans les grandes manifestations de novembre 1989. Lui-même y avait d'ailleurs contribué en tant qu'éditeur de Sartre qui dupait la Censure. (Un nouveau Heller?) Que dire cependant de la «mauvaise surprise» de voir que les masses, selon le philosophe est-allemand, ont réclamé très vite leur rattachement presque inconditionnel à la R.F.A., donc échangé la tutelle du «socialisme réel» contre une autre, la tutelle libérale? Ont-elles si vite oublié Sartre? Non, nous dit Wroblewsky, car celui-ci est très actuel en R.F.A. Pour en convaincre le lecteur, il lui suffit de rappeler l'affluence au congrès de Francfort en 1987 et l'existence d'une société Sartre ouest-allemande.

Face au dossier de *Libération*, on est tenté de conclure que Sartre, dix ans après sa mort, est sorti de la baisse qu'a subie sa réputation à partir des années 70 en France[18]. Ce serait pourtant une erreur. Les responsables du journal, dont Sartre est le fondateur, ont de toute évidence choisi surtout des personnes supposées se prononcer favorablement sur Sartre. On s'est gardé de demander son avis par exemple à Claude Lefort à qui le journal espagnol *La Vanguardia* posa la même question: «Qué queda hoy de Sartre?» et qui répondit que son héritage politique et philosophique est très faible[19]. On ne s'est pas non plus adressé à André Glucksmann qui, dans le même numéro, jugea que Sartre commit beaucoup de bêtises et avait beaucoup de défauts - même s'il admit que ce qui comptait vraiment était sa capacité de contester. Bernard-Henri Lévy souligna la même qualité en appelant Sartre le dernier des «dreyfusards»[20]. Ces jugements atténués sans doute par l'occasion de l'enquête (on n'accable pas un monument national au moment du dixième anniversaire de sa mort) ne peuvent cependant démentir l'absence de Sartre sur la scène politique et littéraire française, absence que Michel Contat constate également dans le journal espagnol. Ailleurs, il s'amusa à répertorier, dans un réquisitoire imaginaire devant le «théâtre du monde», les reproches que les journalistes avancent actuellement face aux choix politiques, à la philosophie, à la littérature et au théâtre de Sartre. Il ne reste pas beaucoup du grand homme. En politique, on le sait, il s'est trompé; en philosophie, il a manqué d'achever ses grands projets et de mettre sur pied une Morale; en littérature, on donne la préférence à Céline, ce qui écrase le chef-d'œuvre pour lequel on pouvait tenir *La Nausée*; le théâtre, enfin, passe pour périmé[21]. Pour Contat lui-même, on s'en doute, ces opinions ne sont pas patentes: il prophétise le retour de Sartre par le cinéma (voire l'opéra!); selon lui, il reviendra aussi dans le débat politique au moment où l'on fera l'inventaire des points morts entraînés par l'idéologie libérale[22].

---

18. Voir notre étude citée dans la note 8.
19. *La Vanguardia,* suplemento Cultura, 10 avril 1990 («10 años sin Sartre»).
20. *Ib.*
21. «Un théâtre fou de théâtre», *Le Monde*, 3 mai 1990.
22. *La Vanguardia,* 10 avril 1990. Cf. aussi l'interview de Luc Ferry, «On va redécouvrir Sartre», *Le Quotidien de Paris,* 14 et 15 avril 1990.

La recherche sartrienne devant un stock d'inédits

Absent ou quasi-absent sur la scène publique, du moins en France, Sartre est de plus en plus présent dans la recherche, fait qui se manifeste, entre autres, par la fondation d'associations Sartre. Après le groupe français et ceux des Etats-Unis et du Canada, se sont créés, en 1990, un groupe en R.F.A. (constitué de manière informelle dès 1987)[23] ainsi qu'un autre ibéroaméricain[24]. Les colloques se multiplient, les publications aussi. Et les sartrologues ne seront pas de si tôt au chômage. Les écrits posthumes déjà publiés[25] sont actuellement l'objet préféré d'interrogations[26] et «un stock d'inédits», aux dires de Michel Contat, va les suivre dans les dix ou vingt ans qui viennent. En septembre 1990 paraîtront les *Ecrits de jeunesse* (datant de 1922 à 1930). Nous avons déjà mentionné les scénarios: il y en a cinq écrits entre 1943 et 1945 pour Pathé[27]. A propos de *Nekrassov*, nous nous sommes référée aux cartons déposés à la Bibliothèque Nationale[28]. En outre, il existe: des écrits philosophiques de jeunesse, un traité de psychologie inachevé, rédigé

---

23. L'initiative avait été prise par le philosophe Rainer E. Zimmermann élu président par les 27 membres fondateurs. Les actes de la première réunion ont été cités dans la note 7. Celle de 1990 eut lieu en partie à l'Institut Français de Berlin-Ouest et en partie à l'Académie des Sciences de Berlin-Est. – Indépendamment du groupe, la revue *Concordia* (Aix-la-Chapelle) a publié un numéro sur Sartre (No 17, 1990).
24. Renseignements auprès d'Amparo Ariño Verdú, Université de Valence (Espagne), Faculté de philosophie.
25. Aux six publications parues jusqu'à 1985 (mentionnées dans notre étude citée dans la note 8) se sont ajoutées trois autres, à savoir *Vérité et existence* (1989) mentionné plus haut, une nouvelle édition du tome III de *L'Idiot de la Famille* (avec des notes destinées au tome IV) ainsi qu'un texte sur Mallarmé.
26. Voir, par exemple, la plus grande partie des études publiées dans les *Etudes sartriennes* IV, la revue qui reprend en sélection les communications présentées aux réunions du G.E.S. (*Cahiers de sémiotique textuelle*, 18, 1990, à commander chez PUBLIDIX, Université de Paris X, 200 Av. de la République, F-92001 Nanterre).
27. Les informations sur les inédits et les manuscrits s'appuient sur les renseignements que donne Michel Contat dans *Libération* du 23 et 24 juin 1990 ainsi que dans le bulletin du G.E.S., 1990, pp. 36 sq.
28. C'est Mme Mauricette Berne, conservateur au département des manuscrits, qui est responsable du Fonds Sartre.

en 1937/38, d'autres carnets de guerre (qui, en partie, n'ont pas encore été localisés - on fait et fera appel aux médias pour les retrouver[29]), d'autres cahiers remplis de notes pour la Morale ainsi que des conférences de 1965 sur le même sujet, des fragments inédits sur le Tintoret, etc. etc.

Last but not least: la correspondance. Si Sartre n'a pas tout à fait disparu de la scène publique, c'est grâce à la discussion menée en grande partie par les féministes à partir des lettres échangées entre lui et Simone de Beauvoir. On se souvient de la publication, en 1983, des *Lettres au Castor et à quelques autres* et du scandale qu'elles avaient suscité: l'image du couple longtemps considéré comme modèle avait été ébranlée parce qu'on crut découvrir l'impérialisme secret de Sartre[30]. Cependant il était difficile d'émettre un jugement définitif tant qu'on n'avait pas entre les mains l'autre volet, les lettres de Beauvoir. Or, celles-ci ont été publiées au printemps 1990 par sa fille adoptive, publication qui, elle aussi, a fait du «bruit»[31]. Selon un lieu commun dans la presse, c'est cet événement qui a surtout marqué l'anniversaire de la mort de Sartre. L'information la plus importante que les lettres reproduites intégralement révèlent est que Simone de Beauvoir entretenait des relations amoureuses avec certaines parmi les maîtresses de Sartre, et au même moment que lui, fait qu'elle avait occulté dans ses Mémoires et aussi dans les lettres de Sartre en introduisant des coupures qui constituent - on le sait maintenant que les originaux sont consultables à la Bi-

---

29. Voir l'enquête «A la recherche des carnets perdus» de Pierre Assouline dans *Lire,* avril 1990, pp. 35-42.
30. Cf. notre étude citée dans la note 8, pp. 236 sqq.
31. A l'origine de ce bruit se trouve le compte rendu de Marianne Alphant paru le 22 février 1990 dans *Libération*. Simone de Beauvoir en sort complètement démolie. Voici la conclusion: «La voilà donc, cette transparence tant vantée, cette grande image, cette belle liberté. Le Castor trompait Kos., dénigrait Védrine, manipulait Sorokine [ses amantes simultanées], ne comprenait rien à la guerre, sautait d'un café à l'autre et de lettre en lettre. De loin, c'était une grande tâche. Vu de près, cela ressemble à la course d'un hamster dans sa roue.» - Cf. Ingrid Galster, «'Une femme machiste et mesquine'. La réception des écrits posthumes de Simone de Beauvoir dans la presse parisienne.» *lendemains* N° 61 (1991) pp. 53-62. (Note ajoutée pour la reprise en volume.)

bliothèque Nationale[32] - un quart du corpus entier. La raison de cette censure? Ne pas compromettre les concernées, motif défendable et crédible. Cependant les coupes effectuées par Simone de Beauvoir ont désavantagé, selon Michel Contat, l'image de Sartre. Il juge que les lettres, dans leur intégralité, révèlent d'une part l'équilibre de la relation privilégiée entre Beauvoir et Sartre (donc ruinent, en partie, la réaction qui a suivi, en 1983, la publication des *Lettres au Castor*) et d'autre part un sentiment de remords et de responsabilité quasi parentale que tous deux éprouvent pour celle qui a constitué avec eux le premier trio en 1936[33]. Afin qu'on puisse juger par soi-même[34], une nouvelle édition des lettres de Sartre s'impose donc, cette fois sans coupures, ainsi qu'une édition de la correspondance croisée. Reconstruire à partir de ces documents la relation entre Sartre, Beauvoir et leurs intimes n'a, contrairement à ce que certains insinuent déjà, rien à voir avec un voyeurisme quelconque ou le courrier du cœur, mais permettra de mieux comprendre leurs textes en tant qu'expression de leurs fantasmes. On devra procéder à une relecture de certaines œuvres, sans pour autant tomber dans un plat biographisme, relecture par exemple de *Huis clos* où la bisexualité de Simone de Beauvoir jettera une lumière neuve sur les rapports entre Inés, Estelle et Garcin[35].

Mais le «stock d'inédits» ne s'épuise pas dans les documents mentionnés. Il existe d'autres ensembles de lettres: celles que Sartre écrivit à sa mère et à ses nombreuses maîtresses; il existe des entretiens notamment avec Tran Duc Thao, John Gerassi, Michel Sicard et Benny Lévy. Ceux avec Gerassi, filleul de Sartre, ont déjà servi aux éditeurs des *Œuvres romanesques* dans la Pléiade. Par ailleurs,

---

32. Cf. Michel Contat, «Le roman de leur vie. La correspondance Sartre-Beauvoir est désormais à la Bibliothèque nationale: un document littéraire fascinant», *Le Monde*, 22 sept. 1989.
33. Cf. aussi le commentaire de Michel Contat dans le bulletin du G.E.S., 1990, p. 37.
34. Ce qui est d'autant plus urgent que Contat, il l'avoue lui-même (*Télérama*, 11 avril 1990), ne s'entendait pas avec Beauvoir et que sa «lecture» du couple en est peut-être tributaire.
35. Cf. l'article de Michel Contat dans le n° spécial cité de la Comédie Française, p. 14.

Gerassi a déjà publié le premier volume de sa biographie politique de Sartre dans laquelle il s'appuie largement sur ces interviews[36].

Dans les années à venir, une partie des sartrologues sera donc absorbée par des travaux d'édition. Les dispositifs sont en place[37]. La critique sartrienne va-t-elle donc se diviser globalement en deux courants, d'une part en philologues reconstituant patiemment la genèse des œuvres et établissant des éditions érudites accompagnées de variantes, et d'autre part en exégètes à l'affût de nouveaux paradigmes théoriques pour les appliquer aux œuvres de Sartre et en tirer du neuf?

En 1987, à Francfort, un auditeur observa lors du débat final que la plupart des intervenants n'avaient pas dit pourquoi il vaudrait la peine d'avancer plus avant dans la pensée de Sartre[38]. Ne risque-t-on pas parfois d'oublier, dans les travaux actuels qui sont souvent d'une grande originalité et d'une qualité extraordinaire[39], que la particularité de Sartre en tant qu'auteur est surtout celle que plusieurs géné-

---

36. *Jean-Paul Sartre. Hated Conscience of His Century.* T. 1: *Protestant or Protester?* University of Chicago Press, 1989. L'œuvre avait été annoncée depuis de nombreuses années comme «biographie autorisée» de Sartre. Puis Gerassi fut pris de vitesse par Annie Cohen-Solal: il conteste de façon ouverte et engagée l'œuvre de sa concurrente et s'efforce de rétablir l'image de Sartre en tant qu'antibourgeois radical. Cf. l'entrefilet de Michel Contat dans *Le Monde* du 22 sept. 1989.

37. Notamment une équipe de chercheurs dirigée par Michel Contat à l'Institut des textes et manuscrits modernes, laboratoire du C.N.R.S., dont la spécialité est la «génétique textuelle». Le premier travail porte sur *Les Mots*.

38. Cf. notre compte rendu paru dans *Concordia* N° 14, 1988, p. 54.

39. Nous profitons de l'occasion pour prendre nos distances par rapport à l'opinion de Rainer E. Zimmermann (préface de l'ouvrage cité dans la note 7) qui exagère un peu en jugeant faible la «force innovatrice» de la recherche sartrienne française (comparée, entre autres, à la force innovatrice de la recherche allemande!). S'il est vrai qu'une partie des intellectuels ouest-allemands, suite à une évolution historique différente de leur pays, ne se trouvent pas au même degré de désillusion face au socialisme que la majorité des intellectuels français et peuvent donc faire face aux écrits de Sartre avec plus d'ouverture, cette situation ne justifie pas pour autant des jugements aussi entiers; du moins faudrait-il mieux connaître l'état de la recherche (par exemple, en critique littéraire) pour les prononcer. De même, l'intérêt porté au congrès de Francfort ne suffit pas pour parler d'une demande massive pour Sartre en R.F.A., propos que certains ne cessent de répéter depuis.

rations d'intellectuels se sont reconnues en lui? Ne faudrait-il pas, afin de comprendre cette résonance, faire plus d'efforts pour envisager comme phénomène culturel plus global la correspondance entre Sartre et ceux qui l'ont écouté, sans pour autant réduire son action intellectuelle à une stratégie (consciente ou inconsciente) du succès? Ne devrait-on pas insérer les écrits de Sartre dans leur époque (histoire, politique, mentalités, sensibilités, littérature, etc.) et voir comment ils ont totalisé et dépassé les données[40], mais aussi comment ils ont contribué à façonner, à leur tour, l'époque à travers la conscience de leurs lecteurs? Ne serait-ce pas une manière de reconstituer, en travaillant sur Sartre, une partie de notre propre préhistoire?

40. Pour ceux qui sont las de dialectique, les termes de Sarah Kofman seront plus convenables. Dans sa réponse à l'enquête de *Libération*, elle proposa de voir les textes de Sartre «comme des symptômes d'une certaine façon de vivre et de vouloir les choses humaines qui ont existé (en rapport avec des conditions déterminées, historiques, politiques, pulsionnelles, etc.)» et elle conclut: «la lecture symptomale de son œuvre reste encore à faire.»

SARTRE LECTEUR, SARTRE LU

Sartre sujet et objet de lecture

En 1979, à Cerisy, Geneviève Idt esquissa des perpectives pour la critique sartrienne. S'inspirant aussi bien de la réflexion de Sartre que des travaux de l'Ecole de Constance, elle suggéra quatre sujets d'étude distincts, tous relatifs à la réception. Le «Groupe d'études sartriennes», constitué à l'issue de la décade et qui s'est réuni, depuis, tous les ans en juin, tint un colloque en mars 1985 à Lyon. La plupart des communications eurent pour sujet la pratique sartrienne de la réception, autrement dit les relations intertextuelles de son œuvre qu'on pouvait supposer dans beaucoup de cas, mais sur lesquelles les écrits posthumes nous donnent des certitudes précieuses. Le titre du volume qui contient les actes du colloque doit donc être compris dans les deux sens: Sartre est à la fois le sujet et l'objet de la lecture.[1]

Les communications se répartissent en quatre sections: il peut paraître bizarre que la première s'appelle «Le Tombeau». Elle comprend deux contributions. Alain Buisine (Lille) part de l'observation que dans l'œuvre de Sartre, livre et cercueil se trouvent souvent associés. Or, si la bibliothèque est un cimetière, les auteurs sont des morts vivants. En effet, Sartre est mort depuis le remariage de sa mère: écrire est pour lui une tentative de renaissance, mort et naissance sont étroitement liées.[2] Les écrivains dont il a écrit la biogra-

---

1. *Lectures de Sartre.* Textes réunis et présentés par Claude Burgelin. Presses universitaires de Lyon, 1986.
2. Buisine n'ignore pas que Josette Pacaly, autorité dans la psychanalyse sartrienne, a déjà signalé l'équivalence du cadavre et du nouveau-né dans l'univers fantasmatique de Sartre. Cependant il lui reproche de surinterpréter d'un point de vue uniquement sexuel ces figures. Lui-même prend souvent les textes au pied de la lettre (également dans *Laideurs de Sartre.* Lille, 1986). Sa lecture aboutit souvent à des associations de sens qui, pour être ingénieuses, ne sont pas toujours convaincantes. Ainsi quand, à l'enterrement de Sartre, son *corpus* s'identifie enfin avec son *corps*; quand, aveugle, il doit avoir recours à l'oralité d'où s'ensuit la régression à l'oralité au sens freudien ou quand il conclut que

phie, en particulier Baudelaire et Genet, ont vécu, eux aussi, la mise à mort: ils subissent l'événement traumatisant que *Les Mots*, s'arrêtant à la petite enfance, omettent. Ainsi l'écriture sartrienne est-elle un travail de deuil, travail de deuil également du XIXe siècle auquel appartient l'imaginaire de Sartre qui consacrera son œuvre entière à se détacher de la littérature telle qu'il l'avait intériorisée dans son enfance.

Sandra Teroni (Pise) tire la même conclusion pour *La Nausée*. Elle se demande pourquoi Sartre voulait tout d'abord donner à l'œuvre le titre *Melancholia* (d'après la gravure de Dürer). Dans une perspective diachronique, il renoue ainsi avec la culture de la mélancolie, d'Aristote à Baudelaire en passant par l'humanisme. L'histoire de Roquentin était de cette façon ennoblie et en même temps la tradition désacralisée. Dans un autre domaine, Sartre, qui faisait à la même époque des recherches sur l'image, se dresse contre la description fidèle que Michelet avait donnée de la gravure et plaide implicitement pour un autre passage de l'image au mot qui ne prétende pas à la vérité. En outre, il reprend à son compte (contre Gide) les «délires mélancoliques» dans certains *Dialogues* de Valéry associant la connaissance à l'ennui et au dégoût. Dans le domaine personnel, Sartre se serait libéré de sa propre mélancolie en écrivant le roman:

> par la mort du marquis de Rollebon [. . .] il s'était débarrassé d'un fantasme né des expériences simultanées de la perte de la mère, de la confrontation avec un rival et avec l'autorité et de la découverte de sa laideur. (47)

La deuxième section s'intitule «Du Berceau à la chambre». Elle comporte trois textes. Tout d'abord Philippe Lejeune (Paris), auteur d'une étude déjà classique sur «L'ordre du récit dans 'Les Mots' de Sartre»[3], se consacre aux souvenirs de lectures d'enfance de Sartre. Il a entrepris l'effort considérable de constituer, à partir de sources différentes, une liste des lectures que Sartre fit jusqu'en 1920, liste longue de plus de 200 titres qu'il a lus lui-même, en s'étonnant par-

---

puisque «marbre» signifie à la fois «dalle funèbre», et «pierre d'imprimerie», la littérature est pour Sartre une vaste entreprise de pétrification...
3. Dans id., *Le Pacte autobiographique*. Seuil, 1975.

fois de l'écart existant entre ce qu'il avait lu et la version que Sartre donne des mêmes textes dans *Les Mots*. Après une comparaison paradigmatique, il conclut: «Des récrits de ce genre sont à prendre au figuré. [...] Sartre charge l'enfant de mimer le contenu des analyses de l'adulte.» (61) Les lectures mentionnées dans *Les Mots* ont été sélectionnées par Sartre en fonction d'une stratégie autobiographique. Ainsi élimina-t-il de la version définitive un passage qui a été conservé en manuscrit. Dans ce fragment, il évoque le souvenir d'un livre intitulé *Monsieur le Vent et Madame la Pluie* et raconte comment ce livre l'incita à jouer des comédies pour marionnettes au Jardin du Luxembourg: cette activité lui valut l'amitié d'une certaine Nicole. Cependant, dans *Les Mots*, la littérature mène toujours à l'échec, ainsi Sartre présente l'enfant comme écrivain maudit, figure qui, selon Lejeune, n'était qu'une position de repli inventée pendant les sombres années de La Rochelle et projetée par l'auteur sur la petite enfance.

Howard Davies (Londres), auteur d'une publication sur le discours ethnologique dans *Les Temps modernes*[4], a cherché «l'intertexte maternel» dans l'œuvre de Sartre. Il se demande plus précisément: «A quel point Sartre lecteur a-t-il pu assimiler comme présence bienfaisante une écriture féminine sans avoir été obligé de transformer son auteur en jumeau» (comme c'était le cas avec Simone de Beauvoir)? Grâce aux *Carnets de la drôle de guerre* et aux *Lettres au Castor*, il trouve la romancière anglaise Margaret Kennedy, dont Sartre a lu trois romans. Le deuxième a pour titre *L'Idiot de la famille*. Selon Davies, l'étude sur Flaubert imite, transforme et élabore le roman de Kennedy. On y trouverait notamment préformulé le fantasme qui hantera Sartre «En face d'un enfant qui meurt de faim, un roman fait-il le poids?» Il conclut:

> Sartre s'insère dans l'intertexte maternel de Margaret Kennedy, se nourrit de ses significations au point d'hériter de son titre, refait à sa manière l'histoire de l'enfant qui meurt de faim en la transformant en celle de celui qui, même s'il dénonce sa bêtise, ne se remet pas de son idiotie - et tout cela parce que lui, Sartre, ne veut pas mourir idiot. (96)

---

4. *Sartre and 'Les Temps modernes'*. Cambridge University Press, 1986.

Dans la contribution la plus importante en pages, Serge Doubrovsky (New York/ Paris) se consacre à la sexualité telle qu'elle apparaît à travers les *Carnets* et les *Lettres*. «Vraiment vie et philo ne font plus qu'un», s'était réjoui Sartre dans une lettre à Simone de Beauvoir, mais Doubrovsky découvre un écart total entre le soldat-philosophe tel que Sartre le construit dans les *Carnets* et le personnage sexuel tel qu'il apparaît dans les *Lettres*, le premier se dessinant comme complètement dominé par l'esprit et le second apparaissant, surtout dans la désormais fameuse «affaire Martine Bourdin», comme «obscène» voire sadique. Puisque, dans les écrits posthumes, Sartre ne précise pas ses pratiques obscènes, Doubrovsky recourt à *L'Etre et le Néant* afin de voir «le 'sadique' au travail» (118). Sa conclusion: ce que Sartre passe sous silence dans les *Carnets*, on le trouve dans son traité de philosophie! «Le discours philosophique est l'éxutoire confessionnel» (123). La nature générale du discours philosophique lui permet, en plus, de justifier comme un comportement parmi d'autres ce qu'il avoue, honteux, devant Simone de Beauvoir. Paul Hilbert, lui aussi, est son pendant - toutefois en déformation cauchemardesque. La preuve: ayant couché avec une certaine Gégé (il en fait le récit caricatural à Simone de Beauvoir), Sartre lui offre un exemplaire d'*Erostrate*. La fonction du cadeau? Annuler rétroactivement l'acte sexuel car Paul Hilbert a horreur de la pénétration du corps féminin et Sartre souhaitait redevenir le «pur» tel qu'il se décrit dans les *Carnets* ...

Si l'auteur de *L'Etre et le Néant* a horreur de la chair, c'est que l'appropriation de l'autre par le sadique est toujours suivie de l'appropriation du sadique par l'autre. Comment s'en protéger? S'inventer un pour-soi, libre et détaché de tout. Avec Simone de Beauvoir, le rapport est différent, il la masculinise («le» Castor), elle est la «Mère phallique, très proche du surmoi pré-œdipien de l'école kleinienne, liée, dès la phase orale, au sadisme infantile» (130). Le «sadisme» sartrien trouve, selon Doubrovsky, son revers «masochiste» dans la «castorisation». En effet, Sartre, dans les *Lettres*, érige Simone de Beauvoir en Juge et, en même temps, lui raconte par le menu ses relations sexuelles, ce par quoi elle devient son «alter ego voyeuriste». Par conséquent, ce qu'il perd en autarcie morale, il le gagne en communion érotique.

Sartre éprouve donc à la fois attirance et répulsion face à la jouissance féminine. Dans la théorie, il privilégie le pôle répulsif: l'amour décrit comme être-pour-autrui qui se détruit lui-même est, selon Doubrovsky, l'affirmation retournée de l'union absolue avec Simone de Beauvoir. Ce que Doubrovsky reproche à Sartre, c'est que le personnage sexuel ait contaminé le philosophe sans l'avouer.

La troisième section comprend des études sur les relations intertextuelles de l'œuvre sartrienne dans un sens plus restreint. Elle s'intitule «La Bibliothèque et les miroirs»; parmi les auteurs lus par Sartre, on distingue les «pères» et les «pairs».

Michel Contat (Paris) est le seul à s'interroger sur les raisons de l'*absence* d'un auteur dans l'œuvre de Sartre: celle de Stendhal. La thèse de Contat: Sartre n'a pas écrit sur Stendhal parce que c'était son auteur préféré. L'identification du jeune Sartre avec Stendhal s'est faite à trois niveaux. Comme lui, il cherchait le salut par l'œuvre, par la gloire posthume et par l'authenticité. La biographie d'Arbelet *La Jeunesse de Stendhal* (qui d'ailleurs lui aurait servi de modèle pour ses propres biographies, plus que l'herméneutique de Schleiermacher et de Dilthey) aurait permis à Sartre de «se vivre au présent comme héros de sa biographie future» par l'identification avec Stendhal:

> Comment ne se retrouverait-il pas, au sortir d'une adolescence malheureuse entre une mère perdue et un beau-père devant qui son inimitié s'est fait chafouine, dans le Stendhal d'Arbelet, amoureux de sa mère morte quand il avait 7 ans, détestant son père [...], formé par son grand-père au culte des belles-lettres, découvrant à 10 ans une vocation d'écrire, en révolte contre sa famille, républicain et athée, convoitant intensément les femmes belles et paralysé de timidité en face d'elles parce qu'il se sent laid, petit et gros? (147)

Simone de Beauvoir partage le fantasme biographique de son compagnon: du vivant de Sartre, elle réalise, par ses Mémoires, la biographie compréhensive dont il rêvait. C'est elle encore qui écrit l'étude sur Stendhal dans *Le deuxième sexe*: son Stendhal est en réalité un Sartre idéal. Si Sartre n'a pas écrit sur Stendhal, c'est qu'en analysant les motifs qu'eut celui-ci pour sa révolte contre la société bourgeoise, il aurait dû analyser aussi les siens et il aurait trouvé que le noyau d'énergie où s'alimentait son engagement politique était la révolte contre son beau-père. Or, Sartre ne voulait pas laisser refroidir cette passion, c'est pourquoi son écriture se dirigeait toujours contre un adversaire.

On serait tenté d'établir une correspondance entre l'analyse de Contat et celle de Josette Pacaly, fort critiquée par celui-ci, parce qu'elle avait diagnostiqué que l'hostilité de Sartre au pouvoir bourgeois était l'expression de son agressivité anale. Toutefois il est vrai que Contat ne voit pas l'*origine* de la révolte politique de Sartre dans celle contre son beau-père, mais c'est seulement un potentiel d'énergie qui la radicalise.

Jean Bruneau (Lyon), flaubertiste, fait le point sur l'apport de *L'Idiot de la famille* à la recherche sur Flaubert. Il apporte les preuves de l'affirmation qu'il a faite lors d'un congrès en 1973 et selon laquelle le livre de Sartre fourmille «d'erreurs, d'inventions et de fantaisie». Etant donné que du moins les sartrologues ne cherchent pas dans ce «roman vrai» un portrait fidèle de Flaubert, on peut se demander si cette mise au point (qui rappelle un peu la polémique entre Roland Barthes et Raymond Picard à propos de Racine) était d'une extrême urgence. Néanmoins, elle montre que Sartre procède avec Flaubert comme avec les auteurs auxquels sont consacrées les études suivantes: Maupassant, Proust et Gide. Dans les documents qu'il consulte sur ces auteurs, il sélectionne les éléments qui appuient ses partis pris et lui permettent de composer des images que, par la suite, il peut contester.

Jacques Lecarme (Paris) montre que les textes de Maupassant ne justifient pas le procès que Sartre leur fait. Selon lui, Sartre affirme à tort, dans *Qu'est-ce que la littérature?*, que la narration de Maupassant se présente toujours comme histoire encadrée: un narrateur interviendrait dans une réunion de personnes représentant l'ordre pour raconter un trouble qu'il a vécu il y a longtemps, procédé de narration qui aiderait à appuyer l'ordre dans la société bourgeoise. En réalité, Maupassant n'a écrit qu'un seul recueil d'histoires encadrées et au lieu d'affirmer la sagesse, ces récits la mettraient plutôt en cause. Lecarme trouve une explication intéressante à la virulence avec laquelle Sartre exécute Maupassant dans *Les Mots* et à son absence dans les autres écrits. Maupassant, «apprenti» de Flaubert, aurait évoqué une relation filiale que Sartre, écrivain parricide, détestait. Enfin, le critique trouve des parallèles thématiques entre *Pierre et Jean* et *La Nausée*, observation qui suggère l'hypothèse d'une récriture parodique.

Jacques Deguy (Lille) constate que Sartre, malgré son intérêt pour la temporalité romanesque, ne se rendit pas compte, faute de recul, de la nouveauté radicale de la *Recherche* en ce domaine. L'ennemi du déterminisme met les œuvres de Proust dans la catégorie du «roman d'analyse» qui motive de manière causale les passions et les gestes. Il attribue à Proust une psychologie mécaniste, tout ceci parce qu'il en fait une lecture tainienne. Mais Sartre critique de Proust est en même temps un pasticheur de Proust. Deguy n'est pas le premier à signaler les éléments proustiens parodiés dans *La Nausée* qui, selon lui, pourrait aussi bien s'intituler *La Recherche Travestie*.

Pierre Masson (Lyon), comme ses confrères, prend le parti de Gide face à Sartre. Sartre se serait fait une image réductrice de Gide pour mieux montrer son propre progrès vis-à-vis de lui. Ainsi l'aurait-il enfermé dans son souci de «pureté» voulant ignorer que, en réalité, Gide cherchait à dépasser ce souci. Son aîné lui aurait servi de repoussoir pour la constitution de sa nouvelle morale de l'authenticité et de l'engagement. Mais le progrès supposé motivé par la découverte de l'historicité n'aurait été qu'une illusion: en réalité Sartre n'était pas en avance sur Gide. En effet, Gide avait déjà écrit entre 1933 et 1936 une pièce, *Robert ou L'Intérêt général*, qui préfigure *Les Mains sales*; dans *Thésée* rédigé en 1944 il anticipe, selon Masson, la position que Sartre trouvera seulement en 1951 avec *Le Diable et le bon Dieu*. Ce n'est qu'au moment de la mort de Gide survenue la même année que Sartre l'aurait libéré des stéréotypes pour le considérer dans sa totalité.

On sait que Sartre a refusé la notion de l'inconscient dans la psychanalyse de Freud. Leo Fretz (Delft) met cette critique à l'épreuve. Sa conclusion: la critique de Sartre passe à côté de son sujet. En effet, selon Sartre, la censure qui refoule les pulsions venant du Ça doit être consciente du Ça, ce qui contredirait Freud. Mais erreur: selon Freud, le surmoi sait ce qu'il rejette, mais il ne sait pas *qu'*il rejette. Le surmoi freudien correspond exactement, selon Fretz, à la caractéristique du cogito préréflexif dans *L'Etre et le Néant*. Analysant deux exemples de mauvaise foi donnés par Sartre, il conclut que «Sartre dévoile le 'pour-autrui' comme 'surmoi'» (249). Aux spécialistes de voir si cette conclusion est soutenable et si donc, également dans le cas de Freud, Sartre a lutté contre une chimère.

Après les pères les pairs. En partie, les communications sont ici moins substantielles ou les résultats moins nouveaux si bien que nous pouvons nous contenter dans la plupart des cas de quelques indications brèves.

Francis Marmande (Lyon) retrace «le dialogue de sourds» entre Sartre et Bataille, Guy Vincent (Lyon) les débats avec Merleau-Ponty menés dans l'après-guerre sur l'attitude à adopter face au communisme.

Jean-Yves Dubreuille (Lyon) et Traugott König (Francfort) analysent ce que Sartre a écrit sur le discours poétique moderne: ils ignorent de façon souveraine les études déjà consacrées à ce sujet. S'il avait consulté certaines analyses, Dubreuille se serait peut-être moins étonné du fait que Sartre donne à la poésie un statut hautement valorisant tout en condamnant les poètes, comme c'est le cas de Baudelaire: d'autres critiques avaient déjà révélé l'écart qui sépare en Sartre l'écrivain et le moraliste. Ainsi la conclusion selon laquelle *Qu'est-ce que la litterature?* a été écrit contre la poésie engagée d'un Aragon, Eluard ou Guillevic nous paraît-elle erronée.

Cette conclusion contredit d'ailleurs l'opinion de T. König, selon lequel la distinction fondamentale qu'établit Sartre dans son manifeste de 1947 entre poésie et prose correspond à l'opposition de littérature et communication instrumentale. Opinion qui, elle aussi, nous paraît fort contestable puisque Sartre admet seulement à partir des années soixante pour le domaine entier de la littérature l'existence de la polysémie réservée, dans *Qu'est-ce que la littérature?*, à la seule poésie. Mais ce n'est pas l'objectif de König de discuter ces définitions: il montre pour quelles raisons les poètes de la négritude, Genet, Mallarmé et Flaubert se sont refusés à la communication instrumentale. Chaque fois,

> le critère de qualité esthétique du discours poétique implique un critère éthique: c'est seulement la volonté délibérée de méchanceté de l'esthète par rapport à la puissance coloniale, à la société répressive, à la parole et à l'action instrumentales, au monde des 'justes' [...] qui fait l'authenticité du discours poétique. (290)

Geneviève Idt (Nanterre), pionnière dans l'analyse intertextuelle des écrits de Sartre[5], pose la question: «Comment lit un écrivain?» Les écrits posthumes nous renseignent sur les «rythmes, rituels et finalités de la lecture» sartrienne (295). Avant la guerre, Sartre, dévoreur de livres, pouvait se livrer à une lecture «dégagée» sans fin immédiate; une fois établi écrivain, il ne lira plus que pour se documenter. Sartre lecteur se partage entre le «bordel» et le «temple», à savoir la «sous-littérature» fournie par les femmes et la «littérature légitime» dont la Loi lui est transmise par les hommes. Une troisième catégorie se situe entre les deux: le récit de la vie des grands hommes dans lequel il cherche à trouver une prophétie de la sienne et qui lui servira pour élaborer sa propre méthode biographique. Comment passer de la lecture à l'écriture? Par la copie, l'émulation, le commentaire, la discussion, le dialogue avec l'auteur. G. Idt rejoint Michel Contat: les commentaires les plus longs sur un auteur présupposent une distance critique voire une agressivité de la part de Sartre. «L'influence d'un livre sur un écrivain ne se mesure pas exactement à la trace qu'il laisse dans ses écrits.» (307) Sartre dose d'ailleurs les références littéraires en fonction du destinataire. Dans *L'Affaire Henri Martin*, écrit pour un public populaire, il n'y en a que trois; c'est aussi le texte le plus oublié de Sartre. G. Idt conclut: «Estompées, les traces de lecture établissent une connivence avec le public; censurées, elles le manquent.» (310)[6] En dernier lieu, la fonction de l'imaginaire dans l'œuvre d'art selon Sartre, «estomper le monde», vaut aussi bien pour la relation entre lui et ses lectures.

Passons vite sur les deux dernières contributions groupées dans la quatrième section «Du théâtre à la rue». Jean Verdeil (Lyon) se consacre à «Sartre lecteur de Brecht et d'Artaud» et arrive à des conclusions douteuses. On lira avec plus de profit ce que Jean-Jacques

---

5. Cf. en particulier son excellente étude «Les modèles d'écriture dans 'Les Chemins de la Liberté'», *Etudes sartriennes* (*Cahiers de Sémiotique textuelle* 2), Nanterre, 1984, pp. 75-92.
6. Si l'existence de l'intertexte littéraire est une condition de succès et de postérité, comment expliquer ceux-ci auprès de publics qui ne disposent pas de l'expérience littéraire pour le percevoir?

Roubine (que Verdeil n'a pas consulté) dit sur la réception de Brecht par Sartre.[7]

Enfin, Jeannette Colombel (Lyon) souligne en tant que témoin et philosophe les parallèles dans l'engagement et l'œuvre de Sartre et de Foucault qu'on s'était habitués à voir plutôt comme antagonistes après leur polémique au sujet de «la mort de l'homme» dans les années soixante. L'un et l'autre se sont engagés pour les marginaux de la société française; l'un et l'autre partent, dans leur œuvre respective, des marginaux: Foucault de ceux que le pouvoir déclare «fous», Sartre de séquestrés et de névrotiques. Leur but commun: dévoiler la fragilité des ordres institués. J. Colombel invite les lecteurs à prolonger la fonction critique des deux intellectuels.

Si l'on essaie de considérer l'ensemble des communications, on découvre des tendances caractéristiques de la critique sartrienne actuelle. L'intérêt se porte sur l'individu Sartre dont les écrits, y compris les textes philosophiques, sont abordés dans une perspective autobiographique. Le langage appliqué par les critiques est le plus souvent psychanalytique. On souligne de plus en plus la perte de la mère par le remariage comme moteur de l'écriture sartrienne. Dans le domaine intralittéraire, on découvre un Sartre parodiste et pasticheur. Il est intéressant de voir que la plupart des critiques s'allient contre Sartre avec les auteurs parodiés ou attaqués. Alors que dans un premier temps de la réception, le rapport entre Sartre et ses critiques était souvent marqué par l'empathie inconditionnelle, on cherche aujourd'hui à savoir, à partir d'une distance critique, quelles étaient ses stratégies occultées ou ignorées par lui-même. On contrôle ses affirmations, et dans le cas des auteurs contre lesquels il s'était défini, on constate qu'ils lui étaient plus proches que Sartre ne l'avait prétendu. Les recherches sur l'intertextualité libèrent donc Sartre d'une existence de monolithe isolé et fournissent du matériel pour lui assigner sa place dans le champ intellectuel et littéraire diachronique et synchronique de la culture française, insertion qui de-

---

7. «Sartre devant Brecht», *Revue d'histoire littéraire de la France* 77, 1977, pp. 985-1001.

manderait cependant une approche synthétique qu'on aurait espéré trouver dans l'introduction.[8]

Ce qui caractérise également les contributions, c'est l'absence de l'Histoire. Sartre en tant qu'individu est intéressant et son analyse est justifiable dans la mesure où plusieurs générations d'intellectuels se sont reconnues en lui. Si l'étude des relations intertextuelles qu'entretient l'œuvre de Sartre avec celles de ses prédécesseurs ne veut pas risquer de dégénérer en critique de sources positiviste, il faut se demander aussi comment les continuités et ruptures qu'articule l'œuvre sartrienne par rapport à sa préhistoire correspondent aux mentalités de ses récepteurs, autrement dit: quelle était la fonction qu'elle exerçait auprès de ses lecteurs. Peut-être les théories de la réception peuvent-elles donner encore quelques suggestions à ce nouveau domaine éminemment prometteur de la recherche sartrienne.

---

8. Cf. à ce sujet le travail important d'Anna Boschetti inspirée par la sociologie de Bourdieu, *Sartre et 'Les Temps modernes'*. Minuit, 1985.

Sartre et la critique génétique
A propos de la genèse des *Mots*

Le présent ouvrage est le premier produit de l'Equipe Sartre constituée en 1986 dans le cadre de l'Institut des Textes et Manuscrits modernes (ITEM/CNRS).[1] Cet institut a pour tâche, on le sait, de pratiquer la «critique génétique»: ses membres analysent les manuscrits d'œuvres littéraires. Le romaniste allemand ne peut pas s'empêcher de songer à la philologie du XIXe siècle. Etablir la genèse d'une œuvre, n'est-ce pas ce qui, surtout à partir des années 70, passait ici (à tort ou à raison) pour le plus dépassé qui soit? Et n'est-ce pas précisément en France que le poststructuralisme écarta des catégories telles que l'origine et le sujet mises en jeu par l'idée de genèse? Une critique soucieuse de rester à la page devra-t-elle bientôt dire adieu à la déconstruction pour retourner au positivisme?

Les craintes suscitées par une dénomination peut-être mal choisie s'avèrent inutiles face aux conceptualisations développées pour cette approche en train de devenir discipline. Celles-ci se trouvent tout à fait à la hauteur du débat théorique. En effet, il ne s'agit pas de «retomber dans la vieille critique des sources» qui s'intéresse à «la vérité» du texte définitif: l'objectif est, au contraire, «l'élucidation du travail d'écriture.»[2]

L'acquisition, dans les années 80, de plusieurs ensembles de manuscrits des *Mots* par la Bibliothèque Nationale permit d'appliquer la nouvelle pratique au texte le plus travaillé de Sartre. Les 1100 pages d'«avant-textes» aujourd'hui disponibles, qui représentent la moitié

---

1. Michel Contat (éd.): *Pourquoi et comment Sartre a écrit 'Les Mots'. Genèse d'une autobiographie.* Paris, PUF, 1996. (Coll. «Perspectives critiques»)
2. Almuth Grésillon, *Eléments de critique génétique. Lire les manuscrits modernes,* Paris: PUF 1994, 31 et 173. Ce livre constitue une excellente introduction aux enjeux de la nouvelle approche. Cf. aussi «Drafts», numéro thématique de *Yale French Studies* 89 (1996) éd. par Michel Contat, Denis Hollier et Jacques Neefs.

ou les deux tiers de la totalité, ont été rédigées en quatre étapes entre 1953 et 1963. Sous la direction de Michel Contat, responsable de l'équipe, les meilleurs sartrologues, pour la plupart anciens normaliens, se sont penchés sur ces documents, chacun avec l'optique qui lui est propre.

Avant de leur donner la parole, Contat lui-même, dans son introduction, demande pourquoi Sartre n'a pas pu écrire l'autobiographie politique qui, selon des interviews données dans les années 50, était l'intention première de ce qui aboutit finalement à un récit d'enfance. Il y a plusieurs causes occasionnelles: deux textes sur Nizan et Merleau-Ponty qu'il publie pendant la «décennie autobiographique» épuisent déjà la matière de ce qui aurait pu être ce récit de conversion; en outre, Simone de Beauvoir, dans sa propre autobiographie, s'empare de la vie de Sartre qu'elle «colonise» ou «vampirise» (sic). Mais la raison profonde, Contat la voit ailleurs. Puisque le refus de la société était, chez lui, plus passionnel que rationnel, Sartre n'entendait pas adopter la position définitive et fondée en raison que l'interprétation politique de son passé aurait exigée. Cependant, il y a toute une série d'entreprises conçues comme la suite et le relais des *Mots* qui constituent, en fait, une «autobiographie politique parlée».

Le premier à entamer le travail sur les brouillons est Philippe Lejeune, auteur d'une étude classique sur l'ordre du récit dans *Les Mots*.[3] Les avant-textes lui permettent de déterminer comment Sartre a procédé pour composer son récit, sujet qui concerne l'*inventio* et la *dispositio*. Aucune trace n'autorise l'affirmation que Sartre aurait rassemblé de l'information avant de la mettre en ordre; les souvenirs sont, au contraire, recherchés à un moment où le sens du récit est déjà décidé. Le travail d'expansion d'un manuscrit à l'autre correspond plus à l'invention ludique qu'à l'exploration de la mémoire. Le ton est trouvé dès le début: celui de la parodie. Pour mieux suivre les modifications dans l'ordre du récit, il est recommandé de relire l'œuvre, bien que Lejeune nous fournisse des tableaux qui illustrent les déplacements de scènes dans les différents états du texte. Ces déplacements montrent que «l'ordre d'une vie n'est pas celui du calen-

---

3. Ds. Philippe Lejeune, *Le Pacte autobiographique*, Paris: Seuil 1975, 179-243.

drier, mais celui que l'esprit doit parcourir pour la comprendre.» (81) Signalons deux éléments qui nous ont frappée. Dans le premier état du début du récit, intitulé «Abel» («Lire» dans le texte final), il n'y a aucune mention de l'apprentissage de la lecture pourtant si capitale dans la version définitive! Dans la dernière campagne d'écriture, Sartre prolonge son récit qui s'arrêtera en 1916 au lieu de 1914. C'est l'évocation de deux années heureuses que Poulou passe avec sa mère avant le remariage de celle-ci, événement traumatique que Sartre esquive. Hypothèse de Lejeune sur le motif de l'ajout: faute de pouvoir affronter le récit de son adolescence du vivant de sa mère, Sartre avait «déporté» sur une enfance en fait plutôt heureuse les crises de la puberté (certaines suppressions montrent, en effet, que des réussites sont transformées en échecs). En se relisant, Sartre tente de rétablir l'équilibre affectif. Par l'ajout des deux années de bonheur, il se réapproprie sa mère.

Après l'*inventio* et la *dispositio*, l'*elocutio*. Geneviève Idt, qui a insisté la première sur la nature parodique des *Mots*,[4] étudie le travail du style dans les avant-textes en se limitant à l'épilogue et à certains syntagmes récurrents. Dans un exposé d'une grande finesse, elle montre dans quelle mesure l'épilogue manifeste le savoir-faire technique de l'écrivain professionnel: «La conception précède la rédaction, et une littérarité exubérante se surajoute à une trame conceptuelle par des procédés nets et dénombrables» (181). Sartre supprime les traces du discours non littéraire et les références qui exigeraient une note explicative. En sens inverse, il diversifie les modes d'énonciation, interpelle le lecteur, joue sur les niveaux de langue et introduit des figures, surtout des métaphores et des oxymores. Il insère des références intertextuelles avec les effets de connivence qu'elles produisent entre auteur et lecteur.

Dans le dernier paragraphe, Sartre applique le procédé opposé: l'expansion, observable dans l'ensemble du texte, est remplacée par la réduction. Cette fin se conforme apparemment aux *Conseils sur l'art d'écrire* de Gustave Lanson: ce n'est pas la première fois que Geneviève Idt perçoit derrière l'écriture de Sartre les préceptes de l'enseignement qu'il avait reçu et qu'il transmettait lui-même à ses

---

4. Cf. «L'autoparodie dans 'Les Mots' de Sartre», *Cahiers du Vingtième Siècle* N° 6 (1976), 53-86.

élèves. L'exubérance baroque fait place à la sobriété classique: pour ne pas finir sur un paradoxe, Sartre supprime un passage polémique qui suit, dans l'un des manuscrits, la dernière phrase. L'intégration sereine à la communauté humaine à laquelle aboutit le texte est plus efficacement mimée dans une période qui renonce à la contradiction. La réussite littéraire n'est pas due au hasard, mais s'obtient par le travail et la maîtrise.

Parmi les éléments qui assurent le succès, les allusions secrètes au lecteur jouent un rôle considérable. Pour les relever, Jacques Lecarme, spécialiste de l'autobiographie[5], lit le texte comme palimpseste. Avant d'aborder l'intertextualité proprement dite, il analyse le méta-, l'épi- et le péritexte: l'ouvrage se sert du vocabulaire mis en circulation par Gérard Genette, certes pratique, mais irritant pour ceux qui ne le maîtrisent pas.[6] Quant au métatexte, Lecarme a cherché dans les brouillons des passages élucidant la question du genre. Il conclut que, au lieu de s'exprimer clairement en faveur de l'acte autobiographique, le métatextuel plaide «plutôt pour un essai à la première personne sur l'imaginaire de la littérature, et sur les leurres de la vocation d'écrivain» (193). Quant au péritexte, il s'étonne que Sartre n'ait pas dédié son autobiographie à Simone de Beauvoir, mais à son amante russe. Est-ce vraiment une manière de ne pas légitimer l'autobiographie de Beauvoir (qui passa longtemps pour la biographie «autorisée» de Sartre), comme le prétend Lecarme?

Au centre de cette contribution se trouvent les sources possibles et les références implicites à la littérature. Dans une liste de 40 pages, qui témoigne d'une culture littéraire immense, Lecarme a rassemblé les associations intertextuelles que le texte final des *Mots* a suscitées en lui en tant que lecteur qui, à la parution du livre, se sentit destinataire et qui, comme le signale Michel Contat reprenant une image de Sartre, a donc «consommé les bananes sur place». Lecarme commente également les références ou allusions intertextuelles supprimées qui concernent Hugo, Mallarmé, Flaubert, Barrès, Gide,

---

5. Cf. «'Les Mots' de Sartre, un cas limite de l'autobiographie», *Revue d'histoire littéraire de la France*, nov.-déc. 1975, 1045-1061, et Jacques Lecarme et Eliane Lecarme-Tabone, *L'autobiographie*, Paris: Armand Colin 1997.
6. Cf. la critique de Michel-Antoine Burnier dans *Magazine littéraire*, janvier 1997, 90.

Montherlant, Cocteau, Aragon et Ghelderode. Les raisons de ces suppressions sont multiples, mais en règle générale Sartre ne conserve que les auteurs susceptibles de produire l'effet souhaité de connivence avec le lecteur.

Jacques Deguy, auteur d'un ouvrage récent sur *Les Mots*[7], semble, à première vue, traiter le même sujet que Lecarme. En fait, son intérêt porte plus sur les mécanismes de transmission de l'héritage culturel; le concept de culture qu'il adopte dépasse, en outre, la littérature. L'auteur nous fournit une liste qui offre un heureux pendant à celle établie par Lecarme. C'est un index thématique excellemment articulé des références culturelles présentes dans les manuscrits et soit reprises avec des variantes dans la version finale, soit non reprises. Pour les références conservées, mais transformées, l'auteur montre combien quelques grandes figures culturelles (Pascal, Corneille, Musset, George Sand, Goethe) tournent, entre avant-textes et version finale, en stéréotypes. C'est une manière de signaler que la culture des «belles-lettres» inculquée à l'enfant conduisait à l'aliénation. Quant aux chutes, Sartre opère des choix conscients d'écrivain en éliminant l'érudition; tenant à la cohérence argumentative, il supprime tout élément qui contreviendrait à l'image qu'il construit de son enfance. La chute la plus spectaculaire à cet égard est un épisode au Jardin du Luxembourg: Poulou, par le jeu des marionnettes, attire avec succès les petites filles. Ayant décidé que son enfance, dans *Les Mots*, sera marquée par l'exclusion et la solitude, Sartre ne peut tolérer le récit de cet événement.

Sandra Teroni, universitaire italienne qui a abondamment publié sur Sartre, montre, à travers biffures et corrections, la construction progressive d'une image de soi. Ainsi le titre premier «Jean sans Terre», qui résume le fantasme fondamental de Sartre, devait, selon elle, provoquer un effet de surprise en comparaison avec l'image sociale que Sartre présentait dans les années 50. Antérieure à celle de Jean sans Terre apparaît l'image d'Abel qui, dans un autre texte de Sartre, mise à part l'ignorance du mal, connote l'indétermination sexuelle. Doublée par l'image de l'ange, elle sera absorbée par elle. L'intertitre de la première division «Abel» (qui avait forcément entraîné celui de «Caïn» pour la seconde) disparaît en faveur de celui,

---

7. *Sartre. Les Mots*, Paris: Hatier 1996 (Profil d'une œuvre).

plus abstrait, de «Lire». Outre l'image biblique, Sartre écarte les passages qui associent littérature et sexualité, entre autres l'assimilation de lui-même écrivain à la femme et celle du livre au sexe féminin. Quelle conclusion en tirer? Pour finir, Teroni commente les travestissements de l'enfant en Grisélidis, Pardaillan, Michel Strogoff et Philoctète.

La contribution la moins volumineuse fait partie de celles qui comportent un maximum de lumières sur le passage entre brouillons et texte final. Nous la devons à Josette Pacaly, autorité dans la critique psychanalytique de l'œuvre sartrienne.[8] Le travail de la censure repéré dans les versions successives conforte sa thèse soutenue il y a vingt ans: Sartre, malgré son déni du narcissisme, n'est pas entré dans l'Œdipe. La preuve en est l'identification flatteuse (mais finalement supprimée) avec des figures qui incarnent certains traits caractéristiques de la position du sujet narcissique: «Avec Caïn, on mettra l'accent sur la mégalomanie; avec Persée, on soulignera l'impossibilité d'accéder à la différence des sexes [...]; dans la naissance de Vénus, je lirai un fantasme d'autocréation qui permet d'éviter la représentation de la scène primitive» (359s.). La lecture psychanalytique éclaire certaines observations restées inexpliquées chez Sandra Teroni telles que l'indétermination sexuelle et l'assimilation du moi écrivain à la femme. Elle pénètre au cœur de la pensée sartrienne en analysant la dernière phrase du texte final, souvent citée et chère à beaucoup de lecteurs: celle qui exprime, dans une rhétorique travaillée, l'idée de l'universel singulier. La suite biffée vient renforcer l'interprétation déjà proposée: en voulant sortir de sa singularité pour parler au nom de tous, Sartre se révèle incapable d'accepter ses limites et de «supporter que l'autre existe, différent.» (371) L'engagement pour autrui serait donc le signe d'une évolution psychique incomplète? On imagine bien que la première confrontation des sartriens avec les thèses de Pacaly, en 1979 à Cerisy,

---

8. Surtout par sa thèse d'Etat publiée en 1980: *Sartre au miroir* (Klincksieck).

ait suscité un petit scandale.[9] Néanmoins, celles-ci ont une grande force persuasive si l'on accepte les présupposés. C'est précisément à l'écriture de l'universel singulier que se consacre, dans la dernière contribution, Jean-François Louette, auteur d'une série d'ouvrages sur Sartre.[10] Il y voit *la* contradiction centrale de l'œuvre sartrienne. Le rapport dialectique entre les deux termes est assuré, dans l'autobiographie, par le style. A l'exemple de la «scène des fées», il déploie le travail dialectique et stylistique dans *Les Mots* en appliquant la méthode régressive-progressive telle que Sartre l'a définie dans *Questions de méthode* et pratiquée dans son étude sur Flaubert. Cette scène se trouve, selon Louette, au centre de la problématique de l'universel singulier. Elle montre comment, dans l'acte de lecture, la voix chaude et proche de la mère disparaît dans l'anonymat du langage d'autrui. Disons, pour abréger, qu'elle présente le passage du sémiotique au symbolique (dans les termes de Kristeva). Or, c'est la perte de la mère dans sa proximité charnelle qui a poussé Sartre à écrire. La scène des fées a donc la fonction d'une mise en abyme à l'intérieur de l'autobiographie qui raconte la naissance de l'écrivain. Elle évoque, par le style, l'origine du désir d'écrire, sans la nommer. Louette, l'un des rares sartrologues français à lire l'allemand, oppose son interprétation à celle de Christoph Miething qu'il résume en détail.[11] Faute de place, nous avons déjà schématisé à l'extrême les développements brillants de Louette et ne pouvons résumer la controverse. Pour cette même raison, nous devons renoncer à confronter la lecture de Louette à celle de Pacaly, bien que la comparaison s'impose.

L'annexe de cet ouvrage extrêmement soigné comprend un choix d'avant-textes (la scène des fées et l'*excipit* en facsimile), des extraits d'interviews dans lesquelles Sartre s'exprime sur son autobio-

---

9. Cf. notre «Images actuelles de Sartre», *Romanistische Zeitschrift für Literaturgeschichte/Cahiers d'Histoire des littératures romanes* N° 1/2 (1987), 217.
10. Voici le plus synthétique: *Jean-Paul Sartre* (Hachette supérieur, 1993) et le dernier paru: *Sartre contra Nietzsche (Les Mouches, Huis clos, Les Mots)*, Grenoble: Presses Universitaires de Grenoble 1996.
11. *Saint Sartre oder der autobiographische Gott*, Heidelberg 1983 (thèse d'Etat soutenue à l'université de Münster: selon l'auteur, l'enfant éprouve le désir de s'autodiviniser par le Livre).

graphie, des témoignages pour la plupart inédits, une bibliographie chronologique et trois index. Comme ce volume contient aussi de l'information précieuse d'intérêt général, il devra être consulté non seulement par ceux qui travaillent sur *Les Mots*, mais aussi par tout lecteur curieux de connaître l'état de la recherche sur l'œuvre sartrienne. Quant à la critique génétique, chacun jugera comment elle a été mise en œuvre. Si l'idéal était d'élucider une écriture sans sujet,[12] il ne fallait pas compter sur les sartriens pour s'y conformer. «La traversée génétique nous a paradoxalement mis en présence du sujet écrivant, là où l'on s'attend souvent à découvrir des mécanismes langagiers ou psychiques, des processus» (41), écrit Michel Contat.[13] Toujours est-il que ce sujet a des limites: la critique génétique vient de montrer qu'il n'est pas constamment son propre maître.

---

12. Dans le glossaire du livre d'Almuth Grésillon, le seul acteur prévu est le «scripteur» («celui dont la main trace l'écrit sur un support»).
13. Cf. aussi une phrase souvent citée, extraite d'un texte dans lequel Contat s'érige contre le dogme poststructuraliste de la mort de l'auteur: «L'effacement du sujet résiste difficilement à la présence de la main qui trace sur le papier.» Cf. Michel Contat, «La question de l'auteur au regard des manuscrits». Ds. id., (éd), *L'auteur et le manuscrit*, Paris: PUF 1991, 21s.

Sartre ou L'Ecriture coupable
A propos d'une lecture déconstructionniste du théâtre

Au moment où l'on met la dernière main à l'édition du théâtre de Sartre dans la Bibliothèque de la Pléiade[1], la plupart de ses pièces, comme la littérature engagée et la théorie qui la fonde, sont généralement considérées comme des documents sociologiques témoignant d'une illusion démentie par l'histoire. «J'ai revu *Les Mains sales*, à la télé, écrivait Marc Beigbeder déjà vers 1980. Des rôles en or. Ouais, mais c'est maintenant à côté de la plaque. [...] Ça tourne pathétiquement autour de la moralité ou de l'immoralité des moyens de la Révolution. Question subsidiaire, qui n'a plus d'existence que rétro, si la Révolution n'a plus sa fin!»[2] Constatation qui, il faut l'avouer, n'en est devenue que plus pertinente, depuis.

Quoi d'étonnant donc que les rares universitaires qui se consacrent encore au théâtre de Sartre ne l'envisagent plus en tant que «littérature engagée», mais s'y intéressent en relation avec sa théorie de l'imaginaire? Des tentatives de ce genre ont été faites par Jeannette Colombel en France[3] ou Volker Roloff en Allemagne[4]. La monographie de John Ireland, issue d'une thèse de doctorat soutenue en

---

1. La parution est prévue pour octobre 2000.
2. «Byzance», *Esprit* (mars 1980), 111 (extrait de *La bouteille à la mer*, édité par l'auteur, Paris, s.d.).
3. «Le jeu et le je de l'acteur», *Les Temps modernes*, 531-533 (1990), 775-802. Voir aussi du même auteur: *Jean-Paul Sartre: Une œuvre aux mille têtes. Textes et débats*, Paris: Le Livre de poche, 1986, 711 sqq.
4. «Existentielle Psychoanalyse als 'theatrum mundi'. Zur Theatertheorie Sartres», in: Traugott König (ed.), *Sartre. Ein Kongreß*, Reinbek bei Hamburg: Rowohlt, 1988, 93-106. Voir aussi Scarlett Winter (élève de Roloff), *Spielformen der Lebenswelt*, München: Fink, 1995.

1989 à New York University, met encore plus l'accent sur cette intertextualité à l'intérieur de l'œuvre sartrienne.[5] Mais pas seulement. L'inspiration fondamentale lui vient très visiblement d'un texte catalogué «essai» par son auteur, *Politique de la prose*, sous-titré *Jean-Paul Sartre et l'an quarante*, de Denis Hollier publié en 1982 par Gallimard. Difficile d'accès malgré son allure ludique, ce livre a été assez négligé par la critique sartrienne[6], mais salué à sa parution par l'avant-garde intellectuelle parisienne.[7] Hollier qui, en déconstructionniste[8], procède par insinuations (c'est sa «méthode» déclarée), suggère que la grande rupture de l'année 40 coupant, selon Sartre, «sa vie en deux», n'a pas eu lieu. Si l'auteur engagé prétend que la guerre lui a ouvert les yeux, rien ne prouve qu'il les avait gardés fermés jusque-là. Car dès les années 30, Sartre se servait, en philosophe, de la phénoménologie husserlienne qui le mena «zu den Sachen selbst». Au lieu de rupture, il y a eu, selon Hollier, répétition, écriture indéfiniment différée, production de textes dont le but était de manquer leur fin, car l'absence confère plus de nécessité que la présence. On devine le motif: écrire, pour Sartre, c'était se rendre indispensable, c'était vouloir manquer à sa mère dont la perte par le remariage - la critique sartrienne s'y accorde[9] - était l'événement traumatique qui poussa Sartre à l'écriture. Commentant le livre d'Hollier, Sarah Kofman conclut: «Le projet fondamental de Sartre c'est, par identification à sa propre mère, de devenir notre mère à tous.»[10]

5. John Ireland, *Sartre. Un art déloyal. Théâtralité et engagement*, Paris: Jean-Michel Place, 1994.
6. Je l'ai à peine effleuré, par exemple, dans ma modeste tentative d'établir l'état des lieux «Images actuelles de Sartre», *Romanistische Zeitschrift für Literaturgeschichte/Cahiers d'Histoire des littératures romanes* 1/2 (1987).
7. Cf., entre autres, Jean-François Lyotard, «Un succès de Sartre», *Critique* 432 (1983).
8. Spécialiste de Bataille et de Blanchot, il a enseigné à partir de 1974 à Berkeley et à partir de 1987 à Yale. Depuis 1997, il est à New York University.
9. Cf. mon compte rendu du premier travail collectif de l'équipe Sartre à l'ITEM/CNRS sur les manuscrits des *Mots* dans *Romanische Forschungen* 111 (1999), 245.
10. «Sartre: Fort! ou Da?», in: Sarah Kofman, *Séductions. De Sartre à Héraclite*, Paris: Galilée, 1990, 166.

L'échec était donc constitutif, selon Hollier, de l'entreprise littéraire de Sartre. Ireland essaie de montrer que cette «insinuation» vaut aussi pour le théâtre.[11] Certes, pour expliquer les «malentendus» entre Sartre auteur dramatique et son public, on avait déjà vu que «le moraliste prônant l'engagement n'a pas pu effacer l'écrivain tenant à la littérature, cette Littérature avec majuscule, *ersatz* de religion»[12]. Mais, suivant les traces d'Hollier, l'universitaire américain est convaincu que l'auteur était «plus complice» dans son échec que la critique n'avait voulu l'admettre.

Ireland n'indique pas ses présupposés. Psychanalyse existentielle, comme Sarah Kofman le présume dans le cas d'Hollier, ou psychanalyse freudienne (voire sauvage)? Quoi qu'il en soit, il est question de pulsions, de surmoi, de refoulement, de dénégation, etc. Pour les pulsions: après la «conversion» à l'engagement, elles sont contradictoires. Pour le surmoi: il est idéologique et refoule le désir de l'écrivain qui cependant ne se laisse pas faire et se révolte. La suite: «l'écriture théâtrale conteste la mission même qui constitue sa raison d'être» (18). Programme de l'ouvrage: «restituer ce que le militant a occulté» (*ibid.*).

Suivre le fil conducteur dans cette restitution n'est pas toujours facile car il est souvent assez ténu et on le perd malgré de nombreuses redondances. On essaiera néanmoins de déceler l'argumentation.

Ireland constate d'abord, comme d'autres avant lui, le peu d'intérêt que Sartre a consacré à la théorie théâtrale. Tous les textes que Michel Contat et Michel Rybalka ont réunis (à leur propre initiative) sous le titre *Un théâtre de situations* sont de circonstance, la plupart oraux. Conclusion: le théâtre est le domaine préféré du non-littéraire et de l'idéologique relégué, partant, loin du domaine esthétique. La «place débordante de l'interview» par rapport à ses pièces paraît à cet égard «capitale» à Ireland (33). Ces interviews ont en commun avec le théâtre qu'elles se font oralement. Ainsi, elles poursuivent,

---

11. Pour ce faire, il pouvait également s'appuyer sur une étude consacrée aux pièces de Sartre, cf. Denis Hollier, «Actes sans paroles. A propos du théâtre de Sartre», *Les Temps modernes* 531-533 (1990). (L'original anglais avait paru en 1983.)

12. Ingrid Galster, *Le Théâtre de Jean-Paul Sartre devant ses premiers critiques*. T. 1: *Les pièces créées sous l'Occupation allemande. «Les Mouches» et «Huis clos»*, Paris: Place, 1986, 333.

étendent le travail théâtral. Comme le théâtre, elles cherchent à «dissimuler le rôle de l'écrit» (41). Écrire est une activité coupable. Ensuite, l'auteur examine les «infortunes de l'engagement romanesque». Sartre, on le sait, est fameux pour ses projets inachevés, entre autres, celui des *Chemins de la Liberté*. Ireland corrige l'explication donnée par lui pour l'impossibilité de terminer son cycle romanesque: la réalité de l'après-guerre avait pris un tournant qui ne permettait pas de la placer dans le temps fictif de l'Occupation, époque dans laquelle devait se situer le dernier roman. Là aussi nous apprenons qu'il y a dissimulation. En réalité, le surmoi idéologique n'admet pas une écriture indéfiniment différée. Au théâtre, par contre, pas de suspens, il faut trancher. Pour l'auteur engagé, le passage du récit à la scène était donc obligatoire.

Se consacrant d'abord au «théâtre de la conversion» (qui n'en fut pas une) - *Bariona* et *Les Mouches* - Ireland constate une régression de la pièce écrite en 1941/42 par rapport à celle conçue et créée à Noël 1940 en captivité. Après l'expérience communautaire de Bariona, Oreste retombe dans la solitude. Seule la position solitaire est avouable: la communauté heureuse, trop proche de fantasmes rétroactifs impliquant la petite enfance de Sartre, doit être refoulée. Sartre se désolidarisa donc, comme on sait, de *Bariona* en «prétextant» que cette pièce de circonstance ne faisait pas partie de son œuvre. Donc, encore une fois dissimulation. Puis, un saut. On laisse de côté, sans nous dire pourquoi, *Huis clos*, *Morts sans sépulture* et *La Putain respectueuse*: il est vrai qu'Hollier n'en parle pas lui non plus. En revanche, il traite amplement *Les Mains sales*; Ireland également. Et là: coup de théâtre. Assimilant, dans ce qu'il considère comme pièce à thèse, la position de Sartre à celle de Hoederer, il affirme que l'auteur n'a jamais «pris aussi clairement position contre l'esprit aventurier d'un individu isolé» (100). Mais, on s'en doute, l'écriture se venge: l'intrigue «éclipse totalement la portée de son discours» et fait d'Hugo, le représentant de la morale individuelle, «le héros incontesté de la pièce» (102). Le surmoi idéologique a beau imposer son diktat: une «activité terroriste constante, mi-concertée, mi-inconsciente» (107), vise à miner de l'intérieur les certitudes du militant.

L'équivoque du réel et de l'imaginaire (nourrie par la théorie pré-engagée de Sartre) dans laquelle Hugo s'enlise est portée à son paroxysme dans *Kean*. Mais la censure ne dort pas: selon Sartre, cette pièce n'est qu'une adaptation, elle n'est aucunement originale. Dans tout le théâtre de Sartre, la plus éloignée de sa conception de l'engagement, «elle ne peut pas être revendiquée» (126). Pour démentir l'originalité de *Kean*, Sartre donne un très grand nombre d'interviews - selon Ireland indice d'un désaveu en gestation, d'une dénégation. Si *Huis clos* n'est pas digne d'être analysé, la pièce peut au moins servir de parallèle à cet égard. Dans une note, Ireland renvoie à cette œuvre qui, selon lui, entre aussi difficilement dans le cadre de l'engagement que *Kean*. Une grande différence pourtant: Sartre n'a donné aucune interview à son sujet. Pourquoi cette lacune? demande l'auteur. La pièce ne peut pas être revendiquée non plus par Sartre, cette fois à cause des implications nihilistes de l'isolement des personnages sabotant tout engagement politique. On le voit: «l'impératif idéologique» est «toujours prioritaire» (127).

Ireland accorde un statut spécial au *Diable et le bon Dieu*. C'est la pièce préférée de Sartre. Pourquoi? Il semble qu'elle parvienne à satisfaire le surmoi idéologique sans renoncer au goût de l'être et de l'imaginaire. Cette fois, l'écrivain n'a même pas besoin de se dissimuler, sa présence est légitime. C'est qu'avant de se convertir au dernier tableau à une morale engagée ancrée dans l'histoire, le héros passe dix tableaux, donc la quasi-totalité de la durée de la pièce, à s'interroger sur des questions qui ressemblent, selon l'auteur, à celles que se posera Kean. Le théâtre de l'être n'y figure que pour *se sacrifier* au théâtre de l'action, écrit Ireland (146). L'inconscient a trouvé une belle combine! Même la pièce la plus militante écrite pendant la période du compagnonnage de Sartre au PCF pour fustiger la presse anticommuniste, *Nekrassov*, ne se passe pas de l'imaginaire: le personnage central, un escroc, est, tout comme le comédien, un «professionnel de l'apparence et du faux» (148).

Il n'y a d'ailleurs pas théâtralité que sur scène. En signalant l'importance de l'imaginaire pour Genet et Flaubert, Sartre montre comment ils s'investissent en tant qu'*acteurs* dans la prose. Dans le cas de Genet, le sous-titre de son étude, «comédien et martyr», l'indique déjà à lui seul. Dans le livre sur Flaubert, les réflexions sur le statut existentiel de l'acteur prennent tant d'importance que les éditeurs d'*Un théâtre de situations* en ont incorporé des fragments dans leur anthologie. Pour des raisons de place, on renoncera ici à résumer les chapitres que l'auteur consacre aux études sur ces deux écrivains pour donner la priorité à ce qu'Ireland révèle, pour finir, sur l'autobiographie.

Depuis la parution des *Carnets de la drôle de guerre* en 1983, plus tard par les «avant-textes» des *Mots*, nous savons que Sartre a écarté une expérience décisive pour sa genèse d'écrivain, l'épisode des marionnettes au Jardin du Luxembourg. Contrairement à la version définitive des *Mots*, où le petit Sartre fait figure d'exclu, l'enfant a su fasciner ses pairs, surtout les petites filles, avec ses marionnettes. Désormais, se souvient Sartre dans son carnet, l'art et l'amour étaient liés pour lui «de telle sorte qu'il [lui] semblait impossible d'obtenir l'affection de ces petites filles autrement que par [ses] talents de comédien et de conteur».[13] Pourquoi a-t-il supprimé cet épisode? Selon Ireland, le dramaturge engagé visant à «dévoiler le monde» aurait perdu sa crédibilité, même après coup, en avouant qu'il utilisait le théâtre pour séduire, en tant qu'«instrument d'un *pouvoir*», celui de subjuguer par la fascination qui aliène la liberté d'autrui (208).[14] A nouveau, donc, refoulement, suivi, comme d'habitude, du retour du refoulé sous forme dissimulée. Où Ireland l'a-t-il découvert? On lira le fameux *incipit* de l'autobiographie et l'on verra les aïeux de Sartre transformés, par le style, en pantins! A défaut de marionnettes, le narrateur applique toute sa désinvolture aux personnages! Le style confirme donc «ce que le livre s'engage à rejeter: la fidélité absolue de Sartre à l'imaginaire» (214). Ceci vaut, comme on sait, pour le texte entier. L'autocritique se transforme ainsi en apologie. Si Sartre se croyait malin en se demandant, à la fin des *Mots*, s'il ne jouait pas à qui perd gagne, la psychanalyse, elle, est mieux renseignée. «Ce n'est pas *je* qui jouait, mais l'écriture [...] croire que c'était *je*, c'était laisser sans remède la folie douce au moment où on la diagnostiquait», écrit Jean-François Lyotard en commentant le livre d'Hollier, et Ireland l'approuve (229). L'aven-

---

13. Jean-Paul Sartre, *Carnets de la drôle de guerre. Septembre 1939-mars 1940.* Nouv. éd. augmentée d'un carnet inédit. Texte établi et annoté par Arlette Elkaïm-Sartre, Paris: Gallimard, 1995, 503.
14. Philippe Lejeune donne une autre explication, cf. sa contribution dans Claude Burgelin (ed.), *Lectures de Sartre*, Lyon: Presses universitaires de Lyon, 1986, 61 sqq.

ture de l'engagement n'était qu'un simulacre de combat. Les mots ont fini par triompher.

On voit que cette nouvelle lecture du théâtre de Sartre (ou de quelques-unes de ses pièces) répond intimement aux besoins d'une époque désillusionnée sur le pouvoir des intellectuels et avide de trouver la racine de ses erreurs dans l'inconscient.[15] Ireland découvre des aspects inédits dans des textes dont la capacité d'engendrer des lectures pouvait paraître épuisée. Mais le prix qu'il paie pour y arriver est assez élevé. Afin que son approche déconstructionniste donne des résultats, il est obligé de considérer comme oppositions binaires rigides, hiérarchisées et implacables des relations qui sont, dans l'œuvre de Sartre, en réalité infiniment plus souples parce que dialectiques (n'ayons pas peur des mots). Dès son manifeste de la littérature engagée, la Présentation des *Temps modernes* en octobre 1945, Sartre a signalé que l'engagement ne doit pas faire oublier la littérature.[16] Dans *Qu'est-ce que la littérature?*, «l'absolu métaphysique» se voit accorder les mêmes droits que «la relativité du fait historique»[17]. Sartre n'a jamais abandonné l'idée de liberté individuelle même au moment où il se considérait marxiste, et lorsque la scène française était dominée par le brechtisme, il a sciemment et publiquement plaidé pour un théâtre qui, certes, devait créer une distance entre la scène et la salle, mais permettre en même temps une participation affective, qui à ses yeux était l'essence même du théâtre.[18] L'entreprise de démythification et de dévoilement, but de la littérature engagée comme du théâtre, n'était, pour lui, pas inconciliable avec la séduction. Il s'en est expliqué, dans *Qu'est-ce que la littérature?*, dans des passages ignorés ou délibérément laissés de côté par Ireland.[19] Quand on tient compte de ces textes, il est difficilement soutenable que l'écrivain ait mené une existence clandestine

---

15. Pour un tableau plus large du changement de la réception de Sartre par les universitaires et les intellectuels à partir des années 70, cf. mon étude signalée dans la n. 6.
16. Repris dans J.-P. Sartre, *Situations, II*, Paris: Gallimard, 1948, 30.
17. *Qu'est-ce que la littérature?*, Paris: Gallimard, 1948, coll. idées, 269.
18. Cf. le texte d'une conférence de 1960 dans J.-P. Sartre, *Un théâtre de situations*, Paris: Gallimard, 1973, 144.
19. C'est la beauté du style qui apporte le recul nécessaire pour ne pas aliéner la liberté du récepteur, cf. Galster, *op. cit.*, *(supra* n. 12), 6.

à côté du militant. Elle était si peu clandestine que la critique a signalé dès 1948 que Sartre essayait d'avoir «everything both ways»[20], la littérature à la fois comme fin et comme moyen, l'universel et le singulier, le salut et la contestation. C'est précisément à la tension entre les deux extrêmes, une tension consciemment assumée, que Sartre dut sa productivité[21] (et probablement une partie de son succès).

Pour arriver à ses fins, Ireland doit non seulement pétrifier les termes opposés et ériger l'idéologue en surmoi; il est aussi parfois obligé d'enfreindre les règles de sa propre méthode. Si, en général, toute déclaration de Sartre à propos de ses pièces doit être soupçonnée de vouloir en cacher le sens latent, Ireland croit Sartre trop sur parole quand il prétend, après coup, à propos des *Mains sales*, que, dans l'antagonisme «réalisme politique vs. morale individuelle» incarné par Hoederer et Hugo, sa position personnelle coïncide avec le premier. D'où d'ailleurs la conclusion erronée qu'il s'agirait d'une pièce à thèse, genre que Sartre a condamné, comme la majorité de ses pairs, pendant toute sa vie. Si Ireland s'était fié dès le début (il s'y réfère plus tard) à d'autres déclarations dans lesquelles Sartre affirme qu'il ne prend pas parti[22], il aurait dû admettre que la pièce

---

20. Eric Bentley, «Sartre's struggle for Existenz», *Kenyon Review* 10 (Spring 1948), 333.
21. On lira à cet égard l'essai dense et synthétique intitulé «Sartre sous tensions» de Jean-François Louette, l'un des sartrologues qui actuellement ont la meilleure maîtrise de l'œuvre intégrale, dans id., *Jean-Paul Sartre*, Paris: Hachette, 1993, coll. Portraits littéraires. Louette écrit, entre autres: «Il ne s'agit pas de subordonner l'écriture à une fin qui lui serait hétéronome; Sartre est plus subtil que cela [...].» (*Ibid.* 84)
22. S'il fallait encore une preuve, on la trouve dans une lettre que Simone de Beauvoir écrivit, au moment de la création des *Mains sales*, à Nelson Algren: «Dans la pièce, personne n'a absolument tort ni absolument raison, on présente les difficultés des héros sans trancher en faveur de telle ou telle action déterminée et c'est ce qui rend l'intrigue vraie et touchante» (*Lettres à Nelson Algren*, Paris: Gallimard, 1997, 196). La lettre a été écrite le 2 avril 1948, le lendemain de la générale. Plus tard, Beauvoir écrira, dans *La Force des choses*, que «la sympathie de Sartre va à Hoederer», ce qui a dérouté la majorité des critiques (coll. folio, t. 1, 211). C'est seulement après la réception hostile de la pièce par les communistes à un moment où Sartre désirait se rapprocher d'eux qu'elle et Sartre donnent raison à Hoederer.

présente l'antagonisme dans la forme équilibrée telle que la veut l'esthétique théâtrale hégélienne[23] et il n'aurait pas pu montrer comment la position du militant est «minée» par l'écriture. Il faut donc toujours arranger l'objet d'analyse de telle sorte qu'il puisse fournir les résultats souhaités.

Il y a d'autres réserves à émettre. Certes, toute lecture est forcément partielle et réductrice, mais même une lecture psychanalytique devrait disposer d'un minimum d'information sur la place historique et les conditions d'existence des sujets et des textes dont elle s'occupe. Considérer l'écrivain et le dramaturge comme analysant ne dispense pas de connaître l'*habitus* social d'un auteur à œuvres multiformes pour déterminer la place du théâtre à l'intérieur de cet ensemble. Quand on sait que, dans la tradition dans laquelle Sartre s'insérait, le roman était considéré comme le genre le plus noble et le théâtre comme genre mineur, on est forcé de relativiser les vérités qu'on croit détenir sur le combat inconscient entre l'écrivain et le militant. Affirmer que Sartre écrit une pièce à thèse devrait également présupposer une certaine connaissance de la hiérarchie esthétique à l'intérieur du champ théâtral à un moment donné. S'étonner que Sartre donne des masses d'interviews à propos de ses pièces, alors que, pour ses ouvrages philosophiques, aucune, comme si cela relevait de sa propre initiative, et en tirer des conclusions graves sur l'inconscient de Sartre, signifie ignorer complètement les rapports institués entre les théâtres et la presse. Interpréter comme on l'a vu l'absence complète d'interviews dans le cas de *Huis clos* sans réfléchir au moment historique (mai/juin 1944), où se manifester dans la presse autorisée parisienne aurait été une compromission grave, équivaut à se méprendre sur les intentions d'un auteur dont on prétend connaître les ressorts intimes. Relever la brièveté d'un texte comme «La République du silence» afin d'affirmer que Sartre l'a écrit «pour *confirmer* qu'il n'a rien à expliquer» (79) signifie non seulement ignorer la pénurie de papier en 1944, en particulier pour le premier numéro d'un journal jusque-là clandestin, mais aussi chercher le paradoxe pour le paradoxe. Déconstructionnisme oblige.

---

23. Cf. mon livre cité dans la n. 12, p. 30. C'est à Hegel que Sartre doit sa conception du théâtre (en un premier moment) comme «conflit de droits» («Kollision von Zwecken»).

Quant aux circonstances dans lesquelles ont été conçues et créées certaines pièces, on regrette aussi qu'elles ne soient pas assez prises en compte. S'il y a «régression» de *Bariona* aux *Mouches*, il ne faut pas oublier que Sartre se servait de genres établis et de mythes dont, du moins dans un cas, il dut respecter les ingrédients. Pour un mystère de Noël représenté dans un camp de prisonniers, il fallut bien faire quelques concessions à la communauté. Si, dans *Les Mouches*, en revanche, Oreste reste solitaire, on n'oubliera pas que, en 1941/42, moment où la pièce fut conçue, les résistants étaient encore assez isolés, pour ne relever que le rapport à l'histoire contemporaine. Dans le cas de *Kean*, comme dans celui du *Diable et le bon Dieu*, Ireland souligne l'importance de la rhétorique, de «l'éloquence grandiose» qu'il met en contraste avec la théorie des années 40 où Sartre préconisait, pour le théâtre, une langue dépouillée. Une fois de plus, l'écrivain, selon lui, est arrivé à éclipser l'idéologue. Il ne faut pourtant pas oublier que *Kean* fut adapté à la demande de Pierre Brasseur qui ne souhaitait pas un rôle muet...[24]

Si Ireland laisse sans doute certaines choses de côté pour ne pas affaiblir sa thèse, il y a lieu de penser que, souvent, il n'est pas au courant de l'état des recherches. La liste des ouvrages critiques est assez courte, et les titres ne sont pas tous mis à contribution. Hollier qui, dans son livre, se montre plus écrivain qu'universitaire, avoue ouvertement qu'il ignore la littérature secondaire. Cet aveu, émis à partir d'une position d'autorité dans l'académie américaine, a une fonction légitimante qui n'est peut-être pas toujours salutaire pour de jeunes universitaires. La permissivité qui en découle s'étend même jusqu'aux textes de Sartre. En 1982, Hollier pouvait mettre plus facilement en doute l'existence de la rupture de «l'an quarante» car les *Carnets de la drôle de guerre* n'avaient pas encore paru. Mais pour maintenir cette position après leur sortie, Ireland aurait dû discuter

---

24. L'enthousiasme de Sartre pour cette pièce connut, du reste, des limites. Il écrit en 1953, de Rome, à Beauvoir: «Je vous quitte, mon doux Castor, pour *Kean*. Ça me fait chier, vous n'imaginez pas. Mais j'ai écrit à Brasseur en imposant W[anda]. Ça me fait au moins une raison de finir» (Cité d'après le *Bulletin d'Information du Groupe d'Etudes sartriennes*, 8 [juin 1994], 49.) Si offrir des rôles à ses amies n'était peut-être pas le motif exclusif de Sartre pour composer des pièces, celui-ci est plus déterminant, semble-t-il, qu'on ne l'a vu jusqu'à présent.

au moins les passages dans lesquels Sartre se réjouit de sa découverte de Heidegger parce qu'il lui fournit des concepts tels que l'historicité juste au moment où il en a besoin pour repenser sa situation dans la guerre.[25] Quant à la littérature critique, l'omission vraiment impardonnable est celle de la thèse de Josette Pacaly, autorité de la lecture psychanalytique de l'œuvre sartrienne, qui a analysé en particulier les biographies avec une grille freudienne.[26] Pour ce qui est de la critique allemande, on sait qu'elle restera ignorée au niveau international dans la mesure où elle continue à s'exprimer en allemand. Cependant, pour s'orienter sur *L'Imaginaire*, Ireland aurait pu se servir des écrits de Wolfgang Iser, souvent traduits en anglais. Il est toujours embarrassant de plaider *pro domo*, mais si Ireland, qui me cite à plusieurs reprises, avait vraiment pris connaissance des résultats de mes recherches, il n'aurait pas pu affirmer que *Huis clos* entre «difficilement dans le cadre de l'engagement» (126). Il s'agit (non seulement, mais aussi) d'une dénonciation du «vertuisme» vichyssois; les critiques de 1944 ne s'y sont pas trompés.[27] Quant à *Morts sans sépulture*, si Sartre, selon Hollier cité par Ireland, a «échoué à inventer la forme narrative qui laisse le groupe en fusion se raconter lui-même»[28], il semble qu'il ait voulu réaliser ce projet dans cette pièce.[29]

Je sais que la psychanalyse pourra réfuter tout ce que je viens de dire comme réaction de défense au même titre que les déclarations

---

25. Cf. *Carnets de la drôle de guerre*, éd. cit., 403.
26. *Sartre au miroir*, Paris: Klincksieck, 1980. On lit sur la quatrième de couverture, entre autres: «On a cherché ici quelle position inconsciente du sujet fait de l'écriture une activité coupable et de la duplicité une seconde nature.» Cf. aussi mon état de la recherche cité dans la n. 6, 217. Parmi les publications récentes, on comparera aux lectures psychanalytiques de Pacaly et d'Ireland celle de Julia Kristeva qui, dans le théâtre de Sartre, s'intéresse surtout aux *Mouches*, cf. *Sens et non-sens de la révolte. Pouvoirs et limites de la psychanalyse I*, Paris: Fayard, 1996, 311-386.
27. Cf. mon livre cité dans la n. 12, p. 220. J'ai pu consolider cette thèse dans un article paru dans *Les Temps modernes* (février/mars 1997), intitulé «L'actualité de *Huis clos* en 1944 ou La revanche de l'anti-France».
28. Hollier, *op. cit.*, 65.
29. Cf. Ingrid Galster, «Les 'années noires' vues par les dramaturges français de l'après-guerre», *Romanistische Zeitschrift für Literaturgeschichte/Cahiers d'Histoire des Littératures romanes* 3/4 (1986), 430-438.

de Sartre sur son œuvre. C'est précisément la faiblesse de cette discipline, on le sait, d'avancer des thèses qui ne sont pas falsifiables. On ne niera cependant aucunement l'importance de la psychanalyse et celle des approches critiques qui s'en servent. Mais même le déconstructionniste Hollier revient souvent sur les bananes qu'il faut, selon Sartre, consommer sur place pour en connaître le «vrai goût», image de l'historicité de la littérature.[30] Il m'importe ici de rompre une lance pour une approche complexe qui, en dépit de la conjoncture, n'oublie pas complètement l'histoire, la société, les institutions, etc. Si Sartre, à la longue, trouve une place dans le patrimoine culturel de la France, on peut se demander si ce sera sous forme d'individu hanté par des fantasmes ou comme déclencheur d'un «phénomène»[31], comme maître à penser de plusieurs générations. Les aventures de la littérature engagée et du théâtre engagé en tant que partie de l'histoire des intellectuels méritent-elles moins d'attention que les efforts désespérés de Poulou pour se rendre indispensable à Anne-Marie? Le plus capital serait peut-être de comprendre pourquoi ces efforts, couchés sur papier et lus par des milliers, ont eu le retentissement qu'on sait.

---

30. Cf. «Ecrire pour son époque» (1946), in: Michel Contat/Michel Rybalka, *Les Ecrits de Sartre*, Paris: Gallimard, 1970, 674. Voir aussi *Qu'est-ce que la littérature?*, éd. cit., 96. Pour connaître le «vrai goût» de *Réflexions sur la question juive* (1946), c'est-à-dire pour insérer ce texte méconnu, selon lui, par des lectures récentes dans son contexte initial, Hollier a organisé en avril 1998 un colloque à New York University dont les actes ont paru dans la revue *October* (Winter 1999). Voir mon article «Sartre et la 'question juive'. Réflexions au-delà d'une controverse.» *Commentaire* (Paris), N° 89/printemps 2000.

31. Cf. les actes de mon colloque «La naissance du 'phénomène Sartre'. Raisons d'un succès» (nov. 1997), à paraître aux Ed. du Seuil.

Origine des textes

SARTRE ET LES ANNÉES-VICHY

«'Les Mouches' sous l'Occupation. A propos de quelques idées reçues.» In: *Les Temps modernes*, octobre-décembre 1990, pp. 844-859 («Témoins de Sartre», numéro triple paru pour le dixième anniversaire de la mort du fondateur de la revue).

«L'actualité de 'Huis clos' en 1944 ou La Revanche de l'Anti-France.» In: *Les Temps modernes*, février/mars 1997, pp. 195-205.

«'Huis clos' et 'Le Soulier de satin'. A propos d'une lettre inédite (1942) de Jean-Paul Sartre à Jean-Louis Barrault». In: *Romanische Forschungen* (Francfort, éd. Vittorio Klostermann) N° 2 (1998) pp. 202-209.

«Les années noires vues par les dramaturges français de l'après-guerre: 'Morts sans sépulture'». In: *Romanistische Zeitschrift für Literaturgeschichte/Cahiers d'Histoire des Littératures romanes* (Heidelberg, éd. Carl Winter) N° 3/4 (1986) pp. 428-452.

«Sartre et la 'question juive'. Réflexions au-delà d'une controverse». In:*Commentaire* N° 89/printemps 2000, pp. 141-147. Avec des modifications par rapport au texte publié dans la revue.

«Historiographie ou hagiographie? Réponse aux 'Temps modernes' à propos de l'affaire du lycée Condorcet». Sous le titre «Retour sur Sartre pendant l'Occupation» in *Commentaire* N° 92/hiver 2000-2001, pp. 875-887. Avec des modifications par rapport au texte publié dans la revue.

SARTRE ET LES INTELLECTUELS

«Images actuelles de Sartre». In: *Romanistische Zeitschrift für Literaturgeschichte/Cahiers d'Histoire des Littératures romanes* (Heidelberg, éd. Carl Winter) N° 1/2 (1987) pp. 215-244.

«Sartre et Aron. A propos du livre de Jean-François Sirinelli.» Compte rendu de Jean-François Sirinelli, *Deux Intellectuels dans le siècle, Sartre et Aron*. In: *Bulletin d'Information du Groupe d'Etudes Sartriennes* (Paris) N° 10 (juin 1996) pp. 76-78.

«Sartre à Francfort: un congrès (1987)». In: *Concordia. Revue Internationale de Philosophie* (Francfort, éd. Materialis) N° 14 (1988) pp. 48-55.

«Sartre, dix ans après sa mort». In: *Romanistische Zeitschrift für Literaturgeschichte/Cahiers d'Histoire des Littératures romanes* (Heidelberg, éd. Carl Winter) N°s 3/4 (1990) pp. 456-468.

SARTRE LECTEUR, SARTRE LU

«Sartre sujet et objet de lecture». Compte rendu de Claude Burgelin (ed), *Lectures de Sartre*. In: *Œuvres & Critiques* (Tübingen, éd. Gunter Narr) 13 (1988) 1, pp. 148-155.

«Sartre et la critique génétique. A propos de la genèse des 'Mots'.» Compte rendu de Michel Contat (dir.), *Pourquoi et comment Sartre a écrit 'Les Mots'. Genèse d'une autobiographie*. In: *Romanische Forschungen* (Francfort, éd. Vittorio Klostermann) 111 (1999) 2, pp. 241-245.

«Sartre ou L'Ecriture coupable. A propos d'une lecture déconstructionniste du théâtre.» In: *Romanische Forschungen* (Francfort, éd. Vittorio Klostermann) N° 1 (2000) pp. 72-80.

INDEX
DES NOMS DE PERSONNES

Cet index ne tient pas compte du nom de Simone de Beauvoir vu sa fréquence d'apparition.

Abetz, Otto, 23 et n.
Adam, Henri-Georges, 16.
Added, Serge, 22 n., 24 n., 33 et n., 35 n., 39 n., 88 n.
Adorno, Theodor W., 133 n., 171, 173 et n., 174, 175.
Alain (Emile Chartier, dit), 167.
Albérès, René-M., 20.
Algren, Nelson, 94 n., 117 n., 230 n.
Alphant, Marianne, 197 n.
Alquié, Ferdinand, 87 et n., 89, 92 n., 99, 100, 101 et n., 102, 104 n., 115.
Alter, Jean, 131 n., 132.
Althusser, Louis, 186.
Altwegg, Jürg, 85 n.
Ambrière, Francis, 47.
Anouilh, Jean, 17 et n., 60 n., 149 n.
Anzieu, Didier, 140 n.
Aragon, Louis, 69, 210, 219.
Arbelet, Paul, 207.
Arendt, Hannah, 63.
Arías, Marina, 190 et n.
Ariño Verdú, Amparo, 186, 196 n.
Aristote, 204.
Aron, Raymond, 32, 40 n., 88 n., 110 et n., 138, 139 et n., 140, 141 et n., 145, 146, 167-170, 185.
Aron, Robert, 53 n., 54 n., 55 n.
Artaud, Antonin, 211.
Asholt, Wolfgang, 66 n., 147 n.
Assouline, Pierre, 13 n., 149-150, 197 n.
Astruc, Alexandre, 15 n., 48 n., 50, 155 n.
Aubrac, Lucie, 50 n., 55 n., 147 n.

Austin, Roger, 148 n.
Ayoun, Pascal, 187-188.
Azéma, Jean-Pierre, 54 n., 55 n., 61 n., 62 n., 149.
Baader, Andreas, 135.
Babilas, Wolfgang, 21 n., 30 n., 31 n.
Bair, Deirdre, 168.
Bakhtine, Mikhaïl, 129.
Balladur, Jean, 113 n.
Baratier, Jacques, 48 n.
Barbezat, Marc, 26 et n.
Barbezat, Olga, 26 et n., 27, 43.
Barbie, Klaus, 147 n.
Bardèche, Maurice, 112, 114.
Barnes, Hazel E., 162 n.
Barrault, Jean-Louis, 13, 35-44, 60, 154.
Barre, Raymond, 139 n.
Barrès, Maurice, 218.
Barthes, Roland, 81, 129, 208.
Baruch, Marc-Olivier, 104 n., 108 n., 111 n., 114 n.
Baruk, Henri, 93.
Bataille, Georges, 175, 210, 224 n.
Baudelaire, Charles, 164 n., 204, 210.
Bauer, George H., 133 n.
Beauduc, Louis, 104 n.
Bébon, Philippe, 65 n.
Bédarida, Henri, 90 n.
Beigbeder, Marc, 75 n., 223.
Bell, Marie, 43.
Bénichou, Paul, 92, 101.
Bentley, Eric, 230.n.
Bergson, Henri, 117 et n.

INDEX DES NOMS DE PERSONNES

Berl, Emmanuel, 113 n.
Berlioz, Hector, 144.
Bernard, Jean-Jacques, 80 n.
Berne, Mauricette, 196 n.
Berning, Vincent, 72 n.
Betteridge, Annette, voir Fuchs-Betteridge, Annette.
Bieber, Konrad, 46 n.
Bienenfeld, Bianca, voir Lamblin, Bianca.
Bier, Jean-Paul, 90 n.
Birnbaum, Pierre, 81.
Blanchot, Maurice, 224 n.
Bloch, Jean-Richard, 49.
Bloch, M.-A., 102 n., 104.
Bogota, Serge, 46 n.
Böhme, Wolfgang, 146 n.
Boisdeffre, Pierre de, 138 n.
Bonnard, Abel, 28, 30, 31 n., 110, 111, 112, 113 n., 114.
Bonnat, Yves, 18, 19, 45 n., 48.
Bösch, Kaspar, 66 n.
Boschetti, Anna, 107 n., 165 et n., 213 n.
Bost, Jacques-Laurent, 152, 154, 161 n.
Boulé, Jean-Pierre, 47 n., 126 n.
Bourdieu, Pierre, 165, 213 n.
«Bourdin, Martine», voir Gibert, Colette.
Boutang, Pierre, 127 n.
Bovenschen, Silvia, 172.
Braese, Stephan, 90 n.
Brasillach, Robert, 39, 66, 69 n.
Brasseur, Pierre, 232 et n.
Brecht, Bert, 46 n., 132 n., 211-212 et n., 229.
Breker, Arno, 23 n.
Briosi, Sandro, 133.
Brochier, Jean-Jacques, 11, 148, 157 n.
Broyelle, Claudie, 138 et n., 141 n.
Broyelle, Jacques, 138 et n., 141 n.
Bruneau, Jean, 208.
Buesche, Albert, 15 n., 23, 24 et n.
Buisine, Alain, 127, 160, 203 et n.
Burgelin, Claude, 165 n., 203 n., 228 n.
Burguière, André, 101, 102 n.
Burnier, Michel-Antoine, 137 et n., 138, 139 n., 192 n., 194, 218 n.

«Camille», voir Jollivet, Simone.
Campbell, Robert, 126 et n.
Camus, Albert, 20 n., 25 et n., 26 et n., 27, 40, 73 n., 85, 125 n., 138 et n., 145.
Camus, Renaud, 119.
Canguilhem, Georges, 24, 152.
Castelot, André, 16, 32 et n., 45 n., 169.
Cavaillès, Jean, 24, 152.
Céline, Louis-Ferdinand, 195.
Cervantès, Miguel de, 40 n.
Chabrol, Claude, 31.
Chaigne, Louis, 66 n.
Chateaubriant, Alphonse de, 32.
Chauffard, R.-J., 191.
Chevalier, Jacques, 100, 109.
Chifflot, T.-G., 19 n.
Chirac, Jacques, 190.
Chonez, Claudine, 149 n.
Christie, Agatha, 57 n.
«Clairaut, Pierre», voir Gandillac, Maurice de.
Claudel, Paul, 36 et n., 38 n., 39, 40 et n.
Clavel, Maurice, 47.
Clément, Catherine, 106 n.
Cocteau, Jean, 219.
Cogniot, Georges, 53 n.
Cohen-Solal, Annie, 29 n., 86 n., 103, 109 n., 111 n., 113 n., 144 n., 152 n., 156 n., 163 et n., 169, 199 n.
Collins, Douglas, 164 n., 165, 166 n.
Colombel, Jeannette, 141 et n., 142 n., 156 n., 188-189 et n., 192, 194, 212, 223.
Combelle, Lucien, 150.
Comte-Sponville, André, 193.
Contat, Michel, 12 n., 14, 40 n., 50 n., 52 n., 78 n., 87 n., 97, 98, 101, 102 n., 107, 125, 128 et n., 129 n., 132 n., 139, 141 et n., 142 n., 143 n., 146 n., 147 n., 152-154, 159 n., 163 et n., 164 n., 171 n., 184 n., 185, 186 n., 188 et n., 192, 193 n., 195, 196 et n., 198 et n., 199 n., 207-208, 211, 215 n., 216, 218, 222 et n., 225, 234 n.
Copeau, Jacques, 192.
Copernic, 81 n.

INDEX DES NOMS DE PERSONNES

Corneille, Pierre, 192 n., 219.
Cournot, Michel, 26 n.
Courtois, Stéphane, 114 n.
Crémieux, Benjamin, 65.
Crémieux, Francis, 65.
Crouzet, Michel, 145 n., 157, 162 et n.

Daix, Pierre, 142.
Daladier, Edouard, 61, 72.
Daniel, Jean, 87 et n., 98, 101 et n., 102 et n., 115, 138 n.
Darnand, Joseph, 56.
Davies, Howard, 205.
Davy, Georges, 30, 87 n., 108-109 et n.
Debierne, André, 90 n.
Debout-Oleszkiewicz, Simone, 106.
Debû-Bridel, Jacques, 13 n.
De Gaulle, Charles, 190.
Deguy, Jacques, 209, 219.
Deleuze, Gilles, 178.
Delpierré de Bayac, 55.
Delvaille, Bernard, 40 n.
Denoël (éditeur), 150.
Derrida, Jacques, 178, 193.
Desanti, Dominique, 86 n., 106.
Desanti, Jean-Toussaint, 185.
Descartes, René, 93 n.
Desgranges, abbé, 72 n.
Deutscher, Isaac, 83 n.
Diderot, Denis, 188.
Dilthey, Wilhelm, 185, 207.
Domenach, Jean-Marie, 141, 193 n.
Dörner, Klaus, 180.
Dort, Bernard, 132.
Dortu, Eric, 47 n., 126 n.
Doubrovsky, Serge, 127, 163 n., 206-207.
Dreyfus, Alfred, 81 n., 87.
Dreyfus-Le Foyer, Henri, 87, 89, 91-93, 95, 98, 99, 100, 101, 102, 103 n., 104, 105, 114 n., 115, 117, 120.
Dreyfus-Le Foyer, docteur Michel, 99 n., 102 et n.
Dreyfus-Le Foyer, Madame, 102 et n.
Drieu La Rochelle, Pierre, 32 et n., 69 n., 106 n., 108 n.
Drost, Wolfgang, 32 n.
Dubreuille, Jean-Yves, 210.

Dullin, Charles, 14, 15 n., 16, 17, 20, 26, 40 n., 44.
Dumas, Georges, 102.
Dupon, Michel, 113 n.
Dürer, Albrecht, 204.
Dux, Pierre, 15 n.

Eck, Hélène, 38, 39 n.
Eichmann, Adolf, 63 n.
Elkaïm-Sartre, Arlette, 37, 44, 80 n., 228 n.
Eluard, Paul, 210.
Engel, Pascal, 194.
Engels, Friedrich, 178.
Eribon, Didier, 92 n., 93 n., 99 n.
Esch, José van den, 65 n.
Eschyle, 37.

Farías, Victor, 179 et n.
Faye, Jean-Pierre, 194.
Fernandez, Ramon, 106 n.
Ferry, Luc, 178 n., 195 n.
Fetscher, Iring, 171, 178.
Finas, Lucette, 151 n.
Fink, Eugen, 180.
Finkielkraut, Alain, 141.
Finot, L.J., 45 n., 48.
Flaubert, Gustave, 84 et n., 90, 164 et n., 185, 205, 208, 210, 218, 221, 227.
Flügge, Manfred, 17 n., 22 n., 23 n., 60 n., 147 n., 149 n., 186-187.
Foucault, Michel, 93 n., 152 et n., 175, 176, 178, 194, 212.
Fraigneau, André, 106 n.
Francis, Claude, 161 n.
Frank, Manfred, 172 et n.
Fretz, Leo, 178, 186, 209.
Freud, Sigmund, 125 n., 129, 164 n., 209-210, 225, 233.
Fuchs-Betteridge, Annette, 22 n.

Gadamer, Hans-Georg, 172, 180.
Gaillard, Pol, 46 n., 64 n.
Gaït, Maurice, 111-113, 114.
Gallimard, Gaston, 13 n., 40 et n., 149, 150 n.
Galtier-Boissière, Jean, 49 n., 58 n., 60 n.

INDEX DES NOMS DE PERSONNES

Gandillac, Maurice de, 86 n., 183.
Garaudy, Roger, 53 n.
Garb, Tamar, 81 n.
Gauchet, Marcel, 125.
«Gégé», 206.
Geiger, L.-B., 19 n.
Geismar, Alain, 139.
Genet, Jean, 25, 26 n., 164 n., 204, 210, 227.
Genette, Gérard, 218.
Gerassi, Fernando, 163 n.
Gerassi, John, 13 n., 109 n., 163 et n., 198-199 et n.
Ghelderode, Michel de, 219.
Ghéon, Henri, 18, 19, 35 et n.
Gibert, Colette, 158-159, 206.
Gide, André, 29, 30, 40, 50 n., 73 n., 111, 204, 208, 209, 218.
Gidel, Gilbert, 29, 30, 33, 97 n., 110 et n., 111 et n., 113.
Giono, Jean, 62 n.
Giraudoux, Jean, 16, 18.
Giscard d'Estaing, Valéry, 190, 193.
Glucksmann, André, 141 et n., 145, 195.
Goebbels, Joseph, 23, 96.
Goethe, Johann Wolfgang von, 144, 219.
Goldschmidt, Georges-Arthur, 178-179.
Goncourt, frères, 84 et n., 90.
Gontier, Fernande, 161 n.
Gorz, André, 164 n., 185.
Grasset, Bernard (éditeur), 150.
Grégoire, abbé, 81 n.
Grenier, Jean, 85 et n., 92, 93 n.
Grésillon, Almuth, 215 n., 222 n.
Grimaldi, Nicolas, 102 n., 106 n.
Guattari, Félix, 194.
Guéhenno, Jean, 88 n.
Guenancia, Pierre, 193.
Guérin, Jeanyves, 140 n., 155 n.
Guérin, Raymond, 86 n.
Guillemé-Brulon, Jacques, 140 n.
Guillevic, Eugène, 210.
Guitton, Jean, 109.

Haarscher, Guy, 185.
Habermas, Jürgen, 171, 172, 175.

Halimi, André, 149 et n.
Hallier, Jean-Edern, 140, 149 n.
Hamann, Johann Georg, 180.
Harth, Helene, 134 n., 144 n.
Havemann, Robert, 184.
Hegel, Georg Wilhelm Friedrich, 180, 184, 231 et n.
Heidegger, Martin, 95, 104, 173 n., 175, 178-180, 185, 186, 194, 233.
Helbo, André, 131 n.
Heller, Gerhard, 22 et n., 23, 194.
Hepp, 100.
Herder, Johann Gottfried, 180.
Hervier, Julien, 32 n.
Hewitt, Nicholas, 80 n.
Hölderlin, Friedrich, 68.
Hollier, Denis, 31 n., 79 et n., 82, 84 et n., 85, 87 n., 90, 94 n., 121 n., 143, 215 n., 224-225 et n., 226, 228, 232, 233 et n., 234 et n.
Honegger, Arthur, 38 n.
Honneth, Axel, 175, 177.
Horkheimer, Max, 173.
Hosbach, Johanna, 65 n.
Howells, Christina, 128 n.
Hüfner, Agnes, 46 n.
Hugo, Victor, 218.
Hunyadi, Marc, 177.
Husserl, Edmund, 173, 180, 185, 186, 224.

Idt, Geneviève, 95, 96, 97, 107, 125 n., 127 n., 128 n., 129, 130 n., 131, 132 n., 144 n., 162 n., 163 et n., 164 et n., 165 et n., 183, 203, 211, 217.
Ireland, John, 223-233.
Iser, Wolfgang, 165 n., 233.
Issacharoff, Michael, 127 n., 129 n., 131 et n., 132.

Jacquot, Jean, 130 n.
Jankélévitch, Vladimir, 13, 78 et n., 86, 92, 93, 96, 101, 102, 104 et n., 106 n., 107, 118-119, 121, 151, 152 et n., 154, 168.
Jannoud, Claude, 157 n.
Jardin, Jean, 113 n.
Jardin, Pascal, 113 n.

INDEX DES NOMS DE PERSONNES

Jaspers, Karl, 90 n.
Jollivet, Simone, 14 et n.
Joseph, Gilbert, 28 n., 29 et n., 39 n., 88 n., 97 n., 110 n., 111 n., 115, 168.
Jouve, Pierre-Jean, 31 n.
Julliard, Jacques, 87 n.
July, Serge, 140.
Jünger, Ernst, 151 et n.

Kail, Michel, 97.
Kandel, Liliane, 119.
Kanters, Robert, 15 n., 26 n.
Kaplan, Francis, 88 n., 102 n., 105, 119 n.
Kecheliévitch, Olga, voir Barbezat, Olga.
Kedward, Roderick, 148 n.
Kennedy, Margaret, 205.
Kierkegaard, Søren, 164 n., 173, 184 n.
Klein, Judith, 83 n., 84 n.
Kofman, Sarah, 200 n., 224 et n., 225.
Kohut, Karl, 21 n., 31 n., 47 n., 62 n., 72 n., 132 n., 133 n., 148 n.
König, Traugott, 133, 171, 172, 175, 181 n., 189 n., 210, 223 n.
Kosakiewicz, Olga, 12, 37, 42, 43, 44, 154, 197 n.
Kosakiewicz, Wanda, 26, 154, 160, 187, 232 n.
Kouchner, Bernard, 141.
Krauss, Christel, 21 n.
Krauss, Henning, 21 n., 47 n., 49 n., 52 n., 77, 165 n.
Kriegel, Annie, 91 n., 139 n.
Kristeva, Julia, 221, 233 n.
Krysinski, Wladimir, 131 n.

Lachièze-Rey, 104.
Lacroix, Maurice, 105.
Lagache, Daniel, 102.
Lamblin, Bianca, 82 et n., 94 n., 117 n., 120 et n., 197 n.
Landgrebe, Ludwig, 180.
Lanson, Gustave, 217.
Lanzmann, Claude, 88 n., 154, 155 n., 184 n., 192, 193 et n.
Laubreaux, Alain, 16, 17.
Laval, Pierre, 113 n.
Lavers, Annette, 159.

Lazaron, Hilda, 65 n.
Le Bon de Beauvoir, Sylvie, 159 n., 197.
Le Clézio, J.-M.-G., 130.
Le Dœuff, Michèle, 158-159, 160, 162.
Le Roy Ladurie, Emmanuel, 139 n.
Léautaud, Paul, 73 n.
«Lecacheux», voir Salacrou, Armand.
Lecarme, Jacques, 16 n., 95-121, 187, 208, 218 et n., 219.
Lecarme-Tabone, Eliane, 218 n.
Lefebvre, Henri, 194.
Lefort, Claude, 142 et n., 195.
Lefranc, Georges, 112, 114.
Legentil, 44.
Leibniz, Gottfried Wilhelm, 183-184.
Leiris, Michel, 16 n., 21, 39 n., 112.
Lejeune, Philippe, 163 n., 204-205, 216-217 et n., 228 n.
Lénine, Vladimir (Oulianov, dit), 178.
Lerminier, Georges, 15 n.
Leroy, Géraldi, 32 n.
Leupin, Alexander, 143 n.
Lévi-Strauss, Claude, 92 n., 99 et n., 175, 176.
Levinas, Emmanuel, 83.
Lévy, Benny (dit Pierre Victor), 139, 145-146, 147 n., 177, 193 n., 198.
Lévy, Bernard-Henri, 96 et n., 119 n., 120 n., 141, 142 n., 195.
Lévy, Claude, 54 n., 57 n.
Lindenberg, Daniel, 140 n.
Lioure, Michel, 38 n.
«Lise», voir Sorokine, Nathalie.
Loiseaux, Gérard, 31 n.
Lorris, Robert, 131.
Lottman, Herbert R., 78 n., 148.
Louette, Jean-François, 35, 183, 221, 230 n.
Luirard, Monique, 56 n., 63 n.
Lyotard, Jean-François, 143 n., 178, 193, 224 n., 228.

Maggiori, Robert, 193 n.
Mallarmé, Stéphane, 133 et n., 164 n., 196 n., 210, 218.
Malraux, André, 73 n., 193 n.
Mancy, Anne-Marie, voir Schweitzer, Anne-Marie.

INDEX DES NOMS DE PERSONNES

Mancy, Joseph (beau-père de Sartre), 207, 208.
Manouchian, Missak, 54 n., 147 n.
Marcel, Gabriel, 15 n., 19, 21, 51 n., 64, 65-72, 76 et n., 77, 78.
Marcuse, Herbert, 173.
Marion, Jean-Luc, 87 n., 193.
Marmande, Francis, 210.
Marrus, Michael R., 114 n.
Marsh, Patrick, 73 n.
Martin, Henri, 211.
Martin-Chauffier, Gilles, 193 n.
Marx, Karl, 184.
Masson, Pierre, 209.
Maulnier, Thierry, 18, 19.
Maupassant, Guy de, 208.
Merleau-Ponty, Maurice, 18, 19, 77 et n., 114 n., 152, 164 n., 185, 210, 216.
Michel, Henri, 13 n., 66 n., 147 n., 153 n.
Michelet, Jules, 204.
Miething, Christoph, 221.
Mignon, Paul-Louis, 78 et n.
« Miro » (Sartre), 59.
Misrahi, Robert, 83 et n., 87 n., 88 n.
Missika, Jean-Louis, 139 n.
Mitrani, Michel, 191.
Mitscherlich-Nielsen, Margarete, 160, 172.
Mitterrand, Danielle, 90 n.
Mitterrand, François, 193.
Molière, 192 n.
Montherlant, Henry de, 72-76, 78, 149 n., 219.
Montjot, 103.
Morin, Edgar, 147.
Morita, Shuji, 189.
Moulin, Jean, 67 n., 68 n., 147 n.
Musset, Alfred de, 219.

Neefs, Jacques, 215 n.
Neudeck, Rupert, 138 n.
Nietzsche, Friedrich, 164 n., 221 n.
Nizan, Paul, 137, 164 n., 216.
Nochlin, Linda, 81 n.
Nohain-Jabouns, Jean, 47.
Nora, Pierre, 81 n., 104 n.
Nourissier, François, 138 n.

Ory, Pascal, 17 n., 136 n.
Ott, Hugo, 179 n.

Pabst, Walter, 65 n.
Pacaly, Josette, 127 et n., 128 et n., 143 n., 163 n., 164, 203 n., 208, 220, 221, 233 et n.
Papon, Maurice, 104.
Parrot, Louis, 11 n., 148.
Pascal, Blaise, 219.
Paulhan, Claire, 85 n.
Paulhan, Jean, 86 n.
Pauphilet, 90 n.
Paxton, Robert O., 106 n., 114 n.
Périer, François, 191.
Perrin, Marius, abbé, 108 et n.
Pétain, Philippe, 12, 30, 35, 56 et n., 68, 70.
Peyrefitte, Roger, 76 n.
Picard, Raymond, 208.
Picasso, Pablo, 39 n.
Planchon, Roger, 191.
Poirot-Delpech, Bertrand, 87 n., 93 n., 101 n., 102 n., 103, 105 n., 156, 192.
Pontalis, Jean-Bertrand, 59.
Pouillon, Jean, 142 n., 152, 154.
Prévand, Jean-François, 25 et n., 26, 27, 28, 97.
Prince, Gerald, 130 n.
Proust, Marcel, 29, 30, 111, 125 n., 208, 209.
Purnal, Roland, 18.

Rabelais, François, 130.
Racine, Jean, 192 n., 208.
Raphael, Lutz, 85 n., 90 n.
Rayski, Adam, 114 n.
Reagan, Ronald, 136 n.
Régis, Claude, 191.
Renaud, Madeleine, 36, 39, 40 n., 41, 60.
Renauld, Mlle, 103.
Renaut, Alain, 178 n.
Renoir, Pierre, 42.
Revel, Jean-François, 139 n.
Ricœur, Paul, 171.
Rioux, Jean-Pierre, 39 n., 57 n.

INDEX DES NOMS DE PERSONNES

Ripert, Georges, 99.
Robbe-Grillet, Alain, 130 et n.
Roche, Denis, 140.
Roger, Philippe, 79 n.
Roloff, Volker, 32, 134 n., 144 n., 189 n., 223.
Rossi, Tino, 73.
Rostand, Maurice, 17, 19.
Roubaud, Jacques, 104 n., 118 n.
Roubine, Jean-Jacques, 132 et n., 212.
Roulet, Lionel de, 19.
Rousseau, Jean-Jacques, 141.
Rousso, Henry, 15 n., 26 et n., 78 n., 147 n., 154 n.
Roussy, Gustave, 108.
Roy, Claude, 143.
Rybalka, Michel, 12 n., 40 n., 50 n., 52 n., 79 n., 125 n., 163 et n., 164, 188 n., 225, 234 n.

Sagan, Françoise, 193 n.
Saint-Pierre, Michel de, 73 n., 75 n., 76 n.
Sakharov, Andreï, 145.
Salacrou, Armand, 47, 49, 59-65, 66, 68, 71, 76, 77, 78 et n.
Sand, George, 219.
Sapiro, Gisèle, 85 n., 106 n., 108 et n.
Sarraute, Nathalie, 168, 169.
Sartre, Anne-Marie, voir Schweitzer, Anne-Marie.
Savigneau, Josyane, 139 n.
Scarpetta, Guy, 132 n.
Schelling, Friedrich Wilhelm, 173.
Schleiermacher, Friedrich, 172 n., 185, 207.
Schmidt, Alfred, 176.
Schnädelbach, Herbert, 172-175, 176, 181.
Schneeberger, Guido, 179 n.
Schoell, Konrad, 47 n.
Schulten, Monika, 185.
Schulz, Walter, 172 n.
Schwab, Françoise, 104 n.
Schwarzer, Alice, 159 n., 161 et n., 172.
Schweitzer, Anne-Marie (mère de Sartre), 198, 203, 204, 207, 212, 217, 221, 224, 234.

Schweitzer, Charles (grand-père de Sartre), 207.
Scriven, Michael, 164 n., 189-190.
Seel, Gerhard, 176-177.
Sentein, François, 20 n.
Sève, Lucien, 193 n.
Sicard, Michel, 133, 198.
Simon, Alfred, 38 et n.
Simon, Claude, 130 n.
Simonin, Anne, 110 et n.
Simont, Juliette, 183.
Singer, Claude, 85 n., 86 n., 89 n., 90 et n., 92 et n., 93 n., 98, 99 et n., 111 n.
Sirinelli, Jean-François, 32, 33 n., 40 n., 88 n., 89 n., 104, 110 et n., 136 n., 167-170.
Soljénitsyne, Alexandre, 135.
Sorokine, Madame, 28, 29, 169.
Sorokine, Nathalie, 28, 197 n.
Spire, Arnaud, 193 n.
Staline, Joseph, 136.
Steiner, George, 194.
Stendhal, 207.
Stenström, Thure, 12 n., 37 et n.
Stéphane, Roger, 51 n., 54 n.
Straub, Frédérique, 15 n., 23 et n.
Suleiman, Susan Rubin, 81 et n., 82, 83 n., 84, 87 n., 94, 120.
Szpiner, Francis, 31 n.

Talmon-Gros, Walter, 47 n.
Tanant, Pierre, 55 n.
«Tania», voir Kosakiewicz, Wanda.
Teroni, Sandra, 192, 204, 219-220.
Terray, Emmanuel, 186.
Thalmann, Rita, 29 n., 107 et n.
Thibaud, Paul, 136, 139, 143.
Thomas, Edith, 106 n.
Tintoret, le, 133.
Tirso de Molina, 35 n.
Todd, Olivier, 137 et n., 138, 146, 156.
«Toulouse», voir Jollivet, Simone.
Towarnicki, A. de, 180 n.
Tran Duc Thao, 198.
Traverso, Enzo, 80 et n., 90 n.
Truchet, Jacques, 130.

245

INDEX DES NOMS DE PERSONNES

Valensi, Lucette, 105.
Valéry, Paul, 204.
Védrine, Hélène, 186 n.
«Védrine, Louise», voir Lamblin, Bianca.
Veillon, Dominique, 55 n.
Vendryès, Joseph, 90 n.
Vercors (Jean Bruller, dit), 13 n., 150.
Verdeil, Jean, 211-212.
Verny, Françoise, 105 n.
Verstraeten, Pierre, 176, 184, 191, 194.
Vian, Michelle, 187.
Vidal-Naquet, Pierre, 83.
Vilquin, Jean-Claude, 127 n.
Vincent, Guy, 210.
Vitold, Michel, 191.
Voltaire, 141.
Wahl, Jean, 85, 91 n., 92, 101.

Warrot, Suzanne, 90 n.
Weightman, John, 157 n.
Weil, Simone, 117.
Wilkinson, James D., 148 n.
Winock, Michel, 68 n., 87 n., 98, 117, 136 n.
Winter, Scarlett, 223 n.
Wolton, Dominique, 139 n.
Wroblewsky, Vincent von, 178, 184-185 et n., 194.

Yaeger-Kaplan, Alice, 31 n.

Zimmermann, Rainer E., 187 n., 196 n., 199 n.
Zola, Emile, 130.
Zonina, Lena, 218.

TABLE

Avant-propos 7

SARTRE ET LES ANNÉES-VICHY

Les Mouches sous l'Occupation
A propos de quelques idées reçues 11

L'actualité de *Huis clos* en 1944
ou La Revanche de l'anti-France 25

Huis clos et *Le Soulier de satin*
A propos d'une lettre inédite (1942) de Jean-Paul Sartre
à Jean-Louis Barrault 35

Les années noires vues par les dramaturges français
de l'après-guerre: *Morts sans sépulture* 45

Sartre et la «question juive»
Réflexions au-delà d'une controverse 79

Historiographie ou hagiographie?
Réponse aux *Temps modernes* à propos de l'affaire
du lycée Condorcet 95

SARTRE ET LES INTELLECTUELS

Images actuelles de Sartre 125

Sartre et Aron
A propos du livre de Jean-François Sirinelli 167

Sartre à Francfort: un congrès (1987) 171

Sartre, dix ans après sa mort 183

SARTRE LECTEUR, SARTRE LU

Sartre sujet et objet de lecture 203

Sartre et la critique génétique
A propos de la genèse des *Mots* 215

Sartre ou L'Ecriture coupable
A propos d'une lecture déconstructionniste du théâtre 223

Origine des textes 235

Index des noms de personnes 239

655056 - Mai 2016
Achevé d'imprimer par